API 설계 실무에 바로 적용하는 JSON

실용적이고 범용적인 인터넷 데이터 교환 포맷

JSON at Work
by Tom Marrs

API 설계 실무에 바로 적용하는 JSON
실용적이고 범용적인 인터넷 데이터 교환 포맷

초판 1쇄 발행 2018년 3월 9일 **3쇄 발행** 2023년 4월 14일 **지은이** 톰 마스 **옮긴이** 심효섭 **펴낸이** 한기성 **펴낸곳** (주)도서출판 인사이트 **제작·관리** 이유현, 박미경 **용지** 월드페이퍼 **출력·인쇄** 예림인쇄 **제본** 예림바인딩 **등록번호** 제2002-000049호 **등록일자** 2002년 2월 19일 **주소** 서울특별시 마포구 연남로5길 19-5 **전화** 02-322-5143 **팩스** 02-3143-5579 **이메일** insight@insightbook.co.kr **ISBN** 978-89-6626-221-2 책값은 뒤표지에 있습니다. 잘못 만들어진 책은 바꾸어 드립니다. 이 책의 정오표는 https://blog.insightbook.co.kr에서 확인하실 수 있습니다.

프로그래밍 **인사이트**

API 설계 실무에 바로 적용하는 JSON

실용적이고 범용적인 인터넷 데이터 교환 포맷

JSON AT WORK

톰 마스 지음
심효섭 옮김

인사이트

차례

4장　Java에서 JSON 사용하기　　　　87

2부 JSON 생태계

5장 JSON 스키마 115

6장   JSON 검색하기   163

7장   JSON 문서 변형하기   191

3부   엔터프라이즈 애플리케이션과 JSON

8장   JSON과 하이퍼미디어   243

옮긴이의 글

이 책의 번역 제안을 받았을 때 가장 먼저 든 생각은, "어떻게 JSON만으로 책 한 권이 가능했을까?"하는 의구심이었습니다. JSON이라고 하면 그리 길지 않은 제 개발자 경력에서도 일부 애플리케이션에서 설정 파일 포맷으로만 사용해 보았을 뿐, 그냥 막연하게 "JSON? 그거 그냥 자바스크립트 객체 리터럴 아냐?"하는 생각을 갖고 있었습니다.

그렇다고 이 책의 주제가 JSON인가? 라고 하면, 절반은 맞고 절반은 틀립니다. 주제의 절반은 JSON이 맞지만, 주제의 나머지 반절은 API 설계입니다. 물론 모든 챕터가 JSON을 다루긴 합니다. 그럼에도 주제의 절반이 API 설계라고 할 수 있는 이유는, 책에서 소개하는 모든 도구와 기법이 API를 설계하고 구현하는 업무에서 생산성을 극대화시킬 수 있는 방향으로 맞춰져 있기 때문입니다.

이 책은 크게 세 부분으로 나뉩니다.

먼저 1부는 JSON에 대한 소개와 기존 정보교환 포맷(주로 XML이 되겠지요) 비하여 어떤 장점을 갖는지에 대한 설명으로 시작합니다. 독자 여러분이 JSON도 한번 써볼만하겠다 싶은 생각이 들 무렵이 되면 주요 개발 플랫폼에서 JSON을 다룰 수 있는 라이브러리와 사용법을 소개합니다.

2부는 실무에서 JSON을 다루게 될 주요 유스케이스마다 사용할 수 있는 도구를 소개합니다. 원하는 메시지를 설계하기 위해 JSON 스키마를 어떻게 다루어야 하는지, 기존의 JSON 메시지를 원하는 형태로 가공하기 위한 도구도 소개합니다.

3부는 엔터프라이즈 규모의 애플리케이션에 JSON을 적용하기 위한 수단을 소개합니다. 서브 시스템 간의 통신을 맡아줄 카프카나 영속성을 제공하는 MongoDB 등을 다룹니다.

이 책의 장점은 JSON을 실무에 적용하는데 대한 시행착오를 줄여준다는 점입니다. 실무에 새로운 기술을 적용할 때는 어느 정도 시행착오가 따르게 마련입니다. 그러나 이 책에서는 어느 정도 상정 가능한 대부분의 상황에서 JSON을 적용하기 위해 필요한 도구를 소개하고 용도에 따라 평가해 두었으며, 현실적인 한계에 대해서도 가감 없이 자신의 경험을 소개하고 있습니다. 다시 말해, 오랫동안 규모 있는 프로젝트에서 JSON을 적용해 본 저자가 자신의 툴박스와 노하우를 아낌없이 공개한 책입니다.

개인적으로는 동물도감 표지 책의 역자가 되는 작은 목표를 이룰 수 있는 책이어서 작업이 뿌듯했던 책이었습니다. 좋은 책을 번역할 기회를 주신 인사이트 한기성 대표님께 감사드립니다.

감사합니다.

심효섭

서문

JSON(JavaScript Object Notation)은 RESTful 인터페이스를 위한 사실상 표준 (de facto standard)의 입지를 다졌지만, 그 생태계는 오늘날 아키텍트와 개발자들이 애플리케이션을 바로 개발하기에는 잘 알려지지 않은 표준, 도구, 기술로 구성되어 있다. JSON은 그저 AJAX 호출을 사용할 때 XML을 대체하기 위한 그런 기술이 아니다. JSON은 점차 인터넷상에서 일어나는 중요한 정보교환의 중핵을 담당하고 있다. 정말 유용하고 우아하며 효율적인 애플리케이션을 개발하기 위해 JSON과 관련된 에너지와 열정을 잘 다스릴 수 있는 잘 확립된 표준과 실무 사례를 참조할 수 있다.

여기에 빠진 것이 있다면 이들을 하나로 뭉치게 할 책이라 할 수 있다. 이 책은 개발자들이 엔터프라이즈 수준의 애플리케이션과 서비스를 개발하는데 JSON을 잘 활용할 수 있도록 하는 것을 목적으로 한다. 나의 목표는 JSON 도구와 메시지/문서 설계 개념이 빠르게 성장하고 있는 API 커뮤니티에서 일등 시민으로 발돋움하게 하는 것이다.

내가 JSON과 함께 한 여행은 2007년, 내가 큰 규모의 웹 포털 프로젝트를 이끌던 시절로 거슬러 올라간다. 당시 우리는 엔트리가 몇천 개나 되는 드롭다운 리스트를 만들어야 했는데, 그때 내가 읽던 책이 레베카 라이오던(Rebecca Riordan)이 쓴 *Head First AJAX*(O'Reilly)였다. 그래서 제대로 된 아키텍처를 갖추기로 했다. AJAX로 페이지 로딩 부하와 전체적인 레이턴시 문제를 해결할 수 있을 터였다. 그러나 데이터는 어떡해야 할까? 그때까지 여러 해 동안 나는 XML을 잘 사용해왔다. 그러나 웹 애플리케이션의 백엔드에서 화면 뷰로 데이터를 옮기기 위한 정도의 용도에 XML을 사용하는 것은 왠지 닭 잡는데 소 잡는 칼을 쓰는 것이 아닐까 하는 생각이 들었다. *Head First AJAX*는 JSON이라는 새로운 데이터 포맷을 소개하였는데, 이 데이터 포맷이 지금 할 일에 적합해 보였다. 우리 팀은 우리가 개발하고 있던 Java 객체를 JSON으로 변환해 줄 API를 찾기 시작했는데, 그중 JUnit으로 가장 간단하게 테스트할 수 있는 것을 골랐다. 우리의 목표는 동작하는 가장 간단한 해법을 사용하는 것이었다. 우리는 엄격한 부하 테스트를 시작했고 Java-JSON 변환 기능은 전혀 성능 이슈를 일으키지 않았다. 애플리케이션은 운영 환경에서 성공적으로 확장되었고, 사용자들도 만족스러운 속도로 동작하는 드롭다운 리스트를 볼 수 있었다.

이 여행 도중에, 나는 웹 애플리케이션, RESTful API들, 메시징에 JSON을 도입해 왔다. 2009년 즈음에도 나는 XML 스키마가 제공하는 의미적 검증 기능 때문에 XML을 사용하고 있었는데, 당시 내 입장은 JSON은 웹 사용자 인터페이스 혹은 사용자 인터페이스에나 사용할 만한 것(속도 때문에)이고, 웹 서비스와 메시징에는 XML을 사용해야 한다는 것이었다. 그러다 2010년 쯤 JSON 스키마에 대해 알게 되었고 그 후로는 XML을 사용할 필요가 없었다. JSON 스키마 스펙은 아직도 완성되지 않았지만 그래도 이제는 엔터프라이즈 수준에 적용할 수 있을 만큼 충분히 성숙하였다.

이때부터 나는 JSON에 반해 버렸다, 아니 좀 더 정확히 말하자면 완전히 빠져 버렸다고 해도 될 정도이다. 나는 JSON으로 무엇을 할 수 있는지 인터넷을 찾아 헤맸으며, 방대한 양의 API, 온라인 도구, 검색 기능 등을 찾을 수 있었다. 한마디로 말하자면, XML로 할 수 있는 일은 무엇이든 이제 JSON으로도 할 수 있다.

그 후 나는 JSON에 대한 책을 찾기 시작했지만, 실망스럽게도 JavaScript나 RESTful 웹 서비스에 대한 책에서 한두 개 장만을 할애한 정도밖에 찾을 수 없었다. 수많은 도구 그리고 블로그 기사와 함께, 성장하는 JSON 커뮤니티를 보았지만, 더글라스 크락포드(Douglas Crockford)의 JSON 사이트(*http://json.org*)를 제외하면 이들을 한곳으로 모아줄 존재가 없었다.

이 책에 적합한 독자와 이 책의 접근법

이 책은 웹 혹은 모바일 애플리케이션, RESTful API, 메시징 애플리케이션을 설계하거나 구현하는 아키텍트/개발자를 위한 책이다. 코드 예제는 JavaScript, Node.js, Ruby와 Java로 되어 있다. 만약 당신이 Groovy, Go, Scala, Perl, Python, Clojure나 C#에 익숙하다면 제공된 예제 코드를 그대로 따라올 수 있을 것이다. 하지만, 다른 언어를 사용한다 해도 대부분의 주류 혹은 최근에 개발된 언어는 JSON을 잘 지원하므로 안심해도 된다. 아키텍트 직무에 있는 독자를 위해서는 가이드라인, 실무 모범사례, 그리고 필요한 경우에는 설계 다이어그램을 제공한다. 그러나 비전 있는 리더십과는 별도로, 진정한 아키텍트는 자신의 아이디어를 동작하는 코드로 보여주어야 할 필요가 있다. 나는 JSON을 다루는 코드를 작성하기를 좋아하지만, 비즈니스 혹은 기술적 맥락 없이는 의미 없는 일일 뿐이다. 개발자인 독자라면, 이 책에서 다루는 예제 코드, 도구, 단위 테스트 등을 잘 활용할 수 있을 것이다. 이들은 GitHub 리파지토리로도 제공된다(xviii 쪽의 "예제 코드" 부분 참조).

5장부터 10장까지는 다루는 주제에 집중하기 위해 Node.js로 작성된 예제 코드만을 제공한다. 하지만 원하는 플랫폼에서 같은 내용을 적용하는데 어려움을 겪지는 않을 것이다.

"At work"란 무슨 뜻인가?[1]

내가 2000년대 중반 스캇 데이비스(Scott Davis)와 *JBoss at Work*를 집필하던 시기, 우리의 비전은 개발자들이 이 책을 일상적인 업무에서 활용할 수 있도록 하는 것이었다. 같은 방식으로, 이 책 『API 설계 실무에 바로 적용하는 JSON』은 개발자에게 실제 업무에서 내가 JSON을 활용했던 경험에서 나온 실용적인 예제를 제공할 목적으로 작성했다. 이를 위해, 각 장마다 단위 테스트(합당한 곳이라면 모두)를 추가하였다. 기준은 간단하다. 테스트가 없는 곳엔 코드도 없다. 끝. 땅땅.

코드를 잘 보아두기 바란다. 개발자에게도 아키텍트 독자에게도 실제 업무에 도움을 줄 수 있는 부분이 있을 것이다.

이 책에서 다루는 내용

이 책을 읽고 예제를 보면서, 다음과 같은 내용을 배울 수 있다.

- JSON의 기초와 JSON 데이터를 모델링하는 방법
- Node.js, Ruby on Rails, Java에서 JSON을 사용하는 방법
- API를 설계하고 테스트하기 위해 JSON 스키마로 JSON 문서를 구조화하는 방법
- JSON 탐색 도구로 JSON 문서의 내용을 찾는 방법
- JSON 변환 도구를 사용해서 JSON 문서를 다른 데이터 포맷으로 변환하는 방법
- 엔터프라이즈 아키텍처의 일부로 JSON을 사용하기
- HAL, json:api 등과 같은 JSON 기반 하이퍼미디어 포맷에 대한 비교
- JSON 문서를 저장하고 접근하는데 MongoDB를 활용하기
- Apache 카프카를 사용하여 서비스 간에 JSON 메시지 교환하기
- 테스트를 도와주는 무료 JSON 도구와 유틸리티
- 간단한 유틸리티 혹은 라이브러리로 주 언어에서 API 호출하기

---

1 (옮긴이) 이 책의 원제를 *JSON at Work*이라 붙인 이유를 설명하고 있다.

이 책에서 다루는 도구

다음은 이 책에서 사용하게 될 JSON 도구이다.

- JSON 편집기/모델러
- 단위 테스트 도구(예 : Mocha/Chai, Minitest, JUnit)
- JSON 유효성 검사기
- JSON 스키마 생성기
- JSON 검색 도구
- JSON 변환(템플릿 생성 포함) 도구

이 책에 적합하지 않은 독자

AJAX 호출만을 위해 JSON을 필요로 한다면, 이 책은 당신에게 적합하지 않다. 이 책에서 그 주제를 다루기는 하지만, 이는 그저 빙산의 일각에 지나지 않는다. 당신이 필요한 내용은 다른 많은 책에서 찾을 수 있을 것이다. REST, Ruby on Rails(RoR), Java, JavaScript 등에 대한 심화적인 내용도 이 책은 다루지 않는다. 이 책에서 이들을 다루기는 하지만, 이 책은 이들을 이용하여 JSON을 사용하는 방법에 좀 더 집중한다.

이 책의 구성

이 책은 다음과 같은 구성을 갖는다.

- 1부 : JSON의 개요와 플랫폼
- 2부 : JSON 생태계
- 3부 : 엔터프라이즈 애플리케이션과 JSON
- 부록

1부 : JSON의 개요와 플랫폼

- 1장. JSON 개요. JSON 데이터 포맷에 대한 대략적인 소개로 시작한다. JSON을 활용하는 모범 사례를 보여주고, 이 책 전체에서 사용되는 도구를 소개한다.

- 2장. JavaScript에서 JSON 사용하기. JavaScript, Node.js, Mocha/Chai 단위 테스트에서 JSON을 사용하는 방법을 소개한다.
- 3장. Ruby on Rails에서 JSON 사용하기. Ruby 객체와 JSON을 상호 변환하는 방법 그리고 Rails와 통합하는 방법을 소개한다.
- 4장. Java에서 JSON 사용하기. Java와 Spring Boot에서 JSON을 사용하는 방법을 소개한다.

2부 : JSON 생태계

- 5장. JSON 스키마. JSON 스키마를 이용해 JSON 문서를 구조화하는 방법을 다룬다. 이 과정에서 JSON 스키마를 만들고 이 스키마로 API를 설계하는 법을 배울 것이다.
- 6장. JSON 검색하기. jq와 JSONPath를 사용하여 JSON 문서를 검색하는 방법을 다룬다.
- 7장. JSON 문서 변형하기. 잘못 설계된 JSON 문서를 좀 더 나은 형태로 변형하기 위한 도구를 다룬다. 여기에 더하여, JSON을 HTML이나 XML 등 다른 형식으로 변환하는 방법도 다룰 것이다.

3부 : 엔터프라이즈 애플리케이션과 JSON

- 8장. JSON과 하이퍼미디어. 주로 사용되는 몇 가지 하이퍼미디어 형식(예: HAL, jsonapi)과 함께 JSON을 사용하는 방법을 다룬다.
- 9장. JSON과 MongoDB. JSON 문서를 저장하고 열람하기 위해 MongoDB를 사용하는 방법을 다룬다.
- 10장. 카프카를 이용한 JSON 메시징. Apache 카프카를 이용하여 서로 다른 서비스 간에 JSON 기반 메시지를 주고받는 방법을 다룬다.

부록

- 부록 A. 설치 가이드. 예제 코드를 실행하기 위한 애플리케이션 설치 방법을 정리하였다.
- 부록 B. JSON 관련 커뮤니티. JSON을 더 깊이 사용할 수 있도록 해줄 JSON 커뮤니티에 대한 접근점을 제공한다.

예제 코드

이 책의 모든 예제 코드는 이 책의 GitHub 리파지토리(*https://github.com/tmarrs/json-at-work-examples*)에서 자유로이 사용할 수 있다.

이 책은 당신의 업무를 돕기 위한 것이다. 특별한 언급이 없다면, 이 책에 제공된 코드를 문서와 개발 중인 프로그램에 자유롭게 사용할 수 있다. 상당한 분량의 코드를 복제하는 것이 아니라면 별도의 허락을 구할 필요가 없다. 예를 들어, 이 책의 예제 코드 몇 곳을 차용하여 프로그램을 작성하는 것은 자유로이 허용된다. 반면 오라일리 출판사의 책에 나오는 예제 코드를 CD-ROM으로 배포하거나 판매하려면 허락을 구해야 한다. 다른 사람의 문의에 대해 답변을 달 때, 이 책을 언급하면서 예제 코드를 일부 전재하는 것은 허락을 구할 필요가 없다. 그러나 이 책의 예제 코드 상당 부분을 당신의 제품 문서에 포함시키려면 허락을 구해야 한다.

저작자 표시를 해주면 감사하나, 필수는 아니다. 저작자 표시는 보통 책의 제목, 저자, 출판사와 ISBN을 언급하는데, "*JSON at Work* by Tom Marrs(O'Reilly). Copyright 2017 Vertical Slice, Inc., 978-1-449-35832-7"과 같이 쓰면 된다.[2]

만약 공정한 사용 범위나 위에서 언급한 허용 범위를 벗어나 예제 코드를 사용하고 싶다면, *permissions@oreilly.com*을 통해 연락 주기를 바란다.

감사의 말

무엇보다 먼저, JSON 포맷을 만들고 표준화에 공헌한 더글라스 크락포드에게 감사를 표하고 싶다. JSON은 REST와 마이크로서비스 세상에서 데이터 언어의 지위를 얻었고, 관련 커뮤니티 전체가 그의 비전과 노력에 큰 빚을 졌다.

그리고 이 책의 집필에 길잡이가 되어주고 큰 인내심을 보여주었던 오라일리의 담당 편집자 메건 폴리, 그리고 그전에 나를 담당했던 편집자 사이먼 세인트로렌에게 감사를 표한다. 집필 내내 나와 함께하며 많은 도움을 주었다. 오라일리 교열팀의 담당자인 닉 아담스, 샤론 윌키는 이 원고를 성실하게 개선해 주었다.

오라일리 오픈소스 컨벤션(OSCON)의 매튜 매컬로와 레이철 루멜리오티스, No Fluff Just Stuff의 제이 치머만, Great Indian Developer Summit(GIDS)의 다일립 토머스는 여러 콘퍼런스에서 내가 JSON과 REST에 대한 발표를 할 기회

---

2 (옮긴이) 번역서 정보도 같이 표시하면 감사하겠다. 번역서 정보는 다음과 같이 쓰면 된다. 『API 설계 실무에 바로 적용하는 JSON』톰 마스 지음, 심효섭 옮김, 2018년 © 인사이트.

를 주었다. 앞으로도 여러 콘퍼런스에서 발표할 수 있기를 바란다.

이 책에 대해 귀중한 피드백을 주신 기술 리뷰어 분들께도 감사를 드리고 싶다. 조 매킨타이어, 데이빗 복, 그렉 오스트라비치, 제티 친퐁. 그리고 다음 분들은 JSON을 소개하기 위한 방법을 가다듬을 수 있게 도움을 주었다. 매튜 매컬로, 스캇 데이비스, 크리스찬 비마이스터, 센틸 쿠마, 션 페터슨, 존 그레이, 더그 클락, 윌 다니엘스, 댄 카르다, 피터 파이퍼.

콜로라도 프론트 레인지 기술 커뮤니티의 다음 사용자 그룹에서 발표 자료를 다듬는 데 도움을 주었다.

- HTML5 Denver
- Denver Open Source User Group(DOSUG)
- Colorado Springs Open Source User Group(CS OSUG)
- Boulder Java User Group(BJUG)
- BoulderJS Meetup

나를 북돋아 주고, 믿어주고, 이 책의 집필을 마칠 수 있도록 등 떠밀어 준 토스트마스터(*http://www.toastmasters.org*) 커뮤니티의 친구들에게도 감사를 표한다. 대릴 브라운, 드보라 프라운펠터, 엘리노라 레이놀즈, 베티 펀더버크, 톰 홉스, 마시 브룩, 그리고 언급하지 못한 많은 친구들. "함께 그리고 멀리" 갈 수 있도록 많은 도움을 주었다.

돌아가신 부모님, 알 마스와 도린 마스는 항상 나를 지지해주었고 믿어 주었으며 사랑해주었다. 그리고 나를 적응력 있고 혁신적이며 성실한 사람으로 키워주었고, 항상 최선을 다할 수 있도록 북돋아주었다. 내게 해 주신 모든 일에 감사드린다.

마지막으로, 나의 아름다운 아내 린다와 딸 애비에게 저녁 시간과 주말을 집필에 할애하도록 해준 인내심에 대해 감사드린다.

1부

JSON의
개요와 플랫폼

1장

JSON 개요

JSON(JavaScript Object Notation)은 애플리케이션이 네트워크를 통해 (주로 RESTful API의 형태로) 통신할 수 있도록 해주는 데이터 포맷이다. JSON은 기술을 가리지 않으며 독점적이지 않고, 이식이 쉽다. 모든 현대적인 프로그래밍 언어(Java, JavaScript, Ruby, C#, PHP, Python, Groovy 등)와 플랫폼에서 JSON 데이터를 생성하고(직렬화) 받아들일(역직렬화) 수 있다. JSON은 또한 단순하다. 개발자에게 친근한 객체, 배열, 이름-값 쌍과 같은 구조로 이루어져 있다. JSON의 용도는 REST(Representational State Transfer) 환경에 국한되지 않으며, 다음과 같은 환경에서도 사용할 수 있다.

- Node.js (*package.json*에 프로젝트 메타데이터를 저장한다)
- MongoDB 등의 NoSQL 데이터베이스 (9장 참조)
- 카프카 등의 메시징 플랫폼 (10장 참조)

1.1 표준으로 본 JSON

일찍이 REST를 비방하던 사람들은 RESTful 웹 서비스를 비표준이라고 조롱하였으나, JSON은 사실 표준 규격이다. IETF(Internet Engineering Task Force)와 ECMA 인터내셔널(구 ECMA(European Computer Manufacturers Association))이 모두 JSON을 표준 규격으로 인정하고 있다. 더글라스 크락포드(Douglas Crockford)가 2001년 처음으로 JSON을 창안하였고, 2006년 IETF에 의해 RFC 4627에서 최초로 표준화 되었다(JSON 규격 문서를 참조하라 (*http://tools.ietf.org/html/rfc4627*)). 2013년 가을에는 ECMA 인터내셔널이 ECMA

404로 JSON을 표준화 하였다(ECMA의 JSON 규격 문서를 참조하라(*http://bit.ly/2skDdEV*)). ECMA의 공인으로 JSON은 공식적인 국제 데이터 처리 표준이 되었다. 2014년 3월, 팀 브레이(Tim Bray)는 더글라스 크락포드의 IETF RFC 7158 초판(*http://tools.ietf.org/html/rfc7158*)의 개정판과 IETF 4627 표준(구판이므로 더 이상 배포되지 않는다)의 오류를 수정한 RFC 7159(*http://tools.ietf.org/html/rfc7159*)를 배포하였다.

1.2 간단한 예제

본격적인 내용을 다루기 전에, 간단한 JSON 예제를 보도록 하자. 예제 1-1에 간단한 JSON 문서를 실었다.

예제 1-1 firstValidObject.json

```
{ "thisIs": "My first JSON document" }
```

유효한 JSON 문서는 다음 중 한 가지 형태를 갖는다.

- 중괄호(curly brace, {})로 감싼 객체.
- 대괄호(bracket, [])로 감싼 배열.

조금 전의 예제는 키가 `"thisIs"`, 값이 `"My first JSON document."`인 키-값 쌍 하나를 요소로 갖는 객체를 나타내고 있다.

 JSONLint(*https://jsonlint.com/*)를 사용해서 실제로 이 문서가 유효한지 확인해 보도록 하자. 해당 웹 페이지의 텍스트 영역에 예제를 붙여넣기 한 다음, "Validate" 버튼을 누르면 그림 1-1과 같은 결과를 확인할 수 있다.

예제 1-2는 간단한 JSON 배열의 예이다.

예제 1-2 firstValidArray.json

```
[
  "also",
  "a",
  "valid",
  "JSON",
  "doc"
]
```

이번에는 JSONLint의 텍스트 영역에 JSON 배열을 붙여넣고 "Validate" 버튼을 눌러보자. 그러면 그림 1-2와 같은 결과를 보게 될 것이다.

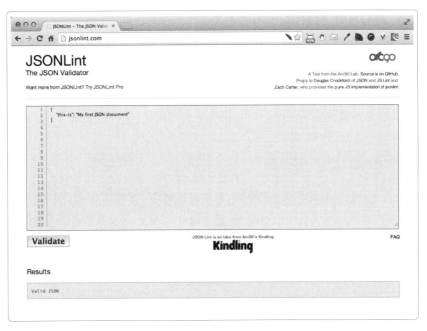

그림 1.1 JSONLint로 유효성을 확인한 간단한 JSON 문서

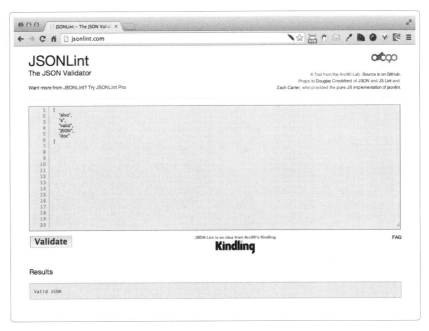

그림 1.2 JSONLint로 유효성을 확인한 JSON 배열

여기까지가 우리가 배운 내용이다. 7쪽의 "코어 JSON"에서 JSON 문법을 좀 더 자세히 알아볼 것이다.

1.3 JSON을 사용하는 이유는?

ECMA와 IETF가 JSON을 표준화함에 따라 JSON은 산업에 적용될 수 있게 되었지만, JSON이 널리 사용되게 된 데에는 다음과 같은 이유가 있었다.

· JSON에 기반하고 있는 RESTful API의 급격한 증가
· JSON의 간단한 데이터 구조
· JavaScript의 이용 확산

JavaScript가 부상하면서 JSON도 그 인기를 한층 더하게 되었다. 지난 몇 년 동안, JavaScript는 개발 언어 및 환경에서 주류로 발돋움하였다. 이를 둘러싼 JavaScript 생태계에는 Node.js 등과 같은 플랫폼, AngularJS, React, Backbone, Ember 같은 모델-뷰-컨트롤러(MVC) 프레임워크가 존재한다. 그리고 JavaScript 객체와 패턴에 대한 모범 사례를 소개하는 서적 및 웹 사이트의 수도 역시 크게 늘어났다. 더글라스 크락포드는, JSON은 JavaScript 객체 리터럴 표기법의 일부이며, JavaScript 개발에 매끄럽게 섞여 들어갈 수 있다고 하였다.

엄청난 수의 RESTful API는 JSON의 영향력을 넓히는 원동력이다. JSON 기반 RESTful API를 제공하는 서비스로 다음과 같은 예를 들 수 있다.

· 링크드인
· 트위터
· 페이스북
· 세일즈포스
· 깃허브
· 드롭박스
· 텀블러
· 아마존 웹 서비스(AWS)

현재 사용할 수 있는 JSON 기반 RESTful API의 목록을 보고 싶다면, Program-mableWeb(*http://www.programmableweb.com*)에서 REST와 JSON을 키워드로 검색해 보기 바란다. 여러 주가 걸려도 다 확인할 수 없을 만큼의 검색 결과를 볼 수 있을 것이다.

JSON은 쉽고 간단하다는 점에서 XML을 대체해 인터넷상에서 이용되는 정보 교환을 위한 주류 포맷이 되어가고 있다. JSON은 가독성이 좋고, 소프트웨어 개

발자가 익히 알고 있는 배열, 객체, 키-값 쌍 등의 개념으로 해석하기 유리하다. 그리고 어떤 값을 요소로 삼아야 하는지 아니면 속성으로 삼아야 하는지 같은 문제로 골머리를 썩이거나 논쟁을 벌일 필요도 없다. 객체와 이 객체의 데이터 멤버는 객체지향(OO) 설계 및 개발에 훨씬 더 잘 맞는다. JSON 형식으로 작성된 문서는 XML과 비교하여 시작/끝 태그가 반복되지 않기 때문에 오버헤드가 적고 더 간소하다. 그래서 대개의 경우는 같은 내용을 담은 XML 문서보다 더 짧다. 같은 이유로, 엔터프라이즈 수준의 애플리케이션에서도 JSON이 XML보다 효율적이다.

더글라스 크락포드는 애초부터 JSON을 정보교환 포맷으로(REST와 함께 사용되도록) 설계하였다. 그리고 이제 JSON은 Node.js와 서브라임 텍스트(Sublime Text) 등의 설정 파일로 쓰이면서 애초의 목적에 맞게 쓰이고 있다. Node.js는 *package.json*이라는 파일에 npm 패키지 구조를 정의한다. 이에 대한 자세한 내용은 2장에서 다룰 것이다. 웹 개발에서 많이 쓰이는 IDE인 서브라임 텍스트에서는 JSON 포맷을 가진 패키지 관리자를 사용하여 프로그램의 외관을 커스터마이즈 한다.

1.4 코어 JSON

코어 JSON 데이터 포맷은 JSON의 데이터 타입, 값의 타입으로 구성된다. 그리고 버전, 주석, 파일 및 MIME 타입에 대해서도 다룰 것이다.

JSON 데이터 타입

JSON은 다음과 같은 코어 데이터 타입을 갖는다.

이름(키)-값 쌍

키와 값으로 구성된 쌍.

객체

순서가 정의되지 않은 키-값 쌍의 모임.

배열

순서가 정의된 값의 모임.

기본적인 정의는 모두 설명하였다. 이제 각 데이터 타입을 좀 더 자세히 살펴보겠다.

이름-값 쌍

예제 1-3은 이름-값 쌍의 몇 가지 예를 포함하고 있다.

예제 1-3 **nameValue.json**

```
{
  "conference": "OSCON",
  "speechTitle": "JSON at Work",
  "track": "Web APIs"
}
```

이름-값 쌍의 특징은 다음과 같다.

- 각각의 이름(예: "conference")은 콜론(:)의 좌변에 위치한다.
- 각각의 이름은 문자열이며 쌍따옴표(")로 감싼다.
- 값(예: "OSCON")은 콜론의 우변에 위치한다. 앞서 본 예에 나온 값의 데이터 타입은 문자열이다. 값은 문자열 외에도 다른 데이터 타입을 가질 수 있다.

문자열과 값이 될 수 있는 데이터 타입에 대해서는 10쪽의 "JSON 값 타입"에서 더 자세히 설명한다.

객체

객체는 하나 이상의 이름-값 쌍으로 구성된다. 예제 1-4에 하나의 주소를 나타내는 간단한 객체를 실었다.

예제 1-4 **simpleJsonObject.json**

```
{
  "address" : {
    "line1" : "555 Any Street",
    "city" : "Denver",
    "stateOrProvince" : "CO",
    "zipOrPostalCode" : "80202",
    "country" : "USA"
  }
}
```

예제 1-5는 배열을 포함하는 객체의 예제이다.

예제 1-5 **jsonObjectNestedArray.json**

```
{
  "speaker" : {
    "firstName" : "Larson",
    "lastName" : "Richard",
```

```
      "topics" : [ "JSON", "REST", "SOA" ]
    }
}
```

예제 1-6은 다른 객체를 포함하는 객체의 예제이다.

예제 1-6 **jsonObjectNestedObject.json**

```
{
  "speaker" : {
    "firstName" : "Larson",
    "lastName" : "Richard",
    "topics" : [ "JSON", "REST", "SOA" ],
    "address" : {
      "line1" : "555 Any Street",
      "city" : "Denver",
      "stateOrProvince" : "CO",
      "zipOrPostalCode" : "80202",
      "country" : "USA"
    }
  }
}
```

객체의 특징은 다음과 같다.

- 왼쪽 중괄호({)로 시작하여 오른쪽 중괄호(})로 끝난다.
- 하나 이상의 이름-값 쌍으로 구성되며, 이들은 순서를 갖지 않고, 쉼표로 구분한다.
- 요소가 없을 수도 있다. ({})
- 다른 객체나 배열 안에 포함될 수 있다.

배열

예제 1-7은 콘퍼런스의 프레젠테이션의 제목, 발표시간, 요약 등의 정보를 담은 (객체와 배열을 포함하는) 배열이다.

예제 1-7 **jsonArray.json**

```
{
  "presentation" : [
    {
      "title" : "JSON at Work: Overview and Ecosystem",
      "length" : "90 minutes",
      "abstract" : [ "JSON is more than just a simple replacement for XML when",
                     "you make an AJAX call."
                   ],
      "track" : "Web APIs"
    },
    {
```

```
            "title" : "RESTful Security at Work",
            "length" : "90 minutes",
            "abstract" : [ "You've been working with RESTful Web Services for a few years",
                           "now, and you'd like to know if your services are secure.",
                         ],
            "track" : "Web APIs"
        }
    ]
}
```

배열의 특징은 다음과 같다.

· 왼쪽 대괄호([)로 시작하여 오른쪽 대괄호(])로 끝난다.

· 하나 이상의 값으로 구성되며, 이들은 순서가 정해져 있으며 쉼표로 구분한다.

· 요소가 없을 수도 있다. ([])

· 다른 객체나 배열 안에 포함될 수 있다.

· 0 혹은 1부터 시작하는 인덱스를 갖는다.

JSON 값 타입

JSON 값 타입은 이름-값 쌍의 우변에 위치하는 데이터 타입을 말한다. JSON 값 타입에는 다음과 같은 것이 있다.

· object

· array

· string

· number

· boolean

· null

이 중 객체와 배열에 대해서는 이미 다루었으므로, 이번에는 string, number, boolean, null 등 그 외의 타입에 대하여 살펴보기로 한다.

문자열

예제 1-8은 유효한 JSON 문자열의 예이다.

예제 1-8 **jsonStrings.json**

```
[
  "fred",
  "fred\t",
```

```
    "\b",
    "",
    "\t",
    "\u004A"
]
```

문자열은 다음과 같은 성질을 갖는다.

· 문자열은 쌍따옴표로 감싼 빈 문자열 혹은 하나 이상의 유니코드 문자로 되
  어있다. 그 외의 유효한 문자에 대해서는 아래 목록을 참조하기 바란다.
· 홑따옴표로 감싼 문자열은 유효한 문자열이 아니다.

그리고 JSON 문자열에는 다음과 같은 이스케이프 문자를 사용할 수 있다.

\"   쌍따옴표

\\   역슬래시

\/   슬래시

\b   백스페이스

\f   폼 피드

\n   줄바꿈 문자

\r   캐리지 리턴

\t   탭

\u   이 이스케이프 문자 뒤에는 4자리 16진수 숫자가 붙는다

숫자

예제 1-9는 유효한 JSON 숫자 값의 예이다.

예제 1-9 **jsonNumbers.json**

```
{
  "age" : 29,
  "cost" : 299.99,
  "temperature" : -10.5,
  "unitCost" : 0.2,
  "speedOfLight" : 1.23e11,
  "speedOfLight2" : 1.23e+11,
  "avogadro" : 6.023E23,
  "avogadro2" : 6.023E+23,
  "oneHundredth" : 10e-3,
  "oneTenth" : 10E-2
}
```

숫자는 JavaScript의 배정도 부동소수 형식을 따르며, 다음과 같은 성질을 갖는다.

- 숫자는 항상 10진법을 사용하며(0부터 9까지의 숫자만 사용가능), 0으로 시 작할 수 없다.
- 숫자는 소수점(.)으로 시작하는 소수부를 가질 수 있다.
- 숫자는 밑을 10으로 하는 지수를 가질 수 있으며, 이 지수는 e 혹은 E 표기법 과 플러스 및 마이너스 기호로 나타낸다.
- 8진법 및 16진법 표기는 지원하지 않는다.
- JavaScript와 달리, 숫자는 NaN(not a number) 혹은 무한대 값을 가질 수 없다.

불(Boolean)

예제 1-10은 JSON의 불 값이다.

예제 1-10 jsonBoolean.json

```json
{
  "isRegistered" : true,
  "emailValidated" : false
}
```

불 값은 다음과 같은 성질을 갖는다.

- 불 값은 true 혹은 false만을 값으로 가질 수 있다.
- 콜론 우측에 위치하는 true와 false는 쌍따옴표로 감쌀 필요가 없다.

널(null)

null은 엄밀히 말하면 데이터 타입이 아니지만, JSON에서는 특별한 취급을 받는 값이다. 예제 1-11은 키 line2의 값으로 null을 사용하고 있다.

예제 1-11 jsonNull.json

```json
{
  "address" : {
    "line1" : "555 Any Street",
    "line2" : null,
    "city" : "Denver",
    "stateOrProvince" : "CO",
    "zipOrPostalCode" : "80202",
    "country" : "USA",
  }
}
```

null 값은 다음과 같은 성질을 갖는다.

- 따옴표로 감싸지 않는다.
- 키 혹은 속성이 아무 값도 갖지 않음을 나타낸다.
- 자리를 채우기 위한 목적으로도 사용한다.

JSON 버전

더글라스 크락포드는 코어 JSON 표준에는 버전을 두지 않을 것이라고 공언한 바 있다. 이는 현재의 표준이 완벽하다는 의미가 아니다. JSON의 버전을 두지 않는 이유는 이전 버전과의 하위 호환성을 유지하려다 직면할 수 있는 위험을 피하기 위한 것이다. 크락포드는 개발 커뮤니티의 새로운 요구가 발생하게 될 경우, 새로운 데이터 포맷이 JSON을 대체하는 것이 맞다고 보고 있다.

그러나 이 뒤에 오는 장을 읽어보면 알겠지만, '버전을 두지 않는' 정책은 코어 JSON 데이터 포맷에만 적용된다. 예를 들어 5장을 보면, 이 책을 집필하는 시점에서 JSON 스키마 규격의 버전은 0.5이다. 이들 관련 규격은 JSON 커뮤니티와는 무관한 사람들이 작성한 것이기 때문이다.

JSON의 주석

결론부터 말하자면 JSON 문서에는 주석이 존재하지 않는다.

Yahoo!의 JSON 그룹(*https://yhoo.it/2sp7za1*), Google+(*http://bit.ly/2sp83gw*)에 따르면, 크락포드는 처음에는 주석을 추가할 수 있도록 했던 듯하다. 그러나 그는 개발 초기에 다음과 같은 이유로 주석 기능을 제거하였다.

- 주석이 생각만큼 유용하지 않다.
- JSON 파서가 주석을 처리하기 어려웠다.
- 사용자들이 주석을 남용하였다. 이를테면, 파싱 방법에 대한 주석을 추가하는 경우가 있었는데, 별도의 파싱 방법이 필요한 문서는 상호운용성을 크게 훼손한다.
- 주석을 제거함으로써 이기종 간 JSON 지원이 더 쉬워졌다.

JSON 파일 및 MIME 타입

코어 JSON 규격에 따르면, JSON 데이터를 파일 시스템에 저장할 때 쓰이는 표준적인 파일 확장자는 *.json*이다. JSON의 IANA(Internet Assigned Numbers Authority) 미디어(혹은 MIME) 타입은 *application/json*이며, 이를 IANA 미디어 타입 사이트(*http://bit.ly/1cogNWM*)에서 확인할 수 있다. RESTful 웹 서비스 제공

자 및 사용자는 이제부터 JSON 데이터를 교환할 것임을 예고하기 위해 '콘텐츠 네고시에이션' (JSON MIME 타입을 HTTP 헤더에 포함시키는 역할을 한다)이라는 기술을 사용한다.

JSON 스타일 가이드라인

JSON에서 가장 중요한 것은 상호운용성이다. 그러므로 JSON 데이터 피드를 수신자 측에서 바라는 형태로 제공하는 것이 중요하다. Google은 JSON 스타일 가이드(*https://google.github.io/styleguide/jsoncstyleguide.xml*)를 배포하여 모범 사례를 공유하고 유지보수성을 향상시키는 데 기여하고 있다.

Google의 JSON 스타일 가이드는 매우 광범위하지만, API 설계자 및 개발자에게 가장 중요한 것을 꼽자면 다음과 같다.

· 속성 이름
· 날짜 속성값
· 열거형 값

속성 이름

속성 이름은 (Google의 표현을 따르자면) 이름-값 쌍에서 콜론 왼쪽에 위치한다 (속성 값은 콜론의 오른쪽). JSON의 속성 이름을 짓는 주요 스타일은 다음과 같은 두 가지 방법이다.

· lowerCamelCase
· snake_case

lowerCamelCase는 여러 단어를 붙여쓰되, 첫 단어를 제외한 각 단어의 첫 글자를 대문자로 한다. Java와 JavaScript 커뮤니티의 코딩 가이드에서 볼 수 있다. snake_case는 모든 글자를 소문자로 하되 단어와 단어 사이를 언더스코어(_)로 연결한다. Ruby on Rails 커뮤니티에서 이를 많이 볼 수 있다.

Google 및 RESTful API 대부분에서는 예제 1-12와 같이 속성 이름에 lowerCamelCase를 사용한다.

예제 1-12 **jsonPropertyName.json**

```
{
  "firstName": "John Smith"
}
```

날짜 속성 값

날짜 형식이 뭐 중요하겠느냐 생각할 수도 있겠지만, 생각보다 중요도가 높다. API 제공 측과 사용 측이 서로 다른 국가 혹은 대륙에 위치한 경우를 생각해보자. 같은 기업 안에서도 두 개발 그룹이 서로 다른 날짜 형식 가이드를 사용하기도 한다. 모든 시간대에 걸쳐 상호운용성 높고 일관적인 날짜 및 시간 처리를 하기 위해서는 타임스탬프를 해석할 방법을 주의 깊게 고려하는 것이 좋다. Google의 JSON 스타일 가이드는 예제 1-13과 같이 RFC 3339(*http://www.ietf.org/rfc/rfc3339.txt*)를 준수하는 것을 선호한다.

예제 1-13 jsonDateFormat.json

```
{
  "dateRegistered": "2014-03-01T23:46:11-05:00"
}
```

위의 날짜 표현을 보면, UTC/GMT(Coordinated Universal Time)와의 시차가 -5시간, 즉 미국 동부표준시라는 것을 알 수 있다. RFC 3339는 ISO 8601의 요약본으로, 양자 간의 주된 차이는 ISO 8601(*http://www.iso.org/iso/home/standards/iso8601.htm*)이 T(날짜와 시간 사이의)를 공백문자로 대체할 수 있다는 점이다. RFC 3339에서는 이것이 허용되지 않는다.

위도 및 경도 값

지리 API(예: Google Maps 등)나 지리 정보시스템(GIS)과 관련된 API는 위도 및 경도 데이터를 자주 다룬다. Google JSON 스타일 가이드에서는 일관성을 위해 위도 경도 데이터를 ISO 6709(*http://en.wikipedia.org/wiki/ISO_6709*) 표준을 준수하여 다루라고 권고하고 있다. Google Maps는 뉴욕 시 엠파이어스테이트 빌딩의 좌표를 북위 40.748747도, 서경 73.985547도라 나타내고 있는데, 이를 JSON으로 나타내면 예제 1-14와 같다.

예제 1-14 jsonLatLon.json

```
{
  "empireStateBuilding": "40.748747-73.985547"
}
```

이 예제는 다음과 같은 원칙에 따라 +-DD.DDDD+-DDD.DDDD 포맷으로 위도 경도를 나타낸다.

• 위도를 먼저 표기한다.

- 북위가 양수이다.
- 동경이 양수이다.
- 위도 및 경도 값은 문자열로 나타낸다. 음수 기호 때문에 숫자로 취급할 수 없다.

들여쓰기

Google JSON 스타일 가이드는 들여쓰기에 대해서 특별히 언급하지 않지만, 여기에도 몇 가지 원칙이 있다.

- JSON은 직렬화를 위한 포맷이지 보여주기 위한 포맷이 아니다. 그러므로 API 제공 측과 사용 측 사이에서 들여쓰기는 의미가 없다.
- 대부분의 JSON 포매터는 JSON을 보기 좋게 정리할 때 2글자에서 4글자 사이로 들여쓰기를 선택할 수 있게끔 한다.
- JSON은 JavaScript(ECMA 262 표준의 일부)로부터 왔다. 그러나 JavaScript 커뮤니티와 조율이 된 부분은 아무것도 없다. 대부분의 개발자와 코딩 스타일 가이드 문서는 2글자 공백문자를 선호하며 이 책에서도 이를 따르고 있다. 하지만, 다른 스타일을 사용하고 싶다면 그렇게 해도 무방하다. 다만, 일관성을 지키는 것이 중요하다.

1.5 예제: MyConference

이 책 전체에서 다루게 될 예제는 콘퍼런스와 관련된 데이터이다. 이 데이터는 다음과 같은 내용을 포함한다.

- 연사 정보
- 발표 세션 정보

우리가 사용할 기술 스택

먼저 연사 정보를 제공하는 간단한 JSON 데이터 저장소를 만들고, 이를 스텁 RESTful API를 통해 다음과 같은 단계를 거쳐 제공하게 될 것이다.

1. JSON Editor Online으로 JSON 데이터를 모델링한다.
2. JSON Generator로 샘플 JSON 데이터를 생성한다.
3. 스텁 API를 만들고 나중의 테스트를 위해 이를 배포해 둔다.

설계 스타일: noBackend

우리가 채택할 설계 스타일은 noBackend(*http://nobackend.org/*) 개념에 기반을 두고 있다. noBackend 개념을 적용하면 개발자는 애플리케이션 개발 초기에 서버니 데이터베이스니 하는 잡다한 것에 신경을 쓸 필요가 없다.

이 책의 전반부 일곱 개 장은 애플리케이션 개발에서 비즈니스적 관점(서비스 및 데이터 우선)에 집중하여 UI 기반(모바일, 태블릿, 웹 등) 클라이언트뿐만 아니라 API 및 웹이 아닌 클라이언트를 지원할 수 있도록, noBackend 아키텍처를 적용한다. 그리고 나중에 json-server 같은 간단한 도구를 이용하여 RESTful API를 에뮬레이션 할 것이다.

위와 같은 접근법을 통해, 인터페이스를 먼저 만들고 API를 설계하고 구축해 볼 것이다. 이를 통해 다음과 같은 장점을 누릴 수 있다.

- 백엔드와의 분리를 통한 좀 더 기민하고, 빠르며, 반복적인 프론트엔드 개발.
- API 자체에 대한 빠른 피드백을 얻을 수 있다. 데이터와 URI를 빠르게 선보이고 리뷰 역시 빠르게 받을 수 있다.
- API와 API 사용 측의 인터페이스가 깔끔해진다.
- API가 노출하는 자원(예: JSON 데이터로 나타낸 연사 정보)과 (나중의) 내부 구현(예: 애플리케이션 서버, 비즈니스 로직, 데이터 저장소) 사이에서 관심사의 분리를 실현할 수 있다. 이렇게 함으로써 나중에 구현을 변경하기가 쉬워진다. Node.js/Rails/Java(그 외 프레임워크)로 진짜 API를 개발 초기에 만들어 배포해버리면, 개발상의 의사결정을 너무 일찍 내리게 되고 뒤에 있을 API 사용 측과의 조율이 어려워진다.

스텁 API는 다음과 같은 역할을 한다.

- 개발 초기에 서버 및 데이터베이스를 다룰 필요가 없게 한다.
- API 제공 측(API의 개발자)가 API 설계 자체, 어떻게 하면 사용 측에 데이터를 잘 보여줄 수 있을 것인가와 초기 테스트에 집중할 수 있게 해준다.
- API 사용 측(예: UI 개발자)도 초기부터 API를 사용하여 작업하며 API 개발 팀에 피드백을 줄 수 있다.

이 책에서 소개하는 경량화된 도구를 사용해보면 코드를 작성하고 서버에 배포하는 과정 없이도 꽤나 많은 일을 할 수 있다는 것을 깨닫게 될 것이다. 물론 나중에 가면 API를 구현하게 될 터이나 이 부분은 JavaScript, RoR, Java를 다루는

2~4장에서 보게 될 것이다.

JSON 데이터를 JSON Editor Online으로 모델링하기

실제 데이터와 같은 규모와 복잡도를 갖는 JSON 문서를 유효하도록 만드는 것은 꽤나 까다롭고 잦은 실수가 따르는 일이다. JSON Editor Online(*http://www.jsoneditoronline.org*)은 웹 기반 도구로, 다음과 같은 기능을 제공한다.

- 객체, 배열, 이름-값 쌍 등 필요로 하는 JSON 문서를 모델링할 수 있게 해준다.
- 반복적인 방법으로 JSON 문서 텍스트를 쉽고 빠르게 만들 수 있게 해준다.

JSONmate(*http://jsonmate.com*)도 믿을 만한 웹 기반 에디터이다. 하지만 이 책에서는 다루지 않는다.

JSON Editor Online의 기능

JSON Editor Online은 JSON 모델링 및 JSON 텍스트 생성 기능 외에도 다음과 같은 기능을 제공한다.

JSON 유효성 검사

페이지 좌측에 있는 텍스트 영역에 JSON 데이터를 입력할 때마다 유효성 검사를 수행한다. JSON 데이터 값에 쌍따옴표를 닫는 것을 잊었다면(예: "firstName": "Ester,) 바로 다음 줄에 유효성 오류 메시지와 함께 해당 줄에 X표가 표시된다.

JSON 정리 기능(pretty-printing)

JSON 텍스트 영역의 좌상단에 있는 들여쓰기(Indent) 버튼을 누르면 된다.

JSON 텍스트와 모델링의 상호 변환

페이지 오른쪽에 있는 JSON 모델링에서 요소 추가(+) 버튼으로 객체 혹은 키-값 쌍을 추가한 다음 페이지 가운데 있는 왼쪽 화살표 버튼을 누르면 JSON 텍스트가 생성된다. 생성된 텍스트를 보면 조금 전에 추가한 객체나 키-값 쌍이 더해져 있음을 알 수 있다. 반대로 JSON 텍스트 영역에서 내용을 수정한 다음 오른쪽 화살표 버튼을 눌러도 JSON 모델링 영역의 내용이 바뀐 것을 알 수 있다.

JSON 문서 저장

이렇게 만든 JSON 문서를 Save 메뉴에 "Save to Disk" 옵션을 사용하여 로컬에 저장할 수 있다.

JSON 문서 임포트

로컬에 저장된 JSON 문서를 Open 메뉴의 "Open from Disk" 옵션에서 불러올 수 있다.

다만 유의해야 할 점은 JSON Editor Online은 누구나 사용할 수 있는 도구이기 때문에, 이 페이지에 입력하는 내용은 모두 다른 사람이 볼 수 있다. 그러므로 민감한 정보(개인 정보, 기밀 정보 등)는 이 도구에 입력하지 않는 것이 좋다.

JSON Editor Online으로 연사 정보 설계하기

연사 정보에 대한 데이터 모델링이 끝났다면, 오른쪽 화살표 버튼을 눌러 이 모델에 대한 잘 정리된 JSON 문서를 생성한다. 그림 1-3은 이렇게 만든 연사 정보의 초기 모델링을 담은 JSON Editor Online의 화면이다.

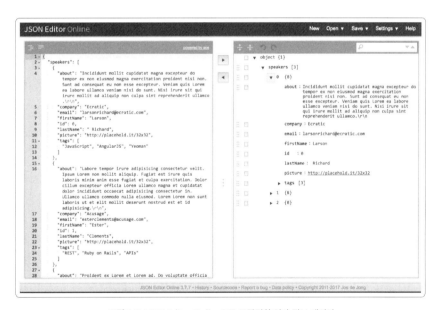

그림 1.3 JSON Editor Online으로 모델링한 연사 정보 데이터

아직은 수정할 곳이 많은 모델이지만, 출발점으로 삼기에는 괜찮은 최초 구상이다. 이 최초 모델을 사용하여 JSON 데이터를 시각화하고, 다시 빠르게 피드백을 받는 과정을 반복하며 설계를 계속해 나간다. 이런 과정을 통해 구현이나 인프라에 대한 과도한 투자 없이 전체 개발주기에서 JSON 데이터 구조를 고도화할 수 있다.

JSON Generator로 샘플 JSON 데이터 만들기

JSON Editor Online을 사용하여 설계를 시작할 수 있었다. 하지만, 이제 대량의 테스트 데이터를 빨리 만들어야 한다. 테스트 데이터는 민감한 내용이 문제가 되기도 하고, 테스트가 가능할 만큼 충분한 양을 만들기도 어렵다. JSON Editor Online을 사용해도 원하는 규모의 데이터를 만들려면 꽤나 수고가 필요할 것이다. API의 첫 번째 버전을 구현하기 위해 필요한 데이터를 만들 다른 도구가 필요하다. 이 도구가 JSON Generator(*http://www.json-generator.com*)이다. 우리가 조금 전 본 *speakers.json* 테스트 데이터 파일(*https://github.com/tmarrs/json-at-work-examples/blob/master/chapter-1/speakers.json*)은 이 도구를 이용하여 만든 것이다. *speakers.json* 파일을 만드는 데 사용한 템플릿도 깃허브(*https://github.com/tmarrs/json-at-work-examples/blob/master/chapter-1/jsonGeneratorTemplate.js*)에서 내려받을 수 있다. 이 JSON Generator에 대한 내용은 5장에서 좀 더 자세히 다룰 것이다.

스텁 API 작성 및 배포

스텁 API를 만들기 위해, 조금 전에 만든 연사 정보 데이터를 RESTful API로 제공할 것이다. Node.js 모듈 json-server을 이용하여 speakers.json 파일을 웹 API로 제공하게 하는 방법으로 빠르게 프로토타입을 만든다. json-server에 대한 더 자세한 정보는 해당 프로젝트의 깃허브 페이지(*https://github.com/typicode/json-server*)를 참조하기 바란다.

그 다음 내용을 진행하기 전에 먼저 개발환경을 구축한다. 부록 A를 참조하여 다음 내용을 수행하도록 한다.

1. Node.js를 설치한다. json-server는 Node.js의 모듈이기 때문에 Node.js를 먼저 설치해야 사용할 수 있다. 324쪽의 "Node.js 설치하기" 항목을 참조하라.
2. json-server 모듈을 설치한다. 설치 방법은 330쪽의 "npm 모듈 설치하기" 항목을 따르도록 한다.
3. JSONView와 Postman을 설치한다. 323쪽의 "웹브라우저에서 사용하는 JSON 도구 설치하기" 항목을 참조한다. JSONView는 Chrome과 Firefox에서 깔끔하게 정리된 JSON을 보여주는 도구이다. Postman은 대부분의 운영체제에서 동작하는 독립적인 GUI 애플리케이션이다.

그럼 터미널을 열어 다음과 같은 명령으로 포트 5000에 json-server를 실행한다.

```
cd chapter-1

json-server -p 5000 ./speakers.json
```

제대로 되었다면 다음과 같은 화면을 보게 될 것이다.

여기까지 되었다면 브라우저를 열어 *http://localhost:5000/speakers*에 접근한다. 그 결과로 스텁 API를 통해 연사 정보를 나타내는 (JSONView가 깔끔하게 정리해준) JSON이 그림 1-4와 같이 나타날 것이다.

그림 1.4 json-server로 제공되는 API를 웹브라우저의 JSONView 도구로 출력한 화면

접근했던 URI에 다음과 같이 id 값을 추가하면 특정한 연사에 대한 정보를 볼 수 있다.

*http://localhost:5000/speakers/*0

시작점으로서는 나쁘지 않다. 그러나 웹브라우저로 할 수 있는 테스트만으로는 불충분하다. 웹브라우저는 HTTP GET 요청만 보낼 수 있기 때문이다. Postman은 RESTful API를 완전히 테스트할 수 있는 기능을 제공한다. HTTP GET, POST, PUT, DELETE 요청을 모두 지원하고 HTTP 헤더를 조작할 수 있는 기능도 제공한다.

Postman을 사용해서 API를 통해 첫 번째 연사의 정보를 삭제해 보도록 하자.

1. URL *http://localhost:5000/speakers/0*을 입력한다.
2. HTTP 요청 종류에 DELETE를 선택한 다음.
3. Send 버튼을 누른다.

여기까지 잘 되었다면, 그림 1-5와 같이 DELETE 요청이 잘 수행되었다는 200(OK) 상태코드를 보게 될 것이다.

그림 1.5 Postman을 통해 첫 번째 연사의 정보를 삭제한 결과 화면

다시 첫 번째 연사의 정보가 정말 삭제되었는지 확인해 보자. 다시 브라우저에서 *http://localhost:5000/speakers/0*에 접근해보면 그림 1-6에서처럼 빈 결과가 나오는 것을 알 수 있다.

그림 1.6 첫 번째 연사의 정보가 삭제되었는지 확인한 결과 화면

json-server를 중단시키려면 명령줄에서 Ctrl+C를 입력한다.

스텁 API가 준비되었으니, 이제 어떤 HTTP 클라이언트(예: JavaScript, Ruby, Java)에서든 이 API를 호출해서 외부 애플리케이션에서 그 정보를 사용할 수 있다. 이후 장에서 보게 될 대부분의 예제는 HTTP GET 요청만을 사용하지만, json-server는 나머지 유형의 HTTP 요청(GET, POST, PUT, DELETE)도 모두 처리할 수 있다. 이 책에서는 다루지 않지만 Mountebank(*http://www.mbtest.org*)도 스텁 API나 API 에뮬레이션 기능 및 프로토콜을 제공하는 도구로서 json-server를 대체할 수 있다.

여기서 중요한 점은 API 제공 측이 JSON 기반 도구를 사용하여 실제로 테스트 가능한 RESTful API를 코드 한 줄 작성하지 않고도 프로토타이핑할 수 있다는 것이다. 이러한 기법은 API 사용 측이 API가 완성될 때까지 대기하지 않고도 테스트를 수행할 수 있도록 해준다. 마찬가지로, API 제공 측의 개발팀 역시 이러한 피드백을 따라 반복적으로 설계를 개선하고 프로토타입을 만들 수 있다.

1.6 이번 장에서 배운 내용

JSON의 기본적인 사항부터 시작하여, JSON Editor Online으로 JSON 데이터를 모델링하고 이를 스텁 API의 형태로 배포해 보았다.

1.7 다음 장에서 배울 내용

이 다음의 세 개 장에서는 아래와 같은 플랫폼에서 JSON을 사용하는 방법을 살펴볼 것이다.

- JavaScript
- Ruby on Rails
- Java

2장에서는 조금 전 json-server로 만든 스텁 API로 JavaScript에서 JSON을 사용하는 방법을 배워보도록 하겠다.

2장

JavaScript에서 JSON 사용하기

앞 장에서 JSON 데이터 포맷의 기본적인 내용을 살펴보았다. 이번 장에서는 JSON을 이용한 애플리케이션 개발을 알아볼 것이다. JSON은 JavaScript의 객체 및 배열을 정의하는 문법으로부터 시작하였다. 그러나 이제는 JavaScript와 다른 길을 걷게 되었다. JSON은 언어를 가리지 않으며 서로 다른 플랫폼 사이에서도 제 역할을 할 수 있다. 그래도 JSON은 그 뿌리를 JavaScript에 두고 있기 때문에, 먼저 JavaScript에서 어떻게 사용하는지부터 살펴보겠다.

이번 장에서 배우게 될 내용은 다음과 같다.

- JavaScript **JSON.stringify()**와 **JSON.parse()** 함수를 사용한 직렬화 및 비직렬화
- JavaScript 객체와 JSON 다루기
- Mocha/Chai 단위 테스트를 사용하여 RESTful API를 호출하고 호출 결과를 테스트하기
- 간단한 JSON 기반 웹 애플리케이션 구축하기

우리가 볼 예제에서, Node.js와 Yeoman을 사용하여 웹 애플리케이션을 구축할 것이다. 그리고 이 애플리케이션은 앞 장에서 살펴보았던 json-server를 이용하여 만든 RESTful API에 요청을 보내게 된다. 이 구조는 여러 요소로 구성되어 있기 때문에 이들 구성요소를 하나씩 반복적으로 갖춰나갈 것이다. 그러나 웹 애플리케이션을 만들기 전에, JavaScript 객체 및 JavaScript의 직렬화 및 비직렬화에 대해 먼저 알아볼 것이다.

2.1 Node.js 설치

시작하기 전에 먼저, Node.js를 설치하여 개발 환경을 갖추기로 한다. 부록 A에 포함된 "Node.js 설치하기"(324쪽) 항목의 설명을 따라 설치를 진행하기 바란다.

2.2 JSON.stringify(), JSON.parse() 함수를 이용한 JSON 직렬화/비직렬화

애플리케이션이 다른 애플리케이션을 위해 플랫폼에 종속적이지 않은 형태의 데이터를 생성하려면 직렬화라는 과정을 거쳐야 한다. 또한 애플리케이션이 외부로부터 받은 JSON 데이터를 내부 데이터 구조에서 사용하려면 비직렬화라는 과정이 필요하다.

JSON Stringifier/Parser 객체

JSON stringifier 및 parser 객체는 더글라스 크락포드가 개발하였으며, 2009년 ECMAScript5부터 JavaScript 라이브러리에 포함되었다. 이 객체는 다음과 같은 기능을 제공한다.

· 직렬화를 통해 JSON을 만드는 JSON.stringify()
· JSON을 비직렬화하는 JSON.parse()

그리고 여담이지만, JSON 객체는 더글라스 크락포드가 개발하였으며, 인스턴스를 만들 수 없고, 위에서 설명한 것 외에는 다른 기능을 갖지 않는다.

JavaScipt 기본 데이터 타입을 JSON으로 직렬화하기

먼저, 다음과 같은 JavaScript 기본 데이터 타입을 JSON으로 직렬화 해보자.

· 숫자
· 문자열
· 배열
· 불 값
· 객체(리터럴)

예제 2-1은 JSON.stringify()를 사용해서 간단한 데이터 타입을 JSON으로 직렬화한 예이다.

예제 2-1 **js/basic-data-types-stringify.js**

```js
var age = 39; // 정수형 숫자
console.log('age =  ' + JSON.stringify(age) + '\n');

var fullName = 'Larson Richard'; // 문자열
console.log('fullName = ' + JSON.stringify(fullName) + '\n');

var tags = ['json', 'rest', 'api', 'oauth']; // 배열
console.log('tags = ' + JSON.stringify(tags) + '\n');

var registered = true; // 불 값
console.log('registered = ' + JSON.stringify(registered) + '\n');

var speaker = {
  firstName: 'Larson',
  lastName: 'Richard',
  email: 'larsonrichard@ecratic.com',
  about: 'Incididunt mollit cupidatat magna excepteur do tempor ex non ...',
  company: 'Ecratic',
  tags: ['json', 'rest', 'api', 'oauth'],
  registered: true
};

console.log('speaker = ' + JSON.stringify(speaker));
```

node로 명령행에서 위의 파일을 실행하면, 다음과 같은 결과를 얻게 된다.

```
json-at-work => node basic-data-types-stringify.js
age = 39

fullName = "Larson Richard"

tags = ["json","rest","api","oauth"]

registered = true

speaker = {"firstName":"Larson","lastName":"Richard","email":"larsonrichard@ecratic.com","about":"Incididunt mollit cupi
datat magna excepteur do tempor ex non ...","company":"Ecratic","tags":["json","rest","api","oauth"],"registered":true}
json-at-work =>
```

JSON.stringify()가 하는 일은 스칼라 데이터 타입(숫자, 문자열, 불 값)에 대해서는 특별한 것이 없다. 좀 더 본격적인 역할을 해주는 것은 speaker 객체 리터럴부터이고, 여기서부터 JSON.stringify()가 처음으로 유효한 JSON 문자열을 만들어 준다. JSON.stringify()는 파라미터를 통해 더 정교한 직렬화를 수행할 수 있는데, 모질라 개발자 네트워크(Mozilla Developer Network)의 JavaScript 가이드(*https://mzl.la/2s8UCRU*)를 보면 이 메서드는 다음과 같은 시그너처를 갖는다.

```
JSON.stringify(value[, replacer [, space]])
```

이 함수의 인자는 다음과 같다.

value(*필수*)

직렬화 할 JavaScript 값

replacer(*비필수*)

함수 혹은 배열. 함수가 인자로 주어지면, stringify() 메서드는 이 함수를 객체 안의 각 키-값 쌍에 대해 호출한다.

space(*비필수*)

들여쓰기 값을 설정하며, 숫자 혹은 문자열을 값으로 받는다. 숫자가 주어지면, 각 들여쓰기 수준마다 추가되는 공백문자의 수를 이 값으로 설정한다.

예제 2-2는 replacer와 space 인자 값을 사용하여 speaker 객체를 깔끔하게 정리하여 출력하거나 일부 데이터를 빼고 출력해 본 예이다.

예제 2-2 **js/obj-literal-stringify-params.js**

```
var speaker = {
  firstName: 'Larson',
  lastName: 'Richard',
  email: 'larsonrichard@ecratic.com',
  about: 'Incididunt mollit cupidatat magna excepteur do tempor ex non ...',
  company: 'Ecratic',
  tags: ['json', 'rest', 'api', 'oauth'],
  registered: true
};

function serializeSpeaker(key, value) {
  return (typeof value === 'string' || Array.isArray(value)) ? undefined : value;
}

// 깔끔하게 정리하여 출력
console.log('Speaker (pretty print):\n' + JSON.stringify(speaker, null, 2) + '\n');

// 깔끔하게 정리하여 출력하되 문자열과 배열을 제외하고 출력
console.log('Speaker without String and Arrays:\n' +
  JSON.stringify(speaker, serializeSpeaker, 2));
```

위의 파일을 실행하면 다음 쪽 화면과 같은 출력을 얻을 수 있다.

　　JSON.stringify()의 첫 번째 호출에서는 두 칸 단위 들여쓰기로 JSON을 깔끔하게 정리하여 출력한다. 두 번째 호출에서는 serializeSpeaker() 함수를 대체 값을 구하는 용도로 사용한다(JavaScript의 함수는 표현식으로 취급되어 함수의 인자로 넘겨질 수 있다). serializeSpeaker() 함수는 각 값의 데이터 타입을 검사한 다음, 문자열과 배열에 대해서는 undefined를 리턴하고 그 외의 데이터 타입에 대해서는 원래 값을 그대로 리턴한다.

```
json-at-work => node obj-literal-stringify-params.js
Speaker (pretty print):
{
  "firstName": "Larson",
  "lastName": "Richard",
  "email": "larsonrichard@ecratic.com",
  "about": "Incididunt mollit cupidatat magna excepteur do tempor ex non ...",
  "company": "Ecratic",
  "tags": [
    "json",
    "rest",
    "api",
    "oauth"
  ],
  "registered": true
}

Speaker without Strings and Arrays:
{
  "registered": true
}
json-at-work => ▎
```

JSON.stringify()는 undefined 값을 만나면 다음과 같은 두 가지 방법 중 하나를 골라 처리한다.

· 해당 값이 객체의 일부라면 값 자체를 누락시킨다.
· 해당 값이 배열의 일부라면 해당 값을 null로 출력한다.

객체의 toJSON() 메서드를 이용한 JSON 직렬화

지금까지 보았듯, JSON 직렬화는 객체를 처리할 때 가장 그럴듯한 결과를 내놓는다. 예제 2-3은 speaker 객체에 toJSON() 메서드를 추가하여 JSON.stringify() 메서드의 결과를 커스터마이징한 것이다.

예제 2-3 **js/obj-literal-stringify-tojson.js**

```js
var speaker = {
  firstName: 'Larson',
  lastName: 'Richard',
  email: 'larsonrichard@ecratic.com',
  about: 'Incididunt mollit cupidatat magna excepteur do tempor ex non ...',
  company: 'Ecratic',
  tags: ['json', 'rest', 'api', 'oauth'],
  registered: true
};

speaker.toJSON = function() {
  return "Hi there!";
}

console.log('speaker.toJSON(): ' + JSON.stringify(speaker, null, 2));
```

위 예제의 직렬화 결과는 다음과 같다.

```
json-at-work => node obj-literal-stringify-tojson.js
speaker.toJSON(): "Hi there!"
json-at-work =>
```

객체가 toJSON() 메서드를 가졌다면, JSON.stringify()는 해당 객체를 직접 직렬화하는 대신 이 객체의 toJSON() 메서드의 리턴값을 출력한다. 이렇게 toJSON()을 사용하는 것은 문법상 아무 문제가 없으나, 대부분의 경우 좋은 생각이 못 된다. toJSON()을 이렇게 사용하면 개발자가 전체 객체를 직접 직렬화해야 하기 때문에, JSON.stringify() 자체가 무력화되는 일이 발생한다. speaker 같은 간단한 객체에서는 별 문제가 없겠지만, 다른 객체를 포함하는 이보다 복잡한 객체를 직렬화하려면 많은 양의 코드를 작성해야 할 것이다.

eval()을 이용한 JSON 비직렬화

본래, JavaScript 개발자들은 eval() 함수를 JSON 파싱에 사용하였다. eval()은 JavaScript 코드를 나타내는 문자열을 인자로 받는다. 예제 2-4를 보도록 하자.

예제 2-4 **js/eval-parse.js**

```
var x = '{ "sessionData": "2014-10-06T13:30:00.000Z" }';

console.log('Parse with eval(): ' + eval('(' + x + ')').sessionDate + '\n');

console.log('Parse with JSON.parse(): ' + JSON.parse(x).sessionDate);
```

위의 파일을 실행하면 다음과 같은 결과를 확인할 수 있다.

```
json-at-work => node eval-parse.js
Parse with eval(): 2014-10-06T13:30:00.000Z

Parse with JSON.parse(): 2014-10-06T13:30:00.000Z
json-at-work =>
```

여기서는 eval()과 JSON.parse()가 모두 날짜 정보를 제대로 파싱하였다. 대체 뭐가 문제일까? 문자열 안에 JavaScript 명령문이 포함된 예제인 예제 2-5를 보도록 하자.

예제 2-5 **js/eval-parse-2.js**

```
var x = '{ "sessionDate": new Date() }';

console.log('Parse with eval(): ' + eval('(' + x + ')').sessionDate + '\n');

console.log('Parse with JSON.parse(): ' + JSON.parse(x).sessionDate);
```

위의 코드를 실행하면 다음과 같은 결과가 나온다.

```
tmarrs => node eval-parse-2.js
Mon Oct 06 2014 20:54:18 GMT-0600 (MDT)

undefined:1
{ "sessionDate": new Date() }
                 ^
SyntaxError: Unexpected token e
    at Object.parse (native)
    at Object.<anonymous> (/Users/tmarrs/projects/json-at-work/chapter-2/js/eval-parse-2.js:5:18)
    at Module._compile (module.js:456:26)
    at Object.Module._extensions..js (module.js:474:10)
    at Module.load (module.js:356:32)
    at Function.Module._load (module.js:312:12)
    at Function.Module.runMain (module.js:497:10)
    at startup (node.js:119:16)
    at node.js:906:3
tmarrs =>
```

이번에 인자로 넘긴 텍스트에는 JavaScript 명령문인 new Date()가 포함되어 있고, eval()이 이 명령을 실행한다. 이와 달리, JSON.parse()는 이 텍스트를 유효하지 않은 JSON으로 판단하고 실행을 중단한다. 여기서는 그저 날짜 객체를 만들뿐인 위험하지 않은 명령문을 포함시켰지만, 누군가 악의적인 코드를 전달하여도 eval()은 이 코드를 그대로 실행할 것이다. eval()을 JSON 파싱에 사용할 수는 있지만, 문법에 맞는 JavaScript 명령문이기만 하다면 어떤 것이든 외부에서 실행시킬 수 있게 되므로 보안상 안전하지 않다. 이러한 보안상의 문제로, eval() 함수는 JSON을 파싱하는 목적으로는 더 이상 권장되지 않으며 JSON.parse() 사용을 권하고 있다.

객체와 JSON.parse()를 사용한 JSON 비직렬화

다시 연사 정보에 대한 예제로 돌아가 보자. 예제 2-6과 같이 JSON.parse()를 사용하여 JSON 문자열을 speaker 객체로 비직렬화 해보자.

예제 2-6 **js/obj-literal-parse.js**

```
var json = '{' + // 여러 줄로 된 JSON 문자열
  '"firstName": "Larson",' +
  '"lastName": "Richard",' +
  '"email": "larsonrichard@ecratic.com",' +
  '"about": "Incididunt mollit cupidatat magna excepteur do tempor ex non ...",' +
  '"company": "Ecratic",' +
  '"tags": [' +
    '"json",' +
    '"rest",' +
    '"api",' +
    '"oauth"' +
  '],' +
```

```
  '"registered": true' +
'}';

// JSON 문자열을 speaker 객체로 비직렬화
var speaker = JSON.parse(json);

// 두 번째 speaker 객체를 출력
console.log('speaker.firstName = ' + speaker.firstName);
```

이 파일을 실행하면 다음과 같은 결과를 확인할 수 있다.

```
json-at-work => node obj-literal-parse.js
speaker.firstName = Larson
json-at-work => █
```

JSON.parse() JSON 문자열을 인자로 받아 이를 완전한 JavaScript 객체로 파싱한다. 이러고 나면 speaker 객체의 각 멤버의 값에 접근할 수 있게 된다.

2.3 JavaScript 객체와 JSON

지금까지 JavaScript 주요 데이터 타입과 간단한 객체 리터럴 스타일의 JavaScript 객체가 JSON과 어떻게 상호변환 되는지를 살펴보았다. 그러나 몇 가지 그냥 넘어간 세부사항을 더 자세히 살펴볼 차례다. JavaScript의 객체를 만드는 (인스턴스화) 방법에는 몇 가지가 있는데, 여기서는 객체 리터럴 방식을 사용할 것이다. 이 방법이 JSON과 가장 가까운 방법이기 때문이다.

speaker 객체를 객체 리터럴로 나타낸 것을 이미 본 바 있다. 참고를 위해 예제 2-7에 이를 다시 싣는다.

예제 2-7 **js/obj-literal.js**

```
var speaker = {
  firstName: 'Larson',
  lastName: 'Richard',
  email: 'larsonrichard@ecratic.com',
  about: 'Incididunt mollit cupidatat magna excepteur do tempor ex non ...',
  company: 'Ecratic',
  tags: ['json', 'rest', 'api', 'oauth'],
  registered: true,
  name: function() {
    return (this.firstName + ' ' + this.lastName);
  }
};
```

객체 리터럴 문법을 이용하면, 중괄호로 감싼 안쪽에 객체의 속성(데이터와 함수)를 정의할 수 있다. 조금 전의 예제에서, speaker 객체는 인스턴스로 만들어지고 데이터로 초기화되었다. 애플리케이션에서 speaker 객체의 다른 인스턴스를 만들 필요가 전혀 없다면, 객체 리터럴은 객체의 데이터와 기능을 간단하고도 질서정연한 형태로 모아놓을 수 있다는 점에서 좋은 선택이 된다. 객체 리터럴을 사용했을 때의 가장 큰 단점은 speaker 객체의 인스턴스를 딱 하나만 만들 수 있다는 것과 name() 메서드를 재사용할 수 없다는 점이다.

Node REPL

지금까지 우리는 Node.js를 명령행에서 JavaScript 파일을 실행하기 위해 사용해왔다. 이번에는 이런 방법 대신 Node.js의 인터프리터인 REPL(Request-Eval-Print-Loop)을 사용해 볼 것이다. REPL은 입력한 코드에 대해 즉각적으로 응답을 돌려주며, 반복적으로 애플리케이션을 디버깅하고 개선할 수 있도록 해주는 것이 장점이다. Node.js의 참조문서(*http://nodejs.org/api/repl.html*)를 보면 REPL에 대한 더 자세한 내용을 볼 수 있다. 그러나 완벽한 것은 없듯이, REPL에도 단점은 있다. 개인적으로 생각하는 단점은 다음과 같은 것이다.

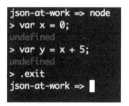

```
json-at-work => node
> var x = 0;
undefined
> var y = x + 5;
undefined
> .exit
json-at-work =>
```

출력할 내용이 없는 명령문에도 인터프리터는 꼬박꼬박 undefined를 출력한다. 많은 사람이 이 점을 불편하게 여기는데, 이를 비활성화 할 수 있는 방법이 있다. 부록 A의 "REPL 길들이기: mynode"(326쪽)를 참조하여 내가 mynode라 부르며 표준 Node.js 대신 애용하는 명령 앨리어스를 설정하기 바란다.

mynode로 쓸데없는 출력을 볼 필요 없이 speaker 객체를 다뤄보도록 하자.

```
json-at-work => mynode
> var speaker = {
...   firstName: 'Larson',
...   lastName: 'Richard',
...   email: 'larsonrichard@ecratic.com',
...   about: 'Incidunt mollit cupidatat magna excepteur do tempor ex non ...',
...   company: 'Ecratic',
...   tags: ['json', 'rest', 'api', 'oauth'],
...   registered: true,
...   name: function() {
.....       return (this.firstName + ' ' + this.lastName);
.....     }
... };
>
> speaker
{ firstName: 'Larson',
  lastName: 'Richard',
  email: 'larsonrichard@ecratic.com',
  about: 'Incidunt mollit cupidatat magna excepteur do tempor ex non ...',
  company: 'Ecratic',
  tags:
   [ 'json',
     'rest',
     'api',
     'oauth' ],
  registered: true,
  name: [Function] }
>
> speaker.name();
'Larson Richard'
> .exit
json-at-work =>
```

이렇게 실행하면, speaker 객체의 메서드를 호출하여 결과를 보는 방법으로 객체를 다룰 수 있다.

다음은 REPL을 사용하는 데 필요한 명령들이다.

.clear

현재 REPL 세션의 콘텍스트를 비운다.

.break

REPL 프롬프트로 돌아간다. 여러 줄로 된 명령문의 입력을 중단할 때 사용한다.

.exit

REPL 세션을 종료한다.

.save

현재 REPL 세션을 파일로 저장한다.

JavaScript 객체에 대한 읽을거리

객체지향과 관련된 JavaScript의 기능 중 대부분을 생략하였으나, 지금 소개한

방법 외에도 객체를 다루는 방법이 몇 가지 더 있다. 지금까지 알아본 객체지향
적 방법은 JavaScript 객체와 JSON을 애플리케이션 내에서 의미 있게 다루기 위
한 필요 최소한의 것이었다. JavaScript 객체에 대한 좀 더 자세한 내용은 이 책
의 주제를 벗어난다. JavaScript 객체에 대해 더 자세한 내용을 알고 싶다면, 다
음 읽을거리를 참조하라.

- *Learn JavaScript Next*, JD Isaacks, Manning.
- *The Principles of Object-Oriented JavaScript*, Nicholas K. Zakas, No Starch.
- *Learning JavaScript Design Patterns*, Addy Osmani, O'Reilly.

2.4 스텁 API를 이용한 단위 테스트

speaker 객체로부터 JSON을 직렬화 및 비직렬화하는 법을 배웠으니, 이제 json-
server로 구축한 스텁 API에 대해 간단한 서버 사이드 단위 테스트를 수행할 차
례다. 뒤에 만들 간단한 웹 애플리케이션에서도 이들 스텁 API를 사용할 것이다.

단위 테스트 스타일: TDD와 BDD

테스트 주도 개발(Test Driven Development; TDD)은 단위 테스트를 통해 개
발을 진행해 나가는 방법을 말한다. 주로 다음과 같은 흐름을 갖는다.

1. 테스트를 작성한다.
2. 테스트를 실행한다. 아직 아무 코드도 없으므로 당연히 테스트가 실패한다.
3. 테스트를 통과할 수 있도록 코드를 작성한다.
4. 설계 및 유연성을 개선하기 위해 코드를 리팩터링한다.
5. 모든 테스트가 통과할 때까지 테스트를 수행하고 코드를 수정한다.

TDD 방식의 단위 테스트는 절차적 특성을 갖는 경향이 있다.

이에 비해, 행위 주도 개발(Behaviour Driven Development; BDD)은 인수
기준(acceptance criteria)과 예상 결과(expected outcome)에 입각한 사용자 스
토리를 테스트하는 빙법이다. BDD 방식의 단위 테스트는 마치 일반적인 문상처
럼 생겼다. 예를 들면, "연사는 콘퍼런스 주최 측으로부터 30일 안에 급여를 지
급 받는다"와 같은 식이다. BDD에 대해 좀 더 자세히 알고 싶다면, 댄 노스(Dan
North)가 쓴 "Introducing BDD"(*http://dannorth.net/introducing-bdd*)라는 기사를
참조하기 바란다. 혹자는 BDD를 TDD를 더 개선한 것이라 보기도 하는데, 개발

자가 거의 유사한 절차를 따른다는 점에서 나도 거기에 동의하는 편이다.

BDD와 TDD 모두 서로 분명히 다른 스타일이 있으며, 이를 조합하여 애플리케이션을 좀 더 견고하게 테스트할 수 있는 테스트 스위트를 만들 수 있다. 이번 장에서 살펴볼 단위 테스트는 검증문(assertion)에 대해서는 BDD 스타일을 따를 것이다.

Mocha와 Chai를 이용한 맞춤 단위 테스트

서버 사이드 단위 테스트를 위해 다음과 같은 도구를 사용할 것이다.

Mocha

Mocha는 JavaScript 단위 테스트 프레임워크로, Node.js와 브라우저 모두에서 동작한다. 명령행에서 실행한 Mocha로 Node.js 프로젝트를 다룰 것이며, JSON 기반 API 테스트를 위해 몇 가지 기능을 추가할 것이다. Mocha의 웹 사이트(http://mochajs.org/)에서 더 자세한 정보를 볼 수 있다.

Chai

Chai는 JavaScript 테스트 프레임워크(여기서는 Mocha)를 보강해주는 검증문 라이브러리로, 다양한 형태의 검증문을 제공해준다. Chai를 사용하면 TDD와 BDD 스타일의 테스트 케이스를 모두 작성할 수 있다. 이번 장에서는 expect 검증문(BDD 스타일)을 사용하지만, should문(BDD 스타일)이나 assert문 (TDD 스타일)을 사용하여도 무방하므로 편한 쪽을 사용하기 바란다. Chai에 대한 더 자세한 정보는 웹 사이트(*http://chaijs.com*)를 참조하기 바란다.

단위 테스트 설정하기

다음 내용을 진행하기 전에, 단위 테스트를 위한 환경을 갖추어 놓도록 한다. Node.js를 아직 설치하지 않았다면, 부록 A를 참조하여 Node.js를 설치("Node.js 설치하기"와 "npm 모듈 설치하기" 참조)하기 바란다. 예제 코드로 제공된 Node.js 프로젝트를 이용하여 책의 내용을 실습하고 싶다면, *chapter-2/speakers-test* 디렉터리로 이동하여 다음 명령으로 프로젝트의 모든 의존 패키지를 설치하기 바란다.

```
npm install
```

Node.js 프로젝트를 직접 설정하고 싶다면, 이 책의 깃허브 저장소(*https://github.com/tmarrs/json-at-works-examples/tree/master/chapter-2/Project-Setup.md*)

의 설명을 따르기 바란다.

Unirest

우리가 작성할 단위 테스트에서는 HTTP를 통해 API를 호출하게 된다. 그러므로 테스트 유형에 Unirest를 추가해야 한다. Unirest는 Mashape 팀이 만든 오픈소스 멀티 플랫폼 REST 클라이언트이다. JS, Node.js, Ruby on Rails(RoR), Java를 위한 구현체를 갖추고 있다. Unirest는 쉽고 간편하며 REST API에 HTTP 요청을 보내는 어떠한 코드에서도 동작할 수 있다. 특히 단위 테스트에 적합하다. Unirest를 이용하면 한 번의 설정(URI, 헤더 등) 만으로 테스트 스위트 전체에서 여러 번 HTTP 요청을 보낼 수 있기 때문에 좀 더 깔끔하고 단순한 단위 테스트를 만들 수 있다. 좀 더 자세한 정보는 웹 사이트(*http://unirest.io*)를 참조하기 바란다.

Unirest의 장점은 언어와 상관없이 비슷한 개념과 메서드 시그너처를 사용할 수 있다는 점이다. Java에는 뛰어난 HTTP 라이브러리(Apache Commons HTTP Components HttpClient(*http://hc.apache.org/httpcomponents-client-ga*)가 갖춰져 있다. 그러나 폴리글랏(polyglot, 여러 언어를 사용하는) 개발자로서, 나는 Unirest를 더 선호한다. Unirest의 용도는 단위 테스트뿐만이 아니다. Unirest를 HTTP 클라이언트 래퍼로써 API 안에서 다른 API를 호출하는 용도로 사용하는 웹 애플리케이션, 모바일 앱 등이 많이 있다.

테스트 데이터

우리는 1장에서 본 연사 정보 데이터를 테스트 데이터로 삼아 이를 RESTful API로 배포할 것이다. 이번에도 Node.js 모듈 `json-server`를 사용하여 *data/speakers.json* 파일을 웹 API로 제공한다. `json-server`를 아직 설치하지 않았다면, 부록 A의 "npm 모듈 설치하기" 부분을 참조하기 바란다.

로컬 컴퓨터에서 포트 5000에 `json-server`를 실행하려면 다음과 같이 한다.

```
cd chapter-2/data

json-server -p 5000 ./speakers.json
```

Speakers 단위 테스트 하기

예제 2-8의 단위 테스트는 `json-server`로 배포한 연사 정보 스텁 API에 Unirest를 이용한 단위 테스트를 수행한 예이다.

예제 2-8 **speakers-test/speakers-spec.js**

```javascript
'use strict';

var expect = require('chai').expect;
var unirest = require('unirest');

var SPEAKERS_ALL_URI = 'http://localhost:5000/speakers';

describe('speakers', function() {
  var req;

  beforeEach(function() {
    req = unirest.get(SPEAKERS_ALL_URI)
      .header('Accept', 'application/json');
  });

  it('should return a 200 response', function(done) {
    req.end(function(res){
      expect(res.statusCode).to.eql(200);
      expect(res.headers['content-type']).to.eql(
        'application/json' charset=utf-8');
      done();
    });
  });

  it('should return all speakers', function(done) {
    req.end(function(res) {
      var speakers = res.body;
      var speaker3 = speakers[2];

      expect(speakers.length).to.eql(3);
      expect(speaker3.company).to.eql('Talkola');
      expect(speaker3.firstName).to.eql('Christensen');
      expect(speaker3.lastName).to.eql('Fisher');
      expect(speaker3.tags).to.eql([
        'Java', 'Spring',
        'Maven', 'REST'
      ]);

      done();
    });
  });

});
```

이 단위 테스트의 내용은 다음과 같다.

- 먼저 Mocha의 beforeEach() 메서드를 이용해서 URL과 unirest 헤더의
  Accept를 설정한다. Mocha는 describe 콘텍스트 안의 각 테스트 케이스를 실
  행하기 전에 이 메서드를 호출하기 때문에 이 부분을 코드에 한 번만 작성하
  면 된다.

- should return all speakers 테스트 케이스가 흥미로운데, 이 테스트의 과정
  은 다음과 같다.
  - req.end()는 Unirest의 GET 요청을 비동기로 실행한다. 그리고 익명 함수
    가 API로부터 돌아온 HTTP 응답(res)을 처리한다.
  - speakers 객체를 HTTP 요청 몸체(res.body)로부터 만든다. 이 시점에서,
    API로부터 들어온 JSON은 이미 Unirest가 파싱하여 JavaScript 객체로(객
    체 리터럴 형식) 변환된 상태이다.
  - Chai의 BDD 스타일 expect 검증문을 사용하여 다음과 같은 기대 결과를
    확인한다.
    - speakers의 수는 셋이다.
    - 세 번째 speaker의 company, firstName, lastName, tags 값은 *speakers.json*
      파일의 내용과 일치한다.

이 테스트를 명령행에서 실행하려면(두 번째 터미널 세션) 다음과 같이 한다.

```
cd chapter-2/speakers-test

npm test
```

그러면 다음과 같은 결과를 볼 수 있다.

```
json-at-work => npm test

...

> mocha test

...

  speakers
    v should return a 200 response
    v should return all speakers

  2 passing
```

2.5 간단한 웹 애플리케이션 만들기

지금까지 speaker 객체를 직렬화하여 JSON을 만들거나 JSON을 비직렬화하여
speaker 객체로 되돌리는 법, 연사 정보 스텁 API(json-server를 사용한)에 단위
테스트를 수행하는 방법을 배웠다. 이제 이 API 데이터를 사용하여 사용자에게
노출시키는 간단한 웹 애플리케이션을 만들어 볼 차례다.

우리는 다음과 같은 3번의 이터레이션을 통해 웹 애플리케이션을 만들 것이다.

- 이터레이션 1 : Yeoman으로 기본적인 웹 애플리케이션 생성
- 이터레이션 2 : jQuery로 HTTP 요청하기
- 이터레이션 3 : 스텁 API(json-server)로부터 받은 연사 정보 데이터와 템플 릿 사용하기

Yeoman

Yeoman(*http://yeoman.io*)은 Gradle, Maven(Java에서 쓰인다), Ruby on Rails와 같이 웹 애플리케이션을 쉽게(스캐폴딩 등) 만들 수 있도록 해주는 도구이다. 예 제 애플리케이션을 생성하고, 개발하고 실행하기 위해 이 Yeoman을 사용할 것 이다. Yeoman을 설치하기 위해서는(Node.js가 필요하다), 부록 A의 "Yeoman 설치하기" 부분을 참조하기 바란다.

Yeoman이 제공하는 기능은 다음과 같다.

- 개발환경 구축 기능
- 애플리케이션 실행 기능
- 변경 내용이 저장되면 자동적으로 브라우저의 페이지를 리로드하는 기능
- 패키지 의존성 관리 기능
- 배포를 위한 코드와 패키지를 최소한으로 줄여주는 기능

Yeoman은 설정보다 관례(convention over configuration, CoC)라는 철학을 따른다.

- 설정 자동화
- (설정 수정 없이) 잘 동작하도록
- 표준 디렉터리 구조 준수
- 의존성 관리 기능 제공
- 그대로 사용할 수 있는 기본 설정(reasonable defaults)
- 모범 실무 사례(best practice) 권장
- 도구에 기반한 개발 업무 플로(테스트, lint, 실행, 패키징)

더 자세한 내용은 아래의 Yeoman 튜터리얼을 보기 바란다.

- Let's Scaffold a Web App with Yeoman (*http://yeoman.io/codelab/*)

- Building Apps with the Yeoman Workflow (*http://bit.ly/2r9XKNh*)

Yeoman 툴셋

Yeoman은 다음과 같은 도구로 구성되어 있다.

스캐폴딩 도구

Yo(*https://github.com/yeoman/yo*)는 웹 애플리케이션의 디렉터리 구조와 Grunt, Gulp, Bower 설정 파일을 만들어 준다.

빌드 도구

Gulp(*http://gulpjs.com*)이나 Grunt(*http://gruntjs.com*)를 사용하여 애플리케이션을 빌드하고, 실행하며, 테스트, 패키징할 수 있다.

패키지 관리 도구

Bower(*http://bower.io*)나 npm(*https://www.npmjs.org*)을 사용하여 의존 패키지를 관리하거나 다운 받을 수 있다.

Grunt와 npm은 검증된 훌륭한 도구이지만, Yeoman의 웹 애플리케이션 생성 기능이 Gulp와 Bower를 기준으로 하고 있기 때문에 이들 도구를 대신 사용할 것이다.

Yeoman 애플리케이션 생성기

Yeoman은 새로운 프로젝트를 스캐폴딩하거나 빌드하기 위해 생성기를 사용한다. 각각의 생성기는 미리 정의된 내용대로 자동 생성되는 기본 애플리케이션을 만든다. 1000가지 이상의 생성기가 있으며, 이들 생성기가 만들 수 있는 애플리케이션의 모든 유형은 공식 사이트의 목록(*http://yeoman.io/generators*)에서 확인할 수 있다.

이터레이션 1: Yeoman으로 웹 애플리케이션 생성하기

아무 기능이 없는 간단한 웹 애플리케이션을 만들고, 연사 정보 데이터를 테이블에 하드코딩하는 것부터 시작해보자. 연사 정보에 대한 기능은 이터레이션 2와 3에서 추가하게 될 것이다. Yeoman이 설치되어 있다면 generator-webapp 생성기를 사용하여 우리가 만들 애플리케이션을 생성한다. 이 애플리케이션에는 미리 만들어진 웹 페이지, CSS 스타일시트, Bootstrap 4, jQuery, Mocha,

Chai가 포함되어 있다.

Yeoman으로 프로젝트를 직접 생성하고 싶다면, 이 책의 깃허브 저장소에 있는 문서(*https://github.com/tmarrs/json-at-work-examples/tree/master/chapter-2/Web-Project-Setup.md*)에 나온 내용을 따라 하기 바란다. 예제 코드와 함께 제공된 프로젝트를 사용하고 싶다면, *chapter-2/speakers-web-1* 디렉터리로 이동한다. 어느 쪽을 택하든 다음과 같은 명령으로 애플리케이션을 시작할 수 있다.

```
gulp serve
```

이 명령은 로컬 웹 서버를 시작하고 기본 브라우저에 애플리케이션의 메인 페이지(index.html)를 띄운다. *http://localhost:9000*에 접근하면 그림 2-1과 같은 웹 페이지를 볼 수 있다.

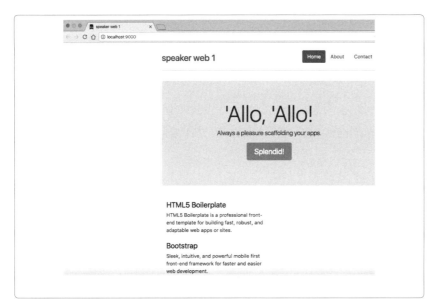

그림 2.1 Yeoman의 생성기로 만든 기본 웹 애플리케이션

애플리케이션을 계속 실행시켜 두어도, 파일을 수정하면 변경한 내용이 화면에 바로 반영되는 것을 볼 수 있다. 이것은 LiveReload(*https://github.com/intesso/connect-livereload*)가 자동적으로 페이지를 리프레시하기 때문이다.

Yeoman의 `generator-webapp` 생성기는 꽤 괜찮은 기본 애플리케이션을 만들어 준다. 이제 이 기본 애플리케이션을 수정해 볼 차례다. 먼저, 예제 2-9와 같이 index.html 페이지의 제목, 헤더와 UI 요소("Splendid!" 버튼 등)를 수정해 보자.

예제 2-9 **speakers-web-1/app/index.html**

```html
<!doctype html>
<html lang="">
  <head>

    ...

    <title>JSON at Work - MyConference</title>

    ...

  </head>
  <body>

    ...

    <div class="header">

      ...

      <h3 class="text-muted">JSON at Work - Speakers</h3>
    </div>

    ...

    <div class="jumbotron">
      <h1 class="display-3">Speakers</h1>
      <p class="lead">Your conference lineup.</p>
    </div>

    ...

  </body>
</html>
```

여기에 다시 연사 정보 데이터를 테이블로 하드코딩하여 *index.html* 파일에 추가
해 보자. 추가한 결과는 예제 2-10과 같다.

예제 2-10 **speakers-web-1/app/index.html**

```html
<!doctype html>
<html lang="">

  ...

  <body>

    ...

    <table class="table table-striped">
      <thead>
        <tr>
          <th>Name</th>
          <th>About</th>
```

```
        <th>Topics</th>
      </tr>
    </thead>
    <tbody id="speakers-tbody">
      <tr>
        <td>Larson Richard</td>
        <td>Incididunt mollit cupidatat magna excepteur do tempor ...
        </td>
        <td>JavaScript, AngularJS, Yeoman</td>
      </tr>
      <tr>
        <td>Ester Clements</td>
        <td>Labore tempor irure adipisicing consectetur velit. ...
        </td>
        <td>REST, Ruby on Rails, APIs</td>
      </tr>
      <tr>
        <td>Christensen Fisher</td>
        <td>Proident ex Lorem et Lorem ad. Do voluptate officia ...
        </td>
        <td>Java, Spring, Maven, REST</td>
      </tr>
    </tbody>
  </table>

  ...

  </body>
</html>
```

이제 그림 2-2처럼 연사 정보 샘플 데이터를 노출하는 웹 애플리케이션을 갖게 되었다.

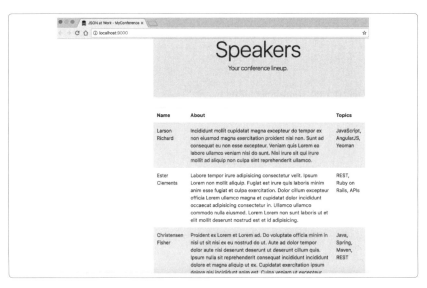

그림 2.2 *index.html*에 하드코딩한 샘플 연사 정보

generator-webapp으로 만든 애플리케이션의 주요 파일과 디렉터리는 다음과 같다.

- *app/* 디렉터리에는 애플리케이션의 코드(HTML, JavaScript, CSS 등)가 담겨 있다.
  - *index.html*은 애플리케이션의 메인 페이지이다.
  - *images/* 디렉터리에는 애플리케이션의 이미지 파일이 위치한다.
  - *scripts/* 디렉터리에는 애플리케이션의 JavaScript(그 외의 스크립트 언어 도) 파일이 있다.
    - *main.js*는 애플리케이션의 JavaScript 주 파일이다. 이터레이션 2에서 이 파일을 다루게 될 것이다.
  - *styles/* 디렉터리는 CSS 및 그 외 스타일 관련 파일이 위치한다.
- *bower_components/* 디렉터리에는 Bower가 설치한 프로젝트의 의존 라이브러 리(Bootstrap, jQuery, Mocha, Chai 등)가 위치한다.
- *node_modules/* 디렉터리에는 Gulp 등 Node.js가 가져온 프로젝트의 의존 라 이브러리가 위치한다.
- *test/* 디렉터리에는 사용하고 있는 테스트 프레임워크에서 쓰이는 테스트 케 이스가 들어있다. 여기서는 Mocha와 Chai를 테스트 프레임워크로 사용한다.
- *gulpfile.js*는 애플리케이션을 빌드하고 실행하기 위한 Gulp 빌드 스크립트이다.
- *package.json*는 Node.js가 의존성 관리를 위해 사용하는 파일이다. Gulp은 이렇게 받아 온 의존 라이브러리로 애플리케이션을 빌드한다.
- *dist/* 디렉터리에는 gulp build 명령으로 만들어진 빌드 관련 파일이 들어있다.

generator-webapp에서 자주 쓰이는 내용을 아래에 정리하고, 이에 대한 설명을 마무리하기로 한다.

Ctrl+C

애플리케이션 중지(웹 서버)

gulp lint

lint를 사용하여 애플리케이션에 사용된 JavaScript 코드를 검증한다.

gulp +serve:test

웹 애플리케이션의 테스트를 수행한다. 여기서는 Mocha와 Chai로 Phantom JS를 실행한다.

```
gulp build
```

애플리케이션을 빌드하고 패키징한다.

```
gulp clean
```

애플리케이션을 테스트 및 빌드하는 과정에서 생긴 아티팩트를 삭제한다

명령행에서 gulp --tasks를 입력하면 모든 명령의 목록을 볼 수 있다. 이터레이션 2로 넘어가기 전에 웹 애플리케이션을 종료해 두도록 하자.

이터레이션2: jQuery로 HTTP 요청하기

이터레이션 1에서는, 하드코딩된 연사 정보를 메인 페이지에 추가한 웹 애플리케이션을 만들었었다. 이제 페이지의 내용을 하드코딩 대신 동적 콘텐츠로 바꾸고 기능을 추가할 차례다.

다음과 같은 순서로 진행할 것이다.

1. 하드코딩 된 연사 정보 데이터를 메인 페이지에서 제거한다.
2. 연사 정보 데이터를 담은 별도의 JSON 파일을 추가한다.
3. jQuery로 JSON 파일을 읽어와 메인 페이지에 노출시키도록 한다.

이터레이션 2에 해당하는 프로젝트를 직접 생성하고 싶다면 다음과 같이 한다.

- 이 책의 깃허브 저장소의 다음 설명(*https://github.com/tmarrs/json-at-work-examples/tree/master/chapter-2/Web-Project-Setup.md*)을 따른다.
- 이터레이션 1의 *app/index.html* 파일을 잊지 말고 복사한다.

이 책에서 제공하는 예제 코드의 프로젝트를 사용하고 싶다면, *chapter-2/speakers-web-2* 디렉터리로 이동한다. 그리고 다음과 같은 명령을 명령행에 입력한다.

```
gulp serve
```

이 명령은 이터레이션 1에서 보았듯, 로컬 웹 서버를 시작한다. *http://localhost: 9000*에 접근하면 그림 2-3과 같은 화면을 볼 수 있다.

이 페이지(index.html)에는 조금 전 추가한 하드코딩된 연사 정보 테이블이 들어있다. 코드를 수정하여도 즉각즉각 웹브라우저에 반영되므로 웹 애플리케이션을 그냥 실행된 채로 두기 바란다.

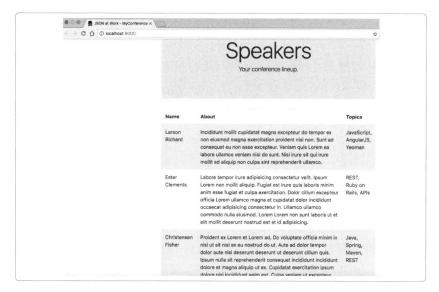

그림 2.3 샘플 연사 정보

이제 테이블에서 몇 줄을 삭제해 보자. 연사 정보 테이블에 대한 HTML은 예제 2-11과 같다.

예제 2-11 **speakers-web92/app/index.html**

```
<!doctype html>
<html lang="">
  <body>

    ...

    <table class="table table-striped">
      <thead>
        <tr>
          <th>Name</th>
          <th>About</th>
          <th>Topics</th>
        </tr>
      </thead>
      <tbody id="speakers-tbody">
      </tbody>
    </table>

    ...

  </body>
</html>
```

이 예제에는 이제 헤더 줄만 있는 빈 테이블이 남았다. 이 표는 table-striped CSS 클래스를 사용하고 있기 때문에 줄마다 두 가지 색이 엇갈려 나타난다. 테

이블의 내용을 담고 있는 <tbody> 요소에는 speakers-tbody라는 id 값을 지정한
다. 나중에 jQuery가 이 id 값으로 테이블을 찾아와 내용을 채우게 될 것이다.

이제 연사 정보 데이터를 담을 JSON 파일을 마련할 차례다. 이 애플리케이션
에서 사용될 연사 정보 파일인 /speakers-web-2/app/data/speakers.json을 보도록
하자(이 파일은 /chapter-2/data/speakers.json에서 복사한 것이다).

이터레이션 2를 마치기 전에, app/scripts/main.js 파일에 jQuery를 사용하여
app/data/speakers.json 파일에서 읽은 내용을 표에 노출하도록 하는 기능을 추가
한다. 추가한 결과는 예제 2-12와 같다.

예제 2-12 **speakers-web-2/app/scripts/main.js**

```javascript
'use strict';

console.log('Hello JSON at Work!');

$(document).ready(function() {

  function addSpeakersjQuery(speakers) {
    $.each(speakers, function(index, speaker) {
      var tbody = $('#speakers-tbody');
      var tr = $('<tr></tr>');
      var nameCol = $('<td></td>');
      var aboutCol = $('<td></td>');
      var topicsCol = $('<td></td>');

      nameCol.text(speaker.firstName + ' ' + speaker.lastName);
      aboutCol.text(speaker.about);
      topicsCol.text(speaker.tags.join(', '));

      tr.append(nameCol);
      tr.append(aboutCol);
      tr.append(topicsCol);
      tbody.append(tr);
    });
  }

  $.getJSON('data/speakers.json',
    function(data) {
      addSpeakersjQuery(data.speakers);
    }
  );

});
```

이 예제에서는 jQuery의 $(document).ready() 함수의 인자 안에 코드를 작성
하였다. 이렇게 하면 전체 페이지가 "준비"(로딩이 끝난)되면 코드가 실행된다.
$.getJSON() 메서드는 HTTP GET 요청을 지정한 URL에 보내어 돌아온 JSON 응
답을 JavaScript 객체로 변환해 주는 jQuery 메서드이다. 여기서는, app/data/

speakers.json 파일이 웹 애플리케이션에 포함되어 있기 때문에 URL을 따라 이 파일을 HTTP로 접근할 수 있다. $.getJSON()의 콜백 메서드는 연사 정보 테이블에 내용을 노출시키는 일을 addSpeakersjQuery()가 하게끔 한다.

addSpeakersjQuery() 메서드는 jQuery의 .each()를 이용하여 연사 정보 배열의 각 요소를 순회한다. .each() 메서드가 하는 일은 다음과 같다.

- 연사 정보 테이블에서 speakers-tbody라는 id를 가진 <tbody> 요소를 찾는다.
- <tr> 및 <td> 요소를 만들고 여기에 연사 정보 배열의 데이터를 채워 넣어 테이블의 새로운 줄을 만든다.
- 새로 만든 줄을 <tbody> 요소에 추가한다.

jQuery의 getJSON() 메서드에 대한 더 자세한 내용은 jQuery 재단 웹 사이트 (*http://api.jquery.com/jQuery.getJSON*)를 참조하기 바란다.

웹 애플리케이션을 계속 실행시켜 두었다면, 그림 2-4와 같은 화면을 보게 될 것이다.

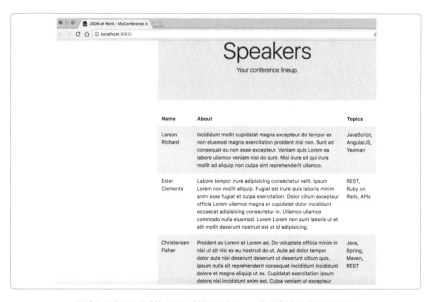

그림 2.4 별도로 저장한 JSON 파일로부터 jQuery를 이용해 불러온 연사 정보

메인 페이지의 모습은 그대로이지만, 우리가 기대하는 결과 역시 화면이 그대로 나타나는 것이다. 하드코딩된 연사 정보를 메인 페이지에서 분리하는 방법으로 리팩터링하여 애플리케이션을 개선하였다. 이제는 HTML이 아닌 HTTP 요청으로 받아 온 내용을 화면에 노출하게 된다. 이제 콘텐츠를 동적으로 노출하는 진

짜 웹 애플리케이션을 갖게 되었지만, 아직도 몇 가지 단점이 남아있다.

- JSON 데이터는 웹 애플리케이션에 포함된 파일로서 존재한다. 앞으로는 이를 RESTful API로부터 받아오도록 해야 한다.
- JavaScript 코드는 메인 페이지의 HTML 구조에 의존적이다. 앞으로는 HTML 및 DOM을 조작하는 범위를 줄여야 한다.

이터레이션 3으로 넘어가기 전에 웹 애플리케이션을 종료하도록 하자.

이터레이션 3: 스텁 API에서 받아온 연사 정보와 템플릿 적용하기

이터레이션 2에서, 메인 페이지에 연사 정보를 노출하기 위해 HTTP 요청을 사용하여 JSON 파일의 내용을 읽어 왔었다. 이제는 1장에서 살펴본 json-server로 만든 스텁 API에서 데이터를 읽어오도록 하려고 한다. 또한, JavaScript 코드도 리팩터링하여 HTML과 DOM을 직접 조작하지 않고 Mustache 템플릿을 사용하도록 한다.

이러한 수정을 위해 다음과 같은 과정을 거칠 것이다.

1. json-server URI에 접근하도록 HTTP 요청을 수정한다.
2. JavaScript에서 HTML과 DOM 조작을 제거하기 위해 Mustache 템플릿을 사용한다.

이터레이션 2까지 진행한 프로젝트를 직접 설정하고 싶다면, 다음과 같이 한다.

- 이 책의 깃허브 저장소의 설명(*https://github.com/tmarrs/json-at-work-examples/tree/master/chapter-2/Web-Project-Setup.md*)을 따른다.
- 이터레이션2로부터 다음 파일을 잊지 않고 복사한다.
    - *app/index.html*
    - *app/scripts/main.js*

이 책에서 제공하는 예제 코드의 프로젝트를 사용하고 싶다면, *chapter-2/speakers-web-3* 디렉터리로 이동한다.

그 다음, *main.js*에 포함된 HTTP 요청을 스텁 API(json-server로 만든)를 향하도록 한다. 수정한 결과는 예제 2-13과 같다.

예제 2-13 **speakers-web-3/app/scripts/main.js**

```
...

  $.getJSON('http://localhost:5000/speakers',
    function(data) {
      addSpeakersjQuery(data);
    }
  );

...
```

이제 페이지의 스크립트 코드는 json-server로 만든 스텁 API를 호출하게 된다. json-server는 이름 없이 speakers 배열 자체만을 리턴하기 때문에 data는 addSpeakersjQuery()에 바로 인자로 넘겨진다.

먼저, 새 터미널 세션을 열어 명령행에서 포트 5000에 json-server를 실행한다.

```
cd chapter-2/data

json-server -p 5000 ./speakers.json
```

다시 (또 다른 터미널 세션의) 명령행에서 웹 애플리케이션을 실행한다.

```
gulp serve
```

이터레이션 1, 2에서 보았듯 이 명령은 로컬 웹 서버를 실행한다. *http://localhost: 9000*에 접근해 보면 웹브라우저에서 지금까지 본 것과 같은 연사 정보 데이터를 볼 수 있다. 그러나 이전과는 달리, 파일이 아니라 API로부터 데이터를 읽어오기 때문에 조금 더 개선된 형태가 되었다. 수정한 내용을 저장하면 애플리케이션에 반영되는 것을 볼 수 있도록 애플리케이션을 계속 실행시켜 두기 바란다.

이터레이션 3을 마치기 전에 마지막으로, JavaScript 코드에서 직접 HTML/DOM을 조작하던 것을 Mustache 템플릿을 사용하도록 수정한다. Mustache는 로직리스 템플릿(logic-less template)을 제공하는데, 로직리스 템플릿이란 JavaScript 등의 언어에서 HTML을 구성할 때 제어구조(for, if)를 필요로 하지 않는다는 뜻이다. Mustache 또한 여러 언어를 통해 사용할 수 있다.

예제 2-14는 연사 정보 데이터에 따라 HTML을 생성하는 Mustache 템플릿이다.

예제 2-14 **app/templates/speakers-mustache-template.html**

```html
<!--
[speakers-mustache-template.html]
애플리케이션이 처음 로딩할 때, 연사 정보 배열을 노출하기 위한 템플릿
-->
<script id="speakerTemplate" type="text/html">
  {{#.}}
    <tr>
      <td>{{firstName}} {{lastName}}</td>
      <td>{{about}}</td>
      <td>{{tags}}</td>
    </tr>
</script>
```

다음과 같은 사항에 주의해서 이 예제를 보기 바란다.

- 이 템플릿은 JavaScript 코드가 HTML을 직접 다루지 않게 하기 위한 것이며, 외부 파일의 형태로 저장된다.
- 템플릿의 코드는 <script> 요소 안에 위치한다.
- HTML은 일반적인 웹 페이지와 같은 형태의 구조를 갖는다.
- 겹중괄호({{}}) 안에 있는 변수에 해당하는 데이터를 Mustache가 자동으로 채워준다.
- 콘텍스트를 통해 Mustache는 연사 정보 데이터 배열의 각 요소에 대해 반복을 수행한다. {{#.}}로 시작해서 {{/.}}로 끝나는 콘텍스트를 설정하고 이 안에 모든 요소를 집어넣는다. 이름을 가진 배열(예: speakers)을 사용하는 경우에는 {{#speakers}}로 시작하여 {{/speakers}}로 끝나는 콘텍스트를 설정하면 된다.
- 각각의 변수는 해당 콘텍스트 안에서의 필드명을 의미한다. 예를 들어, 변수 {{firstName}}은 연사 정보 데이터 배열의 현재 요소가 가진 firstName 필드의 값을 가리킨다.

좀 더 자세한 내용이 알고 싶다면 템플릿에 대한 잘 정리된 웬 안치타(Wern Ancheta)의 글, "East Templating with Mustache.js"(*http://wernancheta. wordpress.com/2012/07/ 23/easy-templating-with-mustache-js*)를 읽어보기 바란다.

Mustache 외에도, 다음과 같은 검증된 몇 가지 라이브러리가 JavaScript 커뮤니티에서 널리 쓰이고 있다.

Handlebars.js (*http://handlebarjs.com*)
　Mustache와 유사한 점이 많다.

Underscore.js (*http://underscorejs.org*)

일반 라이브러리이지만, 템플릿 기능을 포함하고 있다.

여담으로, 대부분의 MVC 프레임워크(AngularJS, Ember, Backbone)도 일종의 템플릿 기능을 갖추고 있다. 7장에서 Mustache와 Handlebars를 좀 더 자세히 살펴보게 될 것이다.

예제 2-15는 *app/scripts/main.js* 파일을 Mustache를 사용하도록 리팩터링한 것이다.

예제 2-15 **speakers-web-3/app/scripts/main.js**

```
'use strict';

console.log('Hello JSON at Work!');

$(document).ready(function() {

  function addSpeakersMustache(speakers) {
    var tbody = $('#speakers-tbody');

    $.get('templates/speakers-mustache-template.html', function(templatePartial) {
      var template = $(templatePartial).filter('#speakerTemplate').html();
      tbody.append(Mustache.render(template, speakers));
    }).fail(function() {
      alert("Error loading Speakers mustache template");
    });
  }

  $.getJSON('http://localhost:5000/speakers',
    function(data) {
      addSpeakersMustache(data);
    }
  );

});
```

이 예제에서, addSpeakerMustache() 함수는 연사 정보 데이터(json-server에서 받아온)를 Mustache 템플릿에 맞추어 HTML로 변환한다. jQuery의 $.get() 메서드를 사용하여 외부 파일인 Mustache 템플릿을 읽어온다. 그 다음, 메인 페이지의 (전과 마찬가지로) <tbody> 요소를 찾아 append() 메서드로 Mustache.render()로 만든 HTML 콘텐츠를 추가한다.

하지만 아직 다 끝난 것이 아니다. 웹 애플리케이션에 Mustache를 아직 추가하지 않았기 때문이다.

• Bower를 사용하여 웹 애플리케이션에 Mustache를 설치한다. *speakers-*

web-3디렉터리에서 bower install mustache라고 입력하면 된다.

- 예제 2-16에서 보듯, Mustache를 *app/index.html*(main.js 바로 다음)에 추가한다.

예제 2-16 **speakers-web-3/app/index.html**

```
<!doctype html>
<html lang="">

  ...

  <body>

    ...

    <script src="bower_components/mustache.js/mustache.js"></script>

    ...

  </body>
</html>
```

웹 애플리케이션을 실행해 둔 채로 됐다면, 그림 2-5와 같은 화면을 보게 될 것이다.

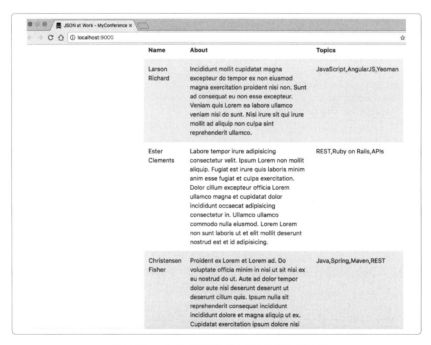

그림 2.5 Mustache를 이용해 웹 페이지에 노출시킨 연사 정보

Mustache가 연사 정보를 이전과는 약간 다르게 노출하는 것을 알 수 있지만, 그래도 (json-server를 이용한) 스텁 API를 통해 정보를 읽어오고, 다시 Mustache 템플릿을 이용하여 HTML를 만들도록 웹 애플리케이션을 개선할 수 있었다.

물론 AngularJS나 React를 사용하여 좀 더 개선할 여지가 있기도 하지만, 이 부분은 독자 여러분을 위한 연습으로 남겨두도록 하겠다.

Ctrl+C 키로 웹 애플리케이션과 json-server를 각 터미널 세션에서 종료하는 것을 잊지 않도록 한다.

2.6 JavaScript를 더 깊게 공부하기

Node.js나 그 밖의 JavaScript 프레임워크(예: AngularJS, React, Ember, Backbone 등) 혹은 Yeoman 같은 패키징 및 빌드 관리 도구를 더 잘 사용하려면 JavaScript에 대한 더 깊은 지식이 필요하다. 중괄호, 괄호, 세미콜론으로 범벅이 된 JavaScript 객체가 조금 낯설게 보이겠지만, 모든 JavaScript 개발자가 그러한 단계를 거쳐 갔다.

다음은 JavaScript에 대해 더 공부하는데 도움이 될 만한 웹 사이트이다.

- JavaScriptIsSexy (*http://javascriptissexy.com*)
  중급 혹은 고급 JavaScript 개발자가 될 수 있는 훌륭한 튜터리얼을 무료로 제공한다. 주 튜터리얼은 다음과 같은 내용을 포함한다.
  - How to Learn JavaScript Properly
    (*http://javascriptissexy.com/how-to-learn-javascript-properly*)
  - Learn Intermediate and Advanced JavaScript
    (*http://javascriptissexy.com/learn-intermediate-and-advanced-javascript*)
  - JavaScript's Apply, Call, and Bind Methods Essential for JavaScript Professionals (*http://javascriptissexy.com/javascript-apply-call-and-bind-methods-are-essential-for-javascript-professionals*)

이들 튜터리얼을 모두 학습한다면, 객체와 함수 표현식을 자유롭게 사용할 수 있다. 그 다음에 JavaScript 도구 및 프레임워크를 배운다면 훨씬 더 재미있고 도움이 되는 경험을 쌓게 될 것이다.

2.7 이번 장에서 배운 내용

JavaScript 객체와 JSON을 상호 변환하는 것부터 출발하여 실제로 동작하는 웹 애플리케이션, 그리고 json-server로 만든 스텁 API에 RESTful 호출을 하는 단위 테스트까지 수행해 보았다. 편의를 위해, 여러 기술 중에서 핵심 내용을 이해하는데 '꼭 필요한' 부분만을 골라 다루었다. 그러나 JavaScript, Node.js, Yeoman을 모두 다루어 볼 수 있었다.

2.8 다음 장에서 배울 내용

JavaScript와 JSON으로 웹 애플리케이션을 만들어 보았다. 3장에서는 Ruby on Rails에서 JSON을 사용하는 방법에 대해 알아볼 것이다.

3장

J   S   O   N   a   t   W   o   r   k

Ruby on Rails에서 JSON 사용하기

이전 장에서는 JavaScript에서 JSON을 사용하는 방법을 알아보았다. 이번 장에서는 JavaScript에 이어 Ruby on Rails(RoR)에서 JSON을 사용하는 방법을 알아보겠다.

우리가 배우게 될 내용은 다음과 같다.

- `MultiJson`을 이용하여 Ruby 객체와 JSON을 직렬화/비직렬화 하기
- Ruby 객체 및 JSON 사용하기
- JSON에서 사용하는 카멜 케이스의 중요성 이해하기
- Minitest로 JSON 사용하기
- Minitest와 `jq`를 사용하여 RESTful API에 요청을 보내고 결과를 테스트하기
- Rails 5를 사용하여 간단한 JSON 기반 API 만들기

이를 위해, 앞서 1장에서 본 것 같이 `json-server`로 배포되는 데이터를 사용하기 위해서 RESTful API를 호출하게 될 것이다. 그 다음에는 좀 더 본격적인 JSON 기반 웹 API를 만들 것이다. 하지만 RESTful API를 만들기 전에, Ruby 객체와 JSON을 상호 변환하는 기본적인 방법부터 배워보도록 하자.

3.1 Ruby on Rails 설치하기

가장 먼저 해야 할 일은, RoR을 설치하여 개발환경을 구축하는 것이다. 부록 A의 "Ruby on Rails 설치하기" 항목을 참조하여 설치를 진행하기 바란다.

3.2 Ruby JSON 젬

Ruby 객체와 JSON 간의 직렬화 및 비직렬화 기능을 제공하는 JSON 젬에는 다음과 같은 몇 가지가 있다.

JSON (*https://github.com/flori/json*)

Ruby가 기본 제공하는 JSON 젬.

oj (*https://github.com/ohler55/oj*)

속도를 중시하여 최적화된 JSON 젬. Ruby 기반 젬 중에서는 가장 속도가 빠르다.

yajl (*https://github.com/brianmario/yajl-ruby*)

정식 이름은 Yet Another JSON Library이다.

이 목록에 나온 것 외에도 여러 가지가 있고, 그중 대부분이 쓸만하다. 그러나 개발자가 이 중 특정 라이브러리를 직접 선택하는 것보다, 상황에 따라 적절한 라이브러리를 골라주는 라이브러리인 MultiJson(*https://github.com/intridea/multi_json*)을 사용하는 것이 낫다. 이런 식으로 여러 젬을 캡슐화하면 애플리케이션을 특정한 JSON 구현과 분리할 수 있다. MultiJson이 여러 JSON 젬 중 어떤 것을 어떻게 선택하는지 더 자세히 알고 싶다면, 공식 깃허브 저장소(*https://github.com/intridea/multi_json*) 혹은 RubyDoc의 공식 참조문서(*http://www.rubydoc.info/gems/multi_json/1.3.2/MultiJson*)를 참조하기 바란다.

MultiJson은 표준 JSON 젬을 기본으로 사용하므로, 최적화된 성능을 위해 oj 젬을 추가로 설치한다.

```
gem install multi_json
gem install oj
```

이제 oj 젬을 설치하였으므로 표준 JSON 젬 대신 oj를 사용하겠다.

3.3 MultiJson으로 JSON 직렬화/비직렬화하기

애플리케이션이 다른 애플리케이션과 정보를 교환하려면 Ruby 객체와 JSON을 상호변환할 수 있어야 한다.

MultiJson 객체

MultiJson 객체는 다음과 같은 메서드를 제공한다.

- MultiJson.dump() 메서드는 Ruby 객체를 JSON으로 직렬화한다.
- MultiJson.load() 메서드는 JSON을 Ruby 객체로 비직렬화한다.

MultiJson.dump()는 다음과 같은 기능을 제공한다.

- oj로 Ruby 객체를 직렬화할 때, 다른 플랫폼에서 일반적으로 쓰이는 카멜 케이스(firstName) 대신 스네이크 케이스(first_name)를 사용한다.
- speaker 객체를 바로 직렬화 해보면 JSON 문자열이 생성되지 않는다. JSON 젬은 to_json() 메서드가 구현되어 있지 않은 클래스를 직렬화하지 않기 때문이다.
- 키의 이름에 카멜 케이스(firstName) 대신 스네이크 케이스(first_name)를 사용한다.

MultiJson의 RubyDoc 문서에는, MultiJson.dump() 메서드의 시그너처가 다음과 같이 실려 있다.

```
# dump(object, options = {})
```

옵션의 내용은 사용하게 될 JSON 구현(여기서는 oj)에 따라 달라진다. 이는 MultiJson이 래퍼이기 때문이다.

Ruby 기본 데이터 타입에 대한 JSON 직렬화 및 비직렬화

먼저 Ruby의 기본 데이터 타입을 직렬화하는 방법부터 살펴보자.

- 정수
- 문자열
- 불
- 배열
- 해시
- 객체

예제 3-1은 Ruby의 기본 데이터 타입을 MultiJson과 oj로 직렬화/비직렬화한 예이다.

예제 3-1 **ruby/basic_data_types_serialize.rb**

```ruby
require 'multi_json'

puts "Current JSON Engine = #{MultiJson.current_adaptor()}"
puts

age = 39 # 정수
puts "age = #{MultiJson.dump(age)}"
puts

full_name = 'Larson Richard' # 문자열
puts "full_name = #{MultiJson.dump(full_name)}"
puts

registered = true # 불 값
puts "registered = #{MultiJson.dump(registered)}"
puts

tags = %w(JavaScript, AngularJS, Yeoman) # 문자열의 배열
puts "tags = #{MultiJson.dump(tags)}"
puts

email = { email: 'larsonrichard@ecratic.com' } # 해시
puts "email = #{MultiJson.dump(email)}"
puts

class Speaker
  def initialize(first_name, last_name, email, about
                 company, tags, registered)
    @first_name = first_name
    @last_name = last_name
    @email = email
    @about = about
    @company = company
    @tags = tags
    @registered registered
  end
end

speaker = Speaker.new('Larson', 'Richard', 'larsonrichard@ecratic.com',
          'Incididunt mollit cupidatat magna excepteur do tempor ex non ...',
          'Ecratic', %w(JavaScript, AngularJS, Yeoman), true)

puts "speaker (using oj gem) = #{MultiJson.dump(speaker)}"
puts
```

명령행에서 ruby basic_data_types_serialize.rb 명령을 실행하면 다음 쪽 화면
과 같은 결과를 볼 수 있다.

MultiJson.dump()는 스칼라 타입(정수, 문자열, 불)에 대해서는 특별한 처리를
하지 않는다. speaker 객체를 직렬화할 때에야 MultiJson.dump()는 (여전히 대
단치는 않지만) 그래도 유효한 JSON 문자열을 만들어 낸다. 곧 살펴보게 되겠지
만, MultiJson.dump() 역시 정교한 직렬화를 위해 옵션을 제공한다.

```
json-at-work => ruby basic_data_types_serialize.rb
Current JSON Engine = MultiJson::Adapters::Oj

age = 39

full_name = "Larson Richard"

registered = true

tags = ["JavaScript,","AngularJS,","Yeoman"]

email = {"email":"larsonrichard@ecratic.com"}

speaker (using oj gem) = {"first_name":"Larson","last_name":"Richard","email":"larsonrichard@ecratic.com","about":"Incididunt
mollit cupidatat magna excepteur do tempor ex non ...","company":"Ecratic","tags":["JavaScript,","AngularJS,","Yeoman"],"reg
istered":true}
```

좀 더 가독성이 높은 결과를 원한다면 :pretty: true 옵션을 추가하여 객체의
JSON 직렬화 결과를 깔끔하게 정리하여 출력하도록 할 수 있다. 이렇게 출력한
결과를 예제 3-2에 실었다. 이렇게 정리된 직렬화 문자열은 보기에는 더 좋지만,
효율이 떨어지므로 디버깅 시에만 사용하도록 한다.

예제 3-2 **ruby/obj_serialize_pretty.rb**

```ruby
require 'multi_json'

...

speaker = Speaker.new('Larson', 'Richard', 'larsonrichard@ecratic.com',
          'Incididunt mollit cupidatat magna excepteur do tempor ex non ...',
          'Ecratic', %w(JavaScript, AngularJS, Yeoman), true)

puts "speaker (using oj gem) = #{MultiJson.dump(speaker, pretty: true)}"
puts
```

위의 코드를 실행하면 다음과 같이 speaker 객체의 직렬화 결과가 깔끔하게 정
리되어 출력된 것을 확인할 수 있다.

```
json-at-work => ruby obj_serialize_pretty.rb
Current JSON Engine = MultiJson::Adapters::Oj

speaker (using oj gem) = {
  "first_name":"Larson",
  "last_name":"Richard",
  "email":"larsonrichard@ecratic.com",
  "about":"Incididunt mollit cupidatat magna excepteur do tempor ex non ...",
  "company":"Ecratic",
  "tags":[
    "JavaScript,",
    "AngularJS,",
    "Yeoman"
  ],
  "registered":true
}
```

MultiJson을 사용하여 JSON을 객체로 비직렬화하기

MultiJson은 JSON을 비직렬화하는 기능도 제공한다. MultiJson.load() 메서
드를 사용하여 JSON을 Ruby Hash로 비직렬화 해보자. 그러나 speaker 객체의

initialize() 메서드는 문자열을 파라미터로 받기 때문에 객체-관계 불일치가 발생한다. 다행히도, OpenStruct가 (JSON을 파싱한 결과인) Hash를 객체처럼 보이게 해주기 때문에 Hash를 따로 변환할 코드를 작성할 필요는 없다.

예제 3-3은 OpenStruct를 사용한 예이다.

예제 3-3 **ruby/ostruct_example.rb**

```
require 'ostruct'

h = { first_name: 'Fred' }
m = OpenStruct.new(h)
puts m                # 출력내용 : #<OpenStruct first_name="Fred">
puts m.first_name     # 출력내용 : Fred
```

OpenStruct는 Hash와 비슷한 데이터 구조로, 키-값 쌍의 형태로 속성과 속성 값을 정의할 수 있다. OpenStruct는 Ruby Core의 일부로, 키를 속성으로 접근할 수 있도록 해 준다. 더 자세한 내용은 Ruby Core의 참조문서 중 OpenStruct 항목(*http://ruby-doc.org/stdlib-2.0.0/libdoc/ostruct/rdoc/OpenStruct.html*)을 참조하기 바란다.

speaker 객체의 새로운 인스턴스를 만들 때, 새로운 객체를 사람이 읽을 수 있는 형태로 출력해 준다면 디버깅에 매우 편리할 것이다. puts 명령을 사용하면 보통 다음 형태의 출력을 보게 된다.

```
puts speaker # #<Speaker:0x007f84412e0e38>
```

awesome_print 젬을 이용하면 이때 출력되는 내용이 훨씬 괜찮아진다. 자세한 사항은 awesome_print의 깃허브 저장소(*https://github.com/awesome-print/awesome_print*)를 참조하기 바란다.

예제 3-4의 코드를 실행하기 전에 다음과 같은 명령으로 awesome_print 젬을 미리 설치해 두어야 한다.

```
gem install awesome_print
```

예제 3-4 **ruby/obj_deserialize.rb**

```
require 'multi_json'
require 'ostruct'
require 'awesome_print'

puts "Current JSON Engine = #{MultiJson.current_adapter()}"
puts

class Speaker
  def initialize(first_name, last_name, email, about,
```

```
    company, tags, registered)
    @first_name = first_name
    @last_name = last_name
    @email = email
    @about = about
    @company = company
    @tags = tags
    @registered = registered
  end
end

speaker = Speaker.new('Larson', 'Richard', 'larsonrichard@ecratic.com',
            'Incididunt mollit cupidatat magna excepteur do tempor ex non ...',
            'Ecratic', %w(JavaScript, AngularJS, Yeoman), true)

json_speaker = MultiJson.dump(speaker, pretty: true)
puts "speaker (using oj gem) = #{MultiJson.dump(speaker)}"
puts

ostruct_spkr = OpenStruct.new(MultiJson.load(json_speaker))

speaker2 = Speaker.new(ostruct_spkr.first_name, ostruct_spkr.last_name,
                ostruct_spkr.email, ostruct_spkr.about, ostruct_spkr.company,
                ostruct_spkr.tags, ostruct_spkr.registered)

puts "speaker 2 after MultiJson.load()"
ap speaker2
puts
```

이 예제를 실행하면, 문자열 json_speaker로 저장된 JSON을 비직렬화하여 OpenStruct 객체로 만들어서 다시 새로운 speaker 객체(변수 speaker2)로 변환한 것을 확인할 수 있다. 또, 내장 함수인 puts 대신 awesome_print의 ap 메서드를 써서 객체의 내용을 깔끔하게 출력하고 있다.

multi_json과 oj를 사용하면 JSON을 효율적으로 처리할 수 있지만, 직렬화할 데이터를 이보다 더 정밀하게 다뤄야 하는 경우도 있다.

카멜 케이스와 JSON에 대한 이야기

JSON의 키(속성명)는 대체로 카멜 케이스를 따르고 있다. 예를 들어, 어떤 사람의 이름을 나타내는 키는 대개 firstName이 될 것이다. 하지만 지금까지 본 Ruby

의 JSON 라이브러리는 스네이크 케이스를 따르는 키를 만든다. 다른 사람이 사용할 일이 없는 예제 코드나 단위 테스트라면 이대로도 괜찮겠지만, 그렇지 않다면 심각한 호환성 문제를 겪게 될 것이다. 이는 다음과 같은 이유 때문이다.

- JSON은 상호운용성을 갖추어야 한다. Ruby의 열혈 팬에게는 조금 불쾌하게 들릴 수도 있겠지만, 그 외의 사람이 보기엔 이는 '헛발질'에 다름 아니다. JSON과 REST의 가장 중요한 의의는 서로 다른 애플리케이션 간의 상호운용성이다. Ruby 말고도 많은 프로그래밍 언어가 있고, 나머지 온 세상은 카멜 케이스(firstName)를 쓰고 있다. 당신이 남들과는 다른 방식으로 API를 만든다면, 사람들은 그 API를 사용하지 않을 것이다.
- 대부분의 사람들은 카멜 케이스를 따르는 JSON을 사용한다.
  - Google은 Google JSON 스타일 가이드(*http://bit.ly/2raShRe*)에서 카멜 케이스를 표준으로 삼고 있다.
  - JSON 기반 공개 API의 대부분(예: Amazon AWS, Facebook, LinkedIn 등)도 카멜 케이스를 사용한다.
- 플랫폼 특성을 노출시키지 않도록 하라. JSON은 플랫폼이나 프로그래밍 언어와 상관없이 같은 형식을 가져야 한다. Ruby on Rails 커뮤니티가 스네이크 케이스를 선호한다 해도 해당 플랫폼끼리라면 문제될 것이 없다. 그러나 일개 프로그래밍 언어의 관습이 API에까지 노출되어서는 안 된다.

ActiveSupport를 이용한 객체의 JSON 직렬화

ActiveSupport 젬을 사용하면 시간대, 국제화(i18n), JSON 인코딩 및 디코딩 같은 Rails로부터 가져온 기능을 쓸 수 있다. ActiveSupport의 JSON 모듈은 다음과 같은 기능을 제공한다.

- 카멜 케이스와 스네이크 케이스의 상호 변환
- 객체의 일부만을 직렬화

명령행에서 다음과 같은 명령으로 ActiveSupport를 설치할 수 있다.

```
gem install activesupport
```

ActiveSupport::JSON.encode() 메서드를 사용하여 speaker 객체를 JSON으로 직렬화하려면 예제 3-5와 같이 하면 된다.

예제 3-5 **ruby/obj_serialize_active_support.rb**

```ruby
require 'active_support/json'
require 'active_support/core_ext/string'

...

speaker = Speaker.new('Larson', 'Richard', 'larsonrichard@ecratic.com',
            'Incididunt mollit cupidatat magna excepteur do tempor ex non ...',
            'Ecratic', %w(JavaScript, AngularJS, Yeoman), true)

json = ActiveSupport::JSON.encode(speaker).camelize(first_letter = :lower)
puts "Speaker as camel-cased JSON \n#{json}"
puts

json = ActiveSupport::JSON.encode(speaker,
                        only: ['first_name', 'last_name'])
                        .camelize(first_letter = :lower)

puts "Speaker as camel-cased JSON with only firstName and lastName \n#{json}"
puts
```

예제 코드를 보면, ActiveSupport::JSON.encode()는 다음과 같은 옵션을 지정할 수 있다.

- camelize() 메서드를 이어쓰면 키 이름을 카멜 케이스(firstName)로 바꿀 수 있다. 모든 키의 첫 번째 글자도 대문자로 바뀌어 있는 것에 주의하기 바란다. 이 첫 번째 글자를 소문자로 하고 싶다면 first_letter = :lower 인자를 사용해야 한다.
- only: 인자를 사용하면 speaker 객체의 일부만을 직렬화할 수 있다.

이 코드를 실행하면 다음과 같은 결과를 볼 수 있다.

```
json-at-work => ruby obj_serialize_active_support.rb
Speaker as camel-cased JSON
{"firstName":"Larson","lastName":"Richard","email":"larsonrichard@ecratic.com","about":"Incididunt mollit cupidatat magna exc
epteur do tempor ex non ...","company":"Ecratic","tags":["JavaScript","AngularJS","Yeoman"],"registered":true}

Speaker as camel-cased JSON with only firstName and lastName
{"firstName":"Larson","lastName":"Richard"}
```

그러나 스네이크 케이스에서 카멜 케이스로 바꾸는 것만이 목적이라면, awrence 젬(*https://github.com/futurechimp/awrence*)을 사용하는 것이 더 간단하다. awrence 는 스네이크 케이스로 된 Hash의 키를 카멜 케이스로 바꿔준다. 이를 다시 카멜 케이스 JSON으로 바꾸면 된다. 이 젬을 직접 사용해보는 것은 독자를 위한 실습 과제로 남겨두겠다.

ActiveSupport를 이용한 JSON 비직렬화

ActiveSupport는 JSON을 비직렬화하는 기능도 갖고 있다. 이제 decode() 메서드를 사용하여 JSON을 Ruby의 Hash로 비직렬화할 것이다. 앞서 본 예와 마찬가지로, OpenStruct와 awesome_print를 이용할 것이다. 이 내용을 예제 3-6에 실었다.

예제 3-6 **ruby/obj_deserialize_active_support.rb**

```ruby
require 'multi_json'
require 'active_support/json'
require 'active_support/core_ext/string'
require 'awesome_print'

...

speaker = Speaker.new('Larson', 'Richard', 'larsonrichard@ecratic.com',
            'Incididunt mollit cupidatat magna excepteur do tempor ex non ...',
            'Ecratic', %w(JavaScript, AngularJS, Yeoman), true)

json_speaker = ActiveSupport::JSON.encode(speaker)
puts "speaker (using oj gem) = #{ActiveSupport::JSON.encode(speaker)}"
puts ostruct_spkr = OpenStruct.new(ActiveSupport::JSON.decode(json_speaker))

speaker2 = Speaker.new(ostruct_spkr.first_name, ostruct_spkr.last_name,
                ostruct_spkr.email, ostruct_spkr.about, ostruct_spkr.company,
                ostruct_spkr.tags, ostruct_spkr.registered)

puts "speaker 2 after ActiveSupport::JSON.decode()"
ap speaker2
puts
```

위의 코드를 명령행에서 실행하면 다음과 같은 결과를 볼 수 있다.

```
json-at-work => ruby obj_deserialize_active_support.rb
speaker (using oj gem) = {"first_name":"Larson","last_name":"Richard","email":"larsonrichard@ecratic.com","about":"Incididunt
mollit cupidatat magna excepteur do tempor ex non ...","company":"Ecratic","tags":["JavaScript","AngularJS","Yeoman"],"reg
istered":true}

speaker 2 after ActiveSupport::JSON.decode()
#<Speaker:0x007fe73c0a4eb8 @first_name="Larson", @last_name="Richard", @email="larsonrichard@ecratic.com", @about="Incididunt
mollit cupidatat magna excepteur do tempor ex non ...", @company="Ecratic", @tags=["JavaScript,", "AngularJS,", "Yeoman"], @
registered=true>
```

카멜 케이스로 된 Hash의 키를 스네이크 케이스로 변환하려면 plissken 젬(*https://github.com/futurechimp/plissken*)을 사용할 수도 있다. plissken 젬은 조금 뒤의 단위 테스트에서 사용할 것이다.

3.4 스텁 API를 이용하여 단위 테스트하기

지금까지 speaker 객체를 JSON으로 직렬화하고 반대로 JSON을 비직렬화하는 방법까지 배웠다. 이제 (이전 장과 같이) json-server로 구축한 스텁 API에 대해 간단한 서버 사이드 단위 테스트를 실행해 보도록 하자.

Minitest를 이용한 맞춤 단위 테스트

Ruby에서 가장 널리 쓰이는 단위 테스트 프레임워크 두 가지는 Ruby Core의 일부인 Minitest(*http://ruby-doc.org/stdlib-2.0.0/libdoc/minitest/rdoc/MiniTest.html*)와 RSpec(*http://rspec.info*)이다. Minitest와 RSpec 모두 훌륭한 도구이지만, JSON에 집중하기 위해 이 중 한 가지만을 사용하기로 한다.

Minitest는 다음과 같은 특징을 갖는다.

· Ruby 표준 라이브러리의 일부이므로 별도로 설치할 필요가 없다.
· 가볍고 단순하다.
· RSpec이 제공하는 대부분의 기능을 제공한다.

반면, RSpec의 특징은 다음과 같다.

· `rspec` 젬을 별도로 설치해야 사용할 수 있다. 그러나 Ruby 커뮤니티에서는 이미 널리 쓰이고 있다.
· 규모가 크고 복잡하다. RSpec의 코드 규모는 Minitest의 여덟 배나 된다.
· Minitest에 비해 더 다양한 매처(matcher)를 제공한다.

취향의 문제이기 때문에, 어느 쪽을 선택해도 좋다. 여기서는 표준 라이브러리에 포함되어 있는 Minitest를 사용하기로 한다.

Minitest는 BDD(`Minitest::Spec`)와 TDD(`Minitest::Test`) 스타일을 선택할 수 있도록 되어있다. 여기서는 다음과 같은 이유로 `Minitest::Spec`을 사용하기로 한다.

· 필자가 BDD 스타일에서 쓰이는 간단한 문장 형식으로 기술되는 테스트를 더 선호한다.
· RSpec과 유사하므로, RSpec을 사용하는 개발자에게 친숙하다.
· 이 책의 다른 장에서 쓰이는 Mocha/Chai를 이용한 단위 테스트와 일관적인 특성을 갖는다.

여기서는 Minitest의 기본만을 다룬다. 더 자세한 내용을 알고 싶다면, 크리스 코틈(Chris Kottom)의 책 *Minitest Cookbook*(*https://chriskottom.com/minitestcookbook*)이 큰 도움이 될 것이다.

단위 테스트 설정하기

시작하기 전에 개발환경이 제대로 설정되었는지 확인해 두자. Ruby on Rails를 아직 설치하지 않았다면, 부록 A의 "Ruby on Rails 설치하기"와 "Ruby 젬 설치하기" 항목을 참고하여 설치해 두기 바란다. 예제 코드에 포함된 프로젝트를 사용하고 싶다면 *chapter-3/speakers-test* 디렉터리로 이동하여 아래 명령으로 프로젝트의 의존 패키지를 설치하면 된다.

```
bundle install
```

Bundler(*http://bundler.io*)는 Ruby 프로젝트에 의존성 관리를 해준다.

`speakers-test` 프로젝트를 직접 생성하고 싶다면, 이 책의 깃허브 저장소에 있는 문서(*https://github.com/tmarrs/json-at-work-examples/tree/master/chapter-3/Project-Setup.md*)의 절차를 따르면 된다.

테스트 데이터

테스트 데이터로는 지금까지 사용해 왔던 연사 정보 데이터를 RESTful API로 배포하여 사용할 것이다. 이번에도 Node.js 모듈 `json-server`를 사용하여 *data/speakers.json* 파일을 API로 사용할 수 있게끔 할 것이다. `json-server`를 설치해야 한다면, 마찬가지로 부록 A의 "npm 모듈 설치하기" 항목을 참조하기 바란다.

로컬 컴퓨터의 포트 5000에 `json-server`를 올리려면 다음 명령을 실행한다.

```
cd chapter-3/data

json-server -p 5000 ./speakers.json
```

URI에 *http://localhost:5000/speakers/1*처럼 id 값을 추가해주면 각각의 연사에 대한 정보를 확인할 수 있다. 스텁 API가 준비되었으면 이제 단위 테스트를 작성할 차례다.

Minitest로 API 테스트하기

우리가 작성할 단위 테스트는 다음과 같은 일을 한다.

- 연사 정보 스텁 API에 HTTP 요청을 한다.
- HTTP 응답 몸체의 내용에 포함된 값이 예상하는 값과 같은지 확인한다.

이전 장에서와 마찬가지로 이번에도 Unirest API 래퍼(*http://unirest.io*), 그중

Ruby 구현체(*http://unirest.io/ruby.html*)를 사용할 것이다. Unirest 젬은 HTTP 응답에 포함된 JSON을 파싱하여 Ruby Hash로 만들어 리턴한다. 이는 다시 말해 단위 테스트가 JSON 데이터에 대해 직접적으로 수행되는 것이 아니라, API로부터 얻은 JSON으로 만든 Hash 객체에 대해 수행된다는 뜻이다.

연사 정보 데이터 단위 테스트

예제 3-7의 단위 테스트는 json-server로 만든 연사 정보 스텁 API를 Unirest로 호출하여 응답 내용을 검사하는 내용을 담고 있다.

예제 3-7 **speakers-test/test/speaker_spec.rb**

```ruby
require 'minitest_helper'

require 'unirest'
require 'awesome_print'
require 'ostruct'
require 'plissken'
require 'jq/extend'

require_relative '../models/speaker'
describe 'Speakers API' do
  SPEAKERS_ALL_URI = 'http://localhost:5000/speakers'

  before do
    @res = Unirest.get SPEAKERS_ALL_URI,
                       headers:{ 'Accept' => "application/json" }
  end

  it 'should return a 200 response' do
    expect(@res.code).must_equal 200
    expect(@res.headers[:content_type]).must_equal 'application/json; charset=utf-8'
  end

  it 'should return all speakers' do
    speakers = @res.body
    expect(speakers).wont_be_nil
    expect(speakers).wont_be_empty
    expect(speakers.length).must_equal 3
  end

  it 'should validate the 3rd speaker as an Object' do
    speakers = @res.body
    ostruct_spkr3 = OpenStruct.new(speakers[2].to_snake_keys())

    expect(ostruct_spkr3.company).must_equal 'Talkola'
    expect(ostruct_spkr3.first_name).must_equal 'Christensen'
    expect(ostruct_spkr3.last_name).must_equal 'Fisher'
    expect(ostruct_spkr3.tags).must_equal ['Java', 'Spring', 'Maven', 'REST']

    speaker3 = Speaker.new(ostruct_spkr3.first_name, ostruct_spkr3.last_name,
                           ostruct_spkr3.email, ostruct_spkr3.about,
```

```
                                ostruct_spkr3.company, ostruct_spkr3.tags,
                                ostruct_spkr3.registered)
      expect(speaker3.company).must_equal 'Talkola'
      expect(speaker3.first_name).must_equal 'Christensen'
      expect(speaker3.last_name).must_equal 'Fisher'
      expect(speaker3.tags).must_equal ['Java', 'Spring', 'Maven', 'REST']
    end

    it 'should validate the 3rd speaker with jq' do
      speakers = @res.body
      speaker3 = speakers[2]

      speaker3.jq('.company') {|value| expect(value).must_equal 'Talkola'}
      speaker3.jq('.tags') {|value|
          expect(value).must_equal ['Java', 'Spring', 'Maven', 'REST']}
      speaker3.jq('.email') {|value|
          expect(value).must_equal 'christensenfisher@talkola.com'}
      speaker3.jq('. | "\(.firstName) \(.lastName)"') {|value|
          expect(value).must_equal 'Christensen Fisher'}
    end

  end

end
```

이 단위 테스트에서 주목해야 할 점은 다음과 같다.

- minitest_helper을 사용하면 설정을 통합하여 테스트에서 생략할 수 있도록 해준다. Minitest Helper에 대해서는 이후 다룰 것이다.

- Minitest의 before 메서드에서 Unirest는 동기적으로 GET 요청을 전달한다(응답 역시 마찬가지). before 메서드는 describe 콘텍스트 안에서 각각의 테스트 케이스(예: it)를 실행하기 앞서 실행되므로 HTTP 요청을 수행하는 부분은 한 번만 작성하면 된다.

- should return all speakers 테스트의 내용은 다음과 같다.
  - HTTP 응답의 몸체가 내용이 있음을 확인한다.
  - 연사 정보 API가 3개의 speakers에 대한 내용을 주었는지 확인한다.

- should validate the 3rd speaker as an Object의 동작 과정은 다음과 같다.
  - HTTTP 응답의 몸체로부터 연사 정보 Hash를 만든다. 이 시점에서, API로부터 전달된 JSON은 Unirest가 이미 파싱하였다.
  - OpenStruct.new()를 사용하여 세 번째 연사에 대한 Hash를 객체와 유사한 구조인 OpenStruct로 변환한다. 그 다음 (plissken 젬의) to_snake_keys() 메서드로 카멜 케이스를 따르는 Hash의 키를 스네이크 케이스로 변환하여 Ruby와의 호환성을 개선한다.
  - Minitest의 BDD 스타일 expect 검증문으로 결과가 예상과 같은지 확인한다.

– 세 번째 연사의 company, first_name, last_name, tags의 값이 *speakers. json* 파일 안의 값과 일치하는지 확인한다.

- should validate the 3rd speaker with jq 테스트의 동작 과정은 다음과 같다.

  – jq(*https://stedolan.github.io/jq*) 쿼리(예: .company)로 조금 전의 테스트 케이스에서 검사했던 필드의 값을 검사한다. jq를 사용하면 JSON으로 만든 Hash를 객체로 변환할 필요가 없다. jq는 뛰어난 JSON 검색 도구로, 6장에서 자세히 다루게 될 것이다.

  – . | "\(.firstName) \(.lastName)" 쿼리는 firstName의 값과 lastName의 값을 합해 풀네임을 만들어 테스트 목적으로 활용한다.

  – ruby-jq 젬(*https://github.com/winebarrel/ruby-jq*)은 Ruby 기반의 jq 구현체이다.

명령행에 bundle exec rake를 입력하여 이 테스트를 실행한다. 실행 결과는 다음과 같다.

```
json-at-work => bundle exec rake
Started with run options --seed 42108

Speakers API
  test_0001_should return a 200 response                    PASS (0.01s)
  test_0004_should validate the 3rd speaker with jq         PASS (0.02s)
  test_0003_should validate the 3rd speaker as an Object    PASS (0.00s)
  test_0002_should return all speakers                      PASS (0.00s)

Finished in 0.03299s
4 tests, 18 assertions, 0 failures, 0 errors, 0 skips
```

rake(*http://rake.rubyforge.org*)는 Ruby 프로젝트에서 많이 사용되는 빌드 도구다. bundle exec rake 명령을 입력하면 다음과 같은 일이 일어난다.

- rake는 이 프로젝트의 Gemfile에 포함된 젬을 사용한다.
- rake의 기본 태스크를 test로 설정한다.

Rakefile에 예제 3-8과 같이 빌드 태스크가 정의되어 있다.

예제 3-8 **speakers-test/Rakefile**

```
require 'rake/testtask'
Rake::TestTask.new(:test) do |t|
  t.libs = %w(lib test)
  t.pattern = 'test/**/*_spec.rb'
  t.warning = false
end

task :default => :test
```

Minitest의 기본 설정은 테스트 수행 과정이나 어떤 테스트가 통과했음을 출력하지 않도록 되어있다. 조금 전에 단위 테스트를 실행할 때 테스트 통과 보고가 출력되었던 것을 기억하는가? speakers-test 프로젝트는 minitest-reporters 젬(*https://github.com/kern/minitest-reporters*)을 사용하여 단위 테스트의 출력을 좀 더 보기 좋게 하고 있다.

예제 3-9를 보면 speaker_spec에서 minitest와 minitest-reporters 젬을 설정하도록 Minitest Helper를 사용하고 있다.

예제 3-9 speakers-test/test/minitest-helper.rb

```
require 'minitest/spec'
require 'minitest/autorun'

require "minitest/reporters"
Minitest::Reporters.use! Minitest::Reporters::SpecReporter.new
```

예제 3-10은 평범한 Ruby 객체(PORO)인 Speaker에 연사 정보를 저장하는 예이다.

예제 3-10 speakers-test/models/speaker.rb

```
class Speaker
  attr_accessor :first_name, :last_name, :email,
                :about, :company, :tags, :registered

  def initialize(first_name, last_name, email, about,
                 company, tags, registered)
    @first_name = first_name
    @last_name = last_name
    @email = email
    @about = about
    @company = company
    @tags = tags
    @registered = registered
  end
end
```

위의 코드는 다음과 같은 면에서 단순하고 간단하다.

- *speakers.rb*는 Ruby 프로젝트의 관습을 따라 *models* 디렉터리 안에 위치한다.
- attr_accessor는 Speaker 객체의 멤버변수(예: first_name)와 그에 대한 접근자 메서드와 수정자 메서드를 정의한다.
- initialize()는 Speaker.new()를 호출했을 때 멤버변수를 초기화한다.

다음 내용으로 넘어가기 전에, 명령행에서 Ctrl+C를 눌러 json-server를 중단시키도록 한다.

Ruby와 Minitest에 대한 참고문헌

이번 장에서는 Ruby와 Minitest의 기본적인 사용법을 다루었다. 더 자세한 내용은 다음과 같은 문헌을 참조하기 바란다.

- *Ruby in Practice*, Jeremy McAnally; Assaf Arkin, Manning.
  (*https://www.manning.com/books/ruby-in-practice*)
- *The Well-Grounded Rubyist*, 2nd Ed., David A. Black, Manning
  (*https://www.manning.com/books/the-well-grounded-rubyist-second-edition*)
- *Minitest Cookbook*, Chris Kottom (*https://chriskottom.com/minitestcookbook*)

단위 테스트에서 무엇이 빠졌을까?

지금까지 JSON 데이터를 검증하는데 단위 테스트를 사용하였다. 그러나 뭔가 빠진 게 있다. 테스트 코드로 내용이 있어야 하는 모든 필드를 확인해야 하지만, 이를 모두 작성하기는 번거롭다. 이보다 더 크고 필드도 많은 JSON 문서라면 테스트를 작성하기가 매우 귀찮을 것이다. 이런 문제를 해결하기 위한 방법으로 JSON 스키마가 있다. JSON 스키마에 대해서는 5장에서 다룰 것이다.

지금까지 스텁 API를 배포하고 사용하는 법을 알아보았다. 이어서 Ruby on Rails를 이용하여 간단한 RESTful API를 만들어 보겠다.

3.5 Ruby on Rails로 간단한 웹 API 구축하기

이제 직렬화/비직렬화를 통해 speaker 객체와 JSON 사이를 상호변환하는 방법과 스텁 API에 단위 테스트를 수행하는 법을 배웠다. 이제 이들 API 데이터를 사용자에게 보여주는 간단한 웹 애플리케이션을 만들 차례다.

이번에도 연사 정보 데이터를 사용할 것이며, 애플리케이션을 만들기 위해서는 Rails 5를 사용한다. 이 버전의 Rails에는 rails-api가 포함되어 있어서 API만으로 구성된 Rails 애플리케이션을 만들 수 있다. rails-api(*https://github.com/rails-api/rails-api*)는 초기에는 별도의 젬으로 만들어졌으나 나중에 Rails와 통합되었다.

AMS(ActiveModel Serializer)의 기능을 보여주기 위해, 다음과 같은 두 가지 Rails 기반 API 애플리케이션을 만들어 볼 것이다.

speakers-api-1

카멜 케이스를 적용한 JSON을 제공하는 API

speakers-api-2

커스터마이즈된 JSON 표현을 사용하는 API

애플리케이션을 만들기 전에 이들 API가 JSON을 어떻게 만들 것인지 결정하도록 하자.

JSON 직렬화 라이브러리 선택하기

Ruby on Rails에서 사용할 수 있는 JSON 직렬화 라이브러리로 몇 가지를 들 수 있다. 다음은 이들 중 가장 널리 쓰이는 것들이다.

ActiveModel::Serializers (AMS)

AMS는 객체에 직렬화나 유효성 검사 같은 기능을 제공한다. AMS은 Rails API (*http://api.rubyonrails.org/classes/ActiveModel/Serializers.html*)의 일부이며 깃허브 (*https://github.com/rails-api/active_model_serializers*)의 문서를 참조할 수 있다.

Jbuilder

별도의 템플릿을 사용하여 출력을 제어하는 DSL(domain specific language) 빌더다. 자세한 내용은 깃허브 저장소(*https://github.com/rails/jbuilder*)를 참조하기 바란다.

RABL

RABL(Ruby API Builder Language)는 JSON, XML, PList, MessagePack, BSON을 만드는데 쓰인다. RABL 역시 템플릿을 사용한다. 자세한 내용은 역시 깃허브 저장소(*https://github.com/nesquena/rabl*)에서 볼 수 있다.

JSON 직렬화에 대한 평가 기준

다음은 JSON 직렬화 방법을 선택하기 위한 몇 가지 기준이다.

- 애플리케이션에 속하는 객체는 외부 표현에 관여할 수 없기 때문에 JSON을 생성하는 작업 역시 애플리케이션 외부에서 수행해야 한다. 바꿔 말하면, 직접 작성하는 객체에 JSON을 생성하는 기능이 포함되어서는 안 된다는 말이다. 로버트 마틴(Uncle Bob Martin)은 클래스를 변경할 이유는 딱 한 가지뿐이어야 한다고 얘기했다. 이를 단일 책임 원칙(Single Responsibility Principle, 객체지향 설계의 SOLID 원칙 중 가장 먼저 확립된 원칙이다.)이

라고 한다. 더 자세한 내용은 로버트 마틴의 웹 사이트 "The Principles of OOD"(*http://butunclebob.com*)을 보기 바란다. 객체에 JSON 포매팅과 관련된 기능을 끌고 들어온다면, 이제 그 객체는 본래 맡고 있던 기능에 더하여 JSON과 관련된 기능을 하나 더 갖게 된다. 그리고 이는 향후 프로그램의 수정을 더 어렵게 한다.

· JSON을 생성하는데 모델과 컨트롤러가 관여하지 않도록 하라. 이 역시 단일 책임 원칙을 깨는 행위이며 모델과 컨트롤러 코드의 유연성을 저해한다. 외부 템플릿을 사용하여 복잡하고 지저분한 포매팅 코드를 내보내서 모델과 컨트롤러의 코드를 깔끔하게 유지하라.

· 객체의 속성 중에 직렬화 대상이 될 것과 그렇지 않은 것을 구분하라.

위에서 언급한 가이드라인이 조금 까다롭게 느껴질 수 있겠지만, 여기서 가리키는 것은 상호운용성과 일관성이다. 하지만 여기에도 만병통치약은 없기 때문에 충분히 이견이 있을 수 있다. 그러한 경우에는 다음과 같이 해결하도록 한다.

· 어떤 의견을 갖고 있는지 왜 그런 의견을 갖게 되었는지 스스로 잘 이해하되, 올곧은 소프트웨어 공학과 설계의 원칙에 따라 의견을 고수하라.

· 주변 사람들과 원만하도록 하라. 당신의 의견이 특정한 소규모 기술 커뮤니티나 단일 플랫폼 안에서가 아닌, 전체 커뮤니티에서 받아들여질 수 있는지를 고민하라.

이와 같은 기준에 따라 우리가 가진 선택지를 평가해 보자.

AMS, RABL, Jbuilder 중에 뭘 쓰지?

앞서 살펴본 고려사항에 따라 가능한 옵션을 살펴보아도, AMS, RABL, Jbuilder 모두 대부분의 필요조건(모두는 아니지만)을 만족하기 때문에 이들 중 무엇을 사용할지 선택하기가 매우 어렵다. AMS는 `Serializer` 객체로 직렬화 기능을 밀어놓을 수 있으며, RABL과 Jbuilder는 둘 다 외부 템플릿을 제공한다. 그러나 RABL은 소문자 카멜 케이스를 제대로 처리할 수 없기(*https://github.com/nesquena/rabl/issues/469*) 때문에 여기서 RABL을 탈락시키고 AMS와 Jbuilder만을 고려하기로 한다. 그러나 AMS와 Jbuilder 중 무엇을 사용할지 선택하는 것은 더 어렵다. 이유는 다음과 같다.

· 두 가지 모두 거의 비슷한 품질의 JSON을 생성한다.

- Rails에서 oj를 사용할 경우, 성능도 양자 간에 차이가 별로 없다.

그러므로 취향에 따라 갈리게 되는데, 각각의 도구는 다음과 같은 취향에 적합하다.

- 프로그래밍 가능한 JSON 직렬화에 Serializer 객체(AMS)와 템플릿(Jbuilder) 중 어느 것을 선호하는가?
- JSON 직렬화를 컨트롤러(AMS)와 뷰(Jbuilder) 중 어디에서 맡게 하겠는가?

이 도구 중 어떤 것을 선택할지에 대해서는 다음과 같이 의견이 분분하다.

AMS 파의 주장

모든 것을 Ruby 기반으로 유지할 수 있기 때문에 AMS를 사용하는 것이 좋다. Jbuilder 템플릿을 사용하려면 새로운 DSL을 배워야 한다.

Jbuilder 파의 주장

JSON 표현을 먼저 고려한 뒤, 데이터베이스와 이 표현을 분리할 수 있다.

Ruby 커뮤니티의 대부분 사람들은 "둘 다 좋다"라고 평한다. 어느 도구를 택하든지 API를 위한 응답을 잘 만들어주기 때문이다. 여기서는 새로운 템플릿 DSL을 배울 필요가 없다는 점을 높이 사 AMS를 사용하기로 한다.

speakers-api-1: 카멜 케이스 JSON API 만들기
다음과 같은 과정을 거쳐 speakers-api-1 API를 Rails 5로 만들어 볼 것이다.

1. 프로젝트 생성하기
2. 코드 작성하기
   - 모델
   - 시리얼라이저
   - 컨트롤러
3. API 배포하기
4. Postman을 이용하여 테스트하기

speakers-api-1 프로젝트 생성하기
3장의 예제 코드에 *speakers-api-1* 프로젝트가 이미 만들어져 있으므로(*chapter3/*

speakers-api-1 디렉터리) 프로젝트를 반드시 직접 만들 필요는 없다. 그러나 만약을 위해 프로젝트를 만드는 과정을 아래 칼럼에 소개한다.

Rails로 speakers-api-1 API 만들기

다음과 같은 명령을 입력하여 *speakers-api-1* API의 프로젝트를 생성한다.

```
rails new speakers-api-1 -T --api --skip-active-record --skip-
actionmailer --skip-action-cable
```

여기서는 Rails가 제공하는 프론트엔드 기능(ERB, JS, CSS, 에셋 파이프라인 등)과 데이터베이스를 모두 필요로 하지 않는다. 위의 명령은 Rails API 응용프로그램을 만들 때 다음과 같은 것을 제외시킨다.

· 웹 기반 프론트엔드 --api 옵션으로 다음과 같은 것을 제외시킨다.
 – 에셋 파이프라인
 – 뷰
· 테스트 (-T 옵션).
· ActiveRecord(--skip-active-record 옵션을 사용한다). 이 옵션은 데이터베이스를 사용하지 않는 애플리케이션을 생성한다. 조금 이상하게 보일 수도 있지만, 이를 통해 의존성을 줄이고 애플리케이션 생성 과정을 간단하게 할 수 있다.
· ActionMailer(--skip-action-mailer 옵션을 사용한다.) 애플리케이션에서 메일 전송 기능을 제거한다.
· ActionCable(--skip-action-cable 옵션) 애플리케이션에서 웹 소켓 기능을 제거한다.

위의 기능을 제거해도 Rails는 컨트롤러를 만들어낸다. 이 컨트롤러에 대해서는 곧 다룰 것이다.

위의 rails new 명령을 실행하면 *speakers-api-1* 디렉터리가 만들어진다.

이 프로젝트에 AMS를 설치하고 사용하려면, Gemfile에 다음과 같은 줄을 추가한다.

```
gem 'active_model_serializers'
gem 'oj'
```

이 장의 다른 예제와 같이, 성능을 위해 oj를 사용할 것이다. 그러나 AMS에서 꼭 oj를 사용해야 하는 것은 아니다.

미리 만들어둔 프로젝트를 사용하더라도, 프로젝트를 실행하려면 젬을 먼저 설치하여야 한다. 설치 방법은 다음과 같다.

```
cd speakers-api-1

bundle exec spring binstub --all
```

이 명령을 입력하면 프로젝트의 Gemfile에 지정된 젬을 설치하게 된다.

모델 만들기

예제 3-11의 Speaker 클래스는 연사 정보 데이터를 나타내는 평범한 Ruby 객체(PORO)로, API는 이 객체로부터 JSON을 생성하게 된다.

예제 3-11 **speakers-api-1/app/models/speaker.rb**

```
class Speaker < ActiveModelSerializers::Model
  attr_accessor :first_name, :last_name, :email,
                :about, :company, :tags, :registered

  def initialize(first_name, last_name, email, about,
                 company, tags, registered)
    @first_name = first_name
    @last_name = last_name
    @email = email
    @company = company
    @tags = tags
    @registered = registered
  end
end
```

이 코드의 기능은 특별한 것이 없다. speaker 객체의 멤버 변수와 생성자, 접근자 메서드를 정의할 뿐이다. 그렇다고 JSON을 생성하는 기능을 포함하고 있지도 않다. 이 Speaker 클래스는 ActiveModel::Serializer를 상속하는데, AMS는 이 클래스를 JSON으로 변환할 수 있다.

시리얼라이저 만들기

AMS는 시리얼라이저를 사용하여 객체를 JSON으로 직렬화 한다. Speaker Serializer 클래스가 이미 있긴 하지만, 다음과 같이 이를 생성할 수 있다.

> **SpeakerSerializer 만들기**
>
> 다음과 같은 명령으로 미리 작성해 둔 모델에 대한 시리얼라이저인 SpeakerSerializer를 만들 수 있다.
>
> ```
> bin/rails generate serializer speaker
> ```
>
> 이 명령으로 만든 시리얼라이저는 id 필드만을 포함한다.

```
class SpeakerSerializer < ActiveModel::Serializer
  attributes :id
end
```

이제 여기에 JSON으로 직렬화할 필드를 추가하면 된다.

예제 3-12는 speaker 객체를 JSON으로 직렬화하기 위해 AMS가 사용하는 SpeakerSerializer 클래스이다.

예제 3-12 **speakers-api-1/app/models/speaker_serializer.rb**

```
class SpeakerSerializer < ActiveModel::Serializer
  attributes :first_name, :last_name, :email,
             :about, :company, :tags, :registered
end
```

이 코드를 보면 attributes 안에 JSON으로 직렬화할 멤버 변수가 열거되어 있음을 알 수 있다.

컨트롤러 만들기

Rails 애플리케이션에서 컨트롤러의 역할은 HTTP 요청을 처리하여 HTTP 응답을 돌려주는 것이다. 지금 같은 경우에는, 연사 정보 JSON을 응답 몸체에 포함시켜 돌려주게 된다. SpeakersController가 이미 만들어져 있지만, 다음과 같이 이를 생성할 수 있다.

SpeakersController 만들기

speakers-web-1 디렉터리에서 다음과 같은 명령으로 SpeakersController 클래스를 만들 수 있다.

```
bin/rails generate controller speakers index show
```

이 명령을 실행하면 index와 show 두 개의 빈 메서드를 포함하는 클래스가 만들어지며, 각각의 HTTP 경로가 *app/config/routes.rb*에 작성된다.

예제 3-13은 index와 show를 포함하여 메서드가 완전히 구현된 SpeakersController 클래스이다.

예제 3-13 **speakers-api-1/app/controllers/speakers_controller.rb**

```
require 'speaker'

class SpeakersController < ApplicationController
```

```
before_action :set_speakers, only: [:index, :show]

# GET /speakers
def index
  render json: @speakers
end

# GET /speakers/:id
def show
  id = params[:id].to_i - 1
  if id >= 0 && id < @speakers.length
    render json: @speakers[id]
  else
    render plain: '404 Not found', status: 404
  end
end

private

def set_speakers
  @speakers = []

  @speakers << Speaker.new('Larson', 'Richard', 'larsonrichard@ecratic.com',
    'Incididunt mollit cupidatat magna ...', 'Ecratic',
    ['JavaScript', 'AngularJS', 'Yeoman'], true)

  @speakers << Speaker.new('Ester', 'Clements', 'esterclements@acusage.com',
    'Labore tempor irure adipisicing consectetur ...', 'Acusage',
    ['REST', 'Ruby on Rails', 'APIs'], true)

  @speakers << Speaker.new('Christensen', 'Fisher',
    'christensenfisher@talkola.com', 'Proident ex Lorem et Lorem ad ...',
    'Talkola',
    ['Java', 'Spring', 'Maven', 'REST'], true)
  end
end
```

이 코드의 내용은 다음과 같다.

- 배열 Speakers는 하드코딩되어 있지만, 이 배열은 테스트에만 사용된다. 실제 애플리케이션에서는 별도의 데이터베이스나 외부 API 호출을 통해 speakers 를 얻어오게 된다.
- index 메서드는 다음과 같은 역할을 한다.
  - URI /speakers에 대한 HTTP GET 요청에 대해 응답한다.
  - speakers 배열 전체를 받아 그 내용으로 JSON 배열을 생성하여 HTTP 응답의 몸체에 포함시킨다.
- show 메서드의 역할은 다음과 같다.
  - URI /speakers/{id}(id는 연사의 식별자를 말한다)에 대한 HTTP GET 요청에 대해 응답한다.

- (연사의 식별자로) speaker를 받아와 그 내용을 JSON 배열로 변환하여 HTTP 응답의 몸체에 포함시킨다.
- HTTP 요청에 포함된 id 값이 범위를 벗어났을 경우, 컨트롤러는 HTTP 상태코드 404와 텍스트 메시지를 render plain 명령으로 HTTP 응답에 포함시킨다.

· 컨트롤러가 render 메서드를 호출하면, speaker 객체를 직렬화하기 위해, 이와 일치하는 시리얼라이저를 찾는다. 그리고 SpeakersSerializer를 기본값으로 호출한다.

컨트롤러와 시리얼라이저는 서로 분리되어 서로에 대한 정보를 알지 못한다. 직렬화를 위한 코드는 시리얼라이저 안에만 존재하며, 컨트롤러 및 모델에는 포함되지 않는다. 컨트롤러, 모델, 시리얼라이저는 각각 한 가지 책임만을 갖는다.

Rails 애플리케이션에서 routes 파일은 URL과 컨트롤러 메서드의 대응관계를 정의하여 해당 URL의 요청을 받았을 때 대응하는 메서드를 호출한다. 예제 3-14는 조금 전에 본 rails generate controller 명령으로 만든 routes 파일의 내용이다.

예제 3-14 **speakers-api-1/app/config/routes.rb**

```
Rails.application.routes.draw do
  get 'speakers/index'

  get 'speakers/show'

  # For details on the DSL available within this file,
  # see http://guides.rubyonrails.org/routing.html
end
```

routes 파일을 예제 3-15처럼 리소스 기반 라우팅으로 간단하게 나타낼 수 있다.

예제 3-15 **speakers-api-1/app/config/routes.rb**

```
Rails.application.routes.draw do

  resources :speakers, :only => [:show, :index]

  # For details on the DSL available within this file,
  # see http://guides.rubyonrails.org/routing.html
end
```

index와 show 메서드에 각각 따로 라우팅 정보를 작성하는 대신, 리소스 기반 라우팅으로 작성하면 같은 내용을 한 줄로 나타낼 수 있다.

카멜 케이스를 적용한 AMS JSON 출력

AMS는 스네이크 케이스(first_name, last_name)를 기본 설정으로 하여 JSON을 생성한다. 기본 설정으로 직렬화한 JSON(사용자가 *http://localhost:3000/speakers/1*에 HTTP GET 요청을 보냈을 때)은 다음과 같은 형태를 갖는다.

```
{
  "first_name": "Larson",
  "last_name": "Richard",
  "email": "larsonrichard@ecratic.com",
  "about": "Incididunt mollit cupidatat magna ...",
  "company": "Ecratic",
  "tags": [
    "JavaScript",
    "AngularJS",
    "Yeoman"
  ],
  "registered": true
}
```

Ruby 외의 플랫폼을 사용하는 클라이언트와 호환성을 유지하기 위해서는 예제 3-16에서 보듯 전역 초기화 파일에 카멜 케이스 설정을 추가해야 한다.

예제 3-16 **speakers-api-1/config/initializers/active_model_serializers.rb**

```
ActiveModelSerializers.config.key_transform = :camel_lower
```

API 배포하기

speakers-api-1 디렉터리에서 rails s 명령을 실행하면 *http://localhost:3000/speakers*에 API가 배포되며 다음과 같은 내용을 볼 수 있다.

```
json-at-work => rails s
=> Booting Puma
=> Rails 5.0.2 application starting in development on http://localhost:3000
=> Run `rails server -h` for more startup options
Puma starting in single mode...
* Version 3.8.2 (ruby 2.4.0-p0), codename: Sassy Salamander
* Min threads: 5, max threads: 5
* Environment: development
* Listening on tcp://localhost:3000
Use Ctrl-C to stop
```

Postman으로 API 테스트하기

이제 연사 정보 API는 배포되어 실행 중이다. Postman으로 첫 번째 연사 정보를 확인(1장과 같은 방법으로)하여 API를 테스트해보자. 테스트를 위해 Postman 창에서 다음과 같이 한다.

- *http://localhost:3000/speakers/1* URL을 입력한다.
- HTTP verb 중 **GET**을 선택한다.
- Send 버튼을 누른다.

위와 같이 했다면, HTTP 상태 코드 200과 함께 응답 몸체에 그림 3-1과 같이 JSON으로 된 speaker 객체의 내용을 볼 수 있을 것이다.

그림 3.2 Postman으로 본 커스터마이징 된 연사 정보 JSON

명령행에서 Ctrl+c를 누르면 API가 종료된다.

speakers-api-2: JSON 표현을 커스터마이징한 API 만들기

카멜 케이스 말고도 AMS로 다양한 커스터마이징을 할 수 있다. 두 번째 API 애플리케이션에서는 각 speaker 객체에 대한 JSON 표현을 바꾸도록 하는 방법을 알아볼 것이다. SpeakerSerializer를 제외하면, *speakers-api-2*는 *speakers-api-1*과 완전히 코드가 같다. 그러므로 여기서는 직렬화 부분의 코드에만 주목하도록 하겠다.

API 애플리케이션을 실행하기 전에 젬을 모두 설치한 뒤 다음과 같이 실행한다.

```
cd speakers-api-2

bundle exec spring binstub --all
```

AMS로 JSON 표현 변경하기

새롭게 수정한 SpeakerSerializer에는 name(first_name, last_name을 합친 것)

이라는 필드가 추가되어 있으나 speaker 객체는 그대로이다. 예제 3-17을 보기 바란다.

예제 3-17 **speakers-api-2/app/serializers/speaker_serializer.rb**

```
class SpeakerSerializer < ActiveModel::Serializer
  attribures :name, :email, :about,
             :company, :tags, :registered

  def name
    "#{object.first_name} #{object.last_name}"
  end
end
```

이 예제의 주요 내용은 다음과 같다.

- attributes는 first_name과 last_name 대신 name을 참조한다.
- name 메서드는 다음과 같은 일을 한다.
  - object는 JSON으로 나타낼 내용이 담긴 객체를 가리킨다.
  - 필드 first_name과 last_name을 문자열 연산으로 합쳐 name이라는 새로운 필드를 만든다. 원래의 모델 Speaker는 시리얼라이저가 만든 새로운 필드에 대해서는 알지 못한다.

attributes를 통한 JSON 표현 변경은 모델과 출력되는 JSON을 분리해준다는 점에서 매우 강력한 수단이다.

API 배포하기

speakers-api-2 디렉터리에서 rails s를 실행하여 *http://localhost:3000/speakers*에 API를 배포한다.

Postman으로 API 테스트하기

Postman 창에서, *http://localhost:3000/speakers/1*에 HTTP GET 요청을 보내면 그림 3-2와 같은 결과를 보게 된다.

다음 내용으로 넘어가기 전에 Ctrl+C를 눌러 API 애플리케이션을 중지하는 것을 잊지 않도록 한다.

그림 3.2 Postman으로 본 커스터마이징 된 연사 정보 JSON

Rails와 Rails 기반 API에 대한 읽을거리

간단한 API를 만들기 위해 Rails 기반 API 및 AMS의 사용법을 알아보았다. 더 심화된 내용을 알고 싶다면, 다음과 같은 읽을거리를 참조하기 바란다.

- *Ruby on Rails Tutorial: Learn Web Development with Rails*, by Michael Hartl (*https://www.railstutorial.org/book*)
- *Learn Ruby on Rails 5*, by Daniel Kehoe(*http://learn-rails.com/learn-ruby-on-rails.html*)
- *APIs on Rails: Building REST APIs with Rails*, by Abraham Kuri(*http://apionrails.icalialabs.com/book*)
- *Get Up and Running with Rails API*, by Chris Kottam(*https://chriskottom.com/blog/2017/02/get-up-and-running-with-rails-api/*)
- *Active Model Serializers, Rails, and JSON! OH MY!*, by Kendra Uzia(*https://www.sitepoint.com/active-model-serializers-rails-and-json-oh-my/*)

3.6 이번 장에서 배운 내용

Ruby 객체와 JSON을 상호 변환하는 것부터 출발하여 JSON에서 카멜 케이스를 사용하는 것의 중요성, 그리고 JSON 기반 (스텁) API를 호출하는 방법 (Minitest로 테스트하는 방법 포함)을 알아보았다. 마지막으로 Rails 5를 이용하여 RESTful API를 만들고 Postman으로 이를 테스트해 보았다.

3.7 다음 장에서 배울 내용

Ruby on Rails를 이용하여 JSON 기반 애플리케이션을 만들어 보았다. 4장에서는 Java(Spring Boot)에서 JSON을 사용하는 방법에 대해 알아볼 것이다.

4장

J S O N a t W o r k

Java에서 JSON 사용하기

지금까지 JavaScript와 Ruby on Rails에서 JSON을 사용하는 방법을 알아보았다. 이번에는 이 책에서 다루게 될 세 번째이자 마지막 플랫폼인 Java에서 JSON을 사용하는 방법을 알아보겠다. 이번 장에서 다루는 내용은 다음과 같다.

- Jackson을 이용한 Java와 JSON 간의 직렬화 및 비직렬화
- Java 객체와 JSON 다루기
- JUnit으로 JSON 다루기
- JUnit 및 JsonUnit으로 RESTful API를 호출하고 그 결과를 테스트하기
- Spring Boot를 이용하여 간단한 JSON 기반 API 구축하기

json-server로 배포하는 데이터로 작업하기 위한 RESTful API를 호출해 본 뒤, 좀 더 본격적인 JSON 기반 웹 API를 만들 것이다. 그러나 RESTful API를 만들어 보기 전에, Java 객체를 JSON으로 직렬화 및 비직렬화하는 방법부터 알아보면서 여기에 살을 붙여 나갈 것이다.

4.1 Java 및 Gradle 설치하기

이번 장에서는 소스 코드를 빌드하고 테스트하기 위해 Gradle을 사용한다. Java와 Gradle이 아직 설치되어 있지 않다면, 부록 A의 "Java 개발환경 구축하기"와 "Gradle 설치하기"를 먼저 보기 바란다. 이 부록의 내용을 따라하고 나면 예제를 실행해 볼 수 있는 환경을 갖추게 된다.

4.2 Gradle의 개요

Gradle은 그 이전에 나온 Java 기반 빌드 시스템(Apache Ant, Maven 등)에서 고안된 개념을 개선한 것이다. Gradle은 Java 프로젝트에 다음과 같은 기능을 제공한다.

· 프로젝트 구조(프로젝트 표준 디렉터리 구조)
· 의존성 관리(Jar 파일)
· 공통 빌드 프로세스

gradle init 명령은 프로젝트의 필수 디렉터리 구조와 소스 코드 및 테스트 코드에 대한 초기 빌드 스크립트를 생성하여 새로운 프로젝트를 시작한다. Gradle 프로젝트에서 사용되는 핵심 디렉터리 및 파일은 다음과 같다.

· *src/main* 소스 코드 및 리소스가 위치한다.
    − *java/* Java 소스 코드.
    − *resources/* 리소스(프로퍼티 및 데이터 파일(여기서는 JSON)).
· *test/main* 테스트를 위한 테스트 코드 및 리소스가 위치한다.
    − *java/* Java 테스트 코드.
    − *resources/* 테스트용 리소스(프로퍼티 및 데이터 파일(여기서는 JSON)).
· *build/* 소스 코드 및 테스트 코드를 컴파일하면서 생기는 .class 파일이 위치한다.
    − *libs/* 프로젝트를 빌드한 결과물인 JAR 및 WAR 파일이 위치한다.
· *gradlew* 프로젝트를 실행가능 Jar로 실행할 수 있게 해주는 Gradle 래퍼이다. 여기에 대해서는 Spring Boot를 다루는 절에서 더 자세히 알아볼 것이다.
· *build.gradle* gradle init를 실행하면 자동으로 생성된다. 하지만 특정 프로젝트에 대한 의존성 정보를 직접 추가해 주어야 한다. 빌드 스크립트를 기술하는 데는 (XML 대신) Groovy 기반 DSL을 사용한다.
· *build/* gradle build 혹은 gradle test 명령을 통해 생성한 빌드 관련 아티팩트가 위치한다.

다음은 Gradle을 사용하기 위해 필수적으로 알아야 할 Gradle 태스크다. 명령 행에서 gradle tasks를 치면 이들 목록을 볼 수 있다.

gradle build

프로젝트를 빌드한다.

gradle classes

Java 소스 코드를 컴파일한다.

gradle clean

build 디렉터리의 내용을 지운다.

gradle jar

Java 소스 코드를 컴파일하여 JAR로 패키징한다.

gradle javadoc

Java 소스 코드로부터 JavaDoc 문서를 생성한다.

gradle test

단위 테스트를 수행한다(소스 코드 컴파일을 포함한다).

gradle testClasses

테스트 코드를 컴파일한다.

예제 프로젝트를 생성하는 방법은 다음과 같다.

- gradle init --type java-application 명령으로 *speakers-test* 및 *speakers-web* 애플리케이션을 생성하였다.
- 이렇게 생성된 *build.gradle* 파일과 애플리케이션 및 테스트 코드는 모두 스텁 코드이다. 내용을 진행하면서 이들 스텁 코드를 실제 코드로 대체하게 될 것이다.

Gradle은 문서화가 매우 잘 되어있는 도구이다. 좀 더 자세한 사용법을 알고 싶다면 다음과 같은 튜터리얼 및 참조문서가 도움이 될 것이다.

- Gradle User Guide(*https://docs.gradle.org/3.4.1/userguide/userguide.html*)
- Getting Started with Gradle, by Petri Kainulainen(*https://www.petri kainulainen.net/getting-started-with-gradle*)
- *Gradle Beyond the Basics*, by Tim Berglund (O'Reilly)

이제 Gradle의 기초를 알아보았다. 이번에는 Java의 JSON 라이브러리를 알아본 후 예제 코드를 살펴보도록 하자.

4.3 JUnit을 이용한 간단한 단위 테스트

JUnit은 Java 커뮤니티에서 가장 많이 사용되는 단위 테스트 프레임워크이다. 이 장에서 보게 될 테스트 코드는 이렇게 널리 쓰이는 범용성 때문에 JUnit을 사용하고 있다. JUnit의 단위 테스트는 절차적인 성격이 강한 TDD 스타일을 갖고 있다. JUnit에 BDD를 접목하고 싶다면, Cucumber가 더 나은 선택이 될 수 있다. Java에서 Cucumber를 이용한 BDD에 대한 더 자세한 정보는 미사 콥스(Micha Kops)가 쓴 "BDD Testing with Cucumber, Java and JUnit"(*http://www.hascode.com/2014/12/bdd-testing-with-cucumber-java-and-junit/*)을 참조하기 바란다.

4.4 Java의 JSON 라이브러리

Java 객체와 JSON을 상호 변환하는 기능을 제공하는 잘 검증된 라이브러리로는 다음과 같은 것을 들 수 있다.

Jackson

자세한 정보는 Jackson 깃허브 저장소를 참조하기 바란다.

Gson

Gson은 Google이 만든 JSON 라이브러리이다.

JSON—java

JSON-java는 더글라스 크락포드가 만든 라이브러리이다.

Java SE

Java가 JSON을 지원하기 시작한 것은 JSR(Java Specification Request) 353이 추가된 JavaEE 7부터이다. JSR-353은 독립적인 구현체였으므로 Java SE 8부터는 Java SE에서도 사용할 수 있다. Java SE 9부터는 JEP(Java Enhancement Proposal) 198에 따라 네이티브 지원이 가능해진다.

이 장에서 볼 모든 예제에서는 Jackson을 사용한다. 그 이유는 다음과 같다.

· 널리 사용된다(특히 Spring 커뮤니티에서 그러하다).

- 기능이 뛰어나다.
- 오랫동안 사용되었다.
- 활동적인 커뮤니티에 의해 잘 유지보수되고 있다.
- 문서화가 잘 되어있다.

이 책에서는 한 플랫폼에 한 가지 라이브러리만을 살펴보겠지만, 앞서 말한 것처럼 다른 라이브러리도 훌륭하게 갖춰져 있다. 이들을 한번 사용해보는 것도 괜찮은 선택이다.

그럼 Java 객체의 직렬화 및 비직렬화를 알아보도록 하겠다.

4.5 Jackson을 이용한 JSON 직렬화 및 비직렬화

Java 애플리케이션은 Java 데이터 구조를 JSON으로 바꾸거나(직렬화), JSON을 Java 객체로 변환(비직렬화) 할 수 있다.

Java 기본 데이터 타입에 대한 직렬화 및 비직렬화

이전 챕터와 같이, 먼저 기본 데이터 타입의 직렬화부터 살펴보겠다.

- integer
- string
- array
- boolean

예제 4-1은 Jackson과 JUnit 4를 이용하여 Java 기본 데이터 타입을 직렬화 및 비직렬화 하는 단위 테스트이다.

예제 4-1 **speakers-test/src/test/java/org/jsonatwork/ch4/BasicJsonTypesTest.java**

```
package org.jsonatwork.ch4;

import static org.junit.Assert.*;

import java.io.*;
import java.util.*;

import org.junit.Test;

import com.fasterxml.jackson.core.*;
import com.fasterxml.jackson.core.type.*;
import com.fasterxml.jackson.databind.*;

public class BasicJsonTypesTest {
```

```java
    private static final String TEST_SPEAKER = "age = 39\n" +
      "fullName = \"Larson Richard\"\n" +
      "tags = [\"JavaScript\",\"AngularJS\",\"Yeoman\"]\n" +
      "registered = true";

    @Test
    public void serializeBasicTypes() {
      try {
        ObjectMapper mapper = new ObjectMapper();
        Writer writer = new StringWriter();
        int age = 39;
        String fullName = new String("Larson Richard");
        List<String> tags = new ArrayList<String>(
        Arrays.asList("JavaScript", "AngularJS", "Yeoman"));

        boolean registered = true;
        String speaker = null;

        writer.write("age = ");
        mapper.writeValue(writer, age);
        writer.write("\nfullName = ");
        mapper.writeValue(writer, fullName);
        writer.write("\ntags = ");
        mapper.writeValue(writer, tags);
        writer.write("\nregistered = ");
        mapper.configure(SerializationFeature.INDENT_OUTPUT, true);
        mapper.writeValue(writer, registered);
        speaker = writer.toString();
        System.out.println(speaker);
        assertTrue(TEST_SPEAKER.equals(speaker));
        assertTrue(true);
      } catch (JsonGenerationException jge) {
        jge.printStackTrace();
        fail(jge.getMessage());
      } catch (JsonMappingException jme) {
        jme.printStackTrace();
        fail(jme.getMessage());
      } catch (IOException ioe) {
        ioe.printStackTrace();
        fail(ioe.getMessage());
      }
    }

    @Test
    public void deSerializeBasicTypes() {
      try {
        String ageJson = "{ \"age\": 39 }";
        ObjectMapper mapper = new ObjectMapper();
        Map<String, Integer> ageMap = mapper.readValue(ageJson,
            new TypeReference<HashMap<String,Integer>>() {});

        Integer age = ageMap.get("age");

        System.out.println("age = " + age + "\n\n\n");
        assertEquals(39, age.intValue());
        assertTrue(true);
      } catch (JsonMappingException jme) {
        jme.printStackTrace();
```

```
        fail(jme.getMessage());
        ioe.printStackTrace();
        fail(ioe.getMessage());
    }
  }
}
```

이 예제에서, @Test는 JUnit이 SerializeBasicTypes()와 deSerializeBasic Types() 두 메서드를 단위 테스트의 일부로 실행하도록 알려주는 역할을 하는 어노테이션이다. 이들 테스트 케이스는 JSON 데이터 자체에 대해서 많은 내용을 검증하지는 않는다. 검증문에 대한 더 자세한 내용은 나중에 웹 API를 테스트할 때 보게 될 것이다.

다음은 JSON을 직렬화 및 비직렬화하기 위해 가장 많이 사용되는 Jackson의 클래스 및 메서드이다.

- ObjectMapper는 Java 데이터 구조와 JSON 구조를 상호 변환한다.
- ObjectMapper.writeValue()는 Java 데이터 타입을 JSON으로 변환(여기서는 Writer에 출력한다)한다.
- ObjectMapper.readValue()는 JSON을 Java 데이터 타입으로 변환한다. 명령 행에서 단위 테스트 케이스 하나를 실행하려면 다음과 같이 한다.

```
cd chapter-4/speakers-test

gradle test --tests org.jsonatwork.ch4.BasicJsonTypesTest
```

이렇게 단위 테스트를 실행하면 다음과 같은 결과를 볼 수 있다.

```
json-at-work => gradle test --tests org.jsonatwork.ch4.BasicJsonTypesTest
:compileJava
:processResources NO-SOURCE
:classes
:compileTestJava
:processTestResources
:testClasses
:test

org.jsonatwork.ch4.BasicJsonTypesTest > deSerializeBasicTypes STANDARD_OUT
    age = 39


org.jsonatwork.ch4.BasicJsonTypesTest > serializeBasicTypes STANDARD_OUT
    age = 39
    fullName = "Larson Richard"
    tags = ["JavaScript","AngularJS","Yeoman"]
    registered = true

BUILD SUCCESSFUL
```

이 예제는 기본 데이터 타입을 JSON으로 직렬화했다가 비직렬화할 뿐으로, 그리 흥미 있는 것은 못 된다. 좀 더 본격적인 직렬화 및 비직렬화는 객체를 대상으로 할 때 볼 수 있다.

Java 객체를 직렬화 및 비직렬화 하기

이제 Jackson을 사용하여 Java 기본 데이터 타입을 직렬화 및 비직렬화할 수 있게 되었다. 이제 객체를 대상으로 해보겠다. 예제 4-2는 Jackson을 사용하여 speaker 객체 하나를 그리고 여러 개를 직렬화 및 비직렬화 하는 예제이다.

예제 4.2 **speakers-test/src/test/java/org/jsonatwork/ch4/SpeakerJsonFlatFileTest.java**

```java
package org.jsonatwork.ch4;

import static org.junit.Assert.*;

import java.io.*;
import java.net.*;
import java.util.*;

import org.junit.Test;

import com.fasterxml.jackson.core.*;
import com.fasterxml.jackson.databind.*;
import com.fasterxml.jackson.databind.type.*;

public class SpeakerJsonFlatFileTest {

  private static final String SPEAKER_JSON_FILE_NAME = "speaker.json";
  private static final String SPEAKERS_JSON_FILE_NAME = "speakers.json";
  private static final String TEST_SPEAKER_JSON = "{\n" +
    " \"id\" : 1,\n" +
    " \"age\" : 39,\n" +
    " \"fullName\" : \"Larson Richard\",\n" +
    " \"tags\" : [ \"JavaScript\", \"AngularJS\", \"Yeoman\" ],\n" +
    " \"registered\" : true\n" +
    "}";

  @Test
  public void serializeObject() {
    try {
      ObjectMapper mapper = new ObjectMapper();
      Writer writer = new StringWriter();
      String[] tags = {"JavaScript", "AngularJS", "Yeoman"};
      Speaker speaker = new Speaker(1, 39, "Larson Richard", tags, true);
      String speakerStr = null;

      mapper.configure(SerializationFeature.INDENT_OUTPUT, true);
      speakerStr = mapper.writeValueAsString(speaker);
      System.out.println(speakerStr);
      assertTrue(TEST_SPEAKER_JSON.equals(speakerStr));
      assertTrue(true);
```

```java
      } catch (JsonGenerationException jge) {
        jge.printStackTrace();
        fail(jge.getMessage());
      } catch (JsonMappingException jme) {
        jme.printStackTrace();
        fail(jme.getMessage());
      } catch (IOException ioe) {
        ioe.printStackTrace();
        fail(ioe.getMessage());
      }
  }

  private File getSpeakerFile(String speakerFileName) throws URISyntaxException {
    ClassLoader classLoader = Thread.currentThread().getContextClassLoader();
    URL fileUrl = classLoader.getResource(speakerFileName);
    URI fileUri = new URI(fileUrl.toString());
    File speakerFile = new File(fileUri);

    return speakerFile;
  }

  @Test
  public void deSerializeObject() {
    try {
      ObjectMapper mapper = new ObjectMapper();
      File speakerFile = getSpeakerFile(
          SpeakerJsonFlatFileTest.SPEAKER_JSON_FILE_NAME);

      Speaker speaker = mapper.readValue(speakerFile, Speaker.class);

      System.out.println("\n" + speaker + "\n");
      assertEquals("Larson Richard", speaker.getFullName());
      assertEquals(39, speaker.getAge());
      assertTrue(true);
    } catch (URISyntaxException use) {
      use.printStackTrace();
      fail(use.getMessage());
    } catch (JsonParseException jpe) {
      jpe.printStackTrace();
      fail(jpe.getMessage());
    } catch (JsonMappingException jme) {
      jme.printStackTrace();
      fail(jme.getMessage());
    } catch (IOException ioe) {
      ioe.printStackTrace();
      fail(ioe.getMessage());
    }
  }

  @Test
  public void deSerializeMultipleObjects() {
    try {
      ObjectMapper mapper = new ObjectMapper();
      File speakersFile = getSpeakerFile(
          SpeakerJsonFlatFileTest.SPEAKERS_JSON_FILE_NAME);

      JsonNode arrNode = mapper.readTree(speakersFile).get("speakers");
```

```
        List<Speaker> speakers = new ArrayList<Speaker>();
        if (arrNode.isArray()) {
          for (JsonNode objNode : arrNode) {
            System.out.println(objNode);
            speakers.add(mapper.convertValue(objNode, Speaker.class));
          }
        }

        assertEquals(3, speakers.size());
        System.out.println("\n\n\nAll Speakers\n");
        for (Speaker speaker: speakers) {
          System.out.println(speaker);
        }

        System.out.println("\n");
        Speaker speaker3 = speakers.get(2);
        assertEquals("Christensen Fisher", speaker3.getFullName());
        assertEquals(45, speaker3.getAge());
        assertTrue(true);
      } catch (URISyntaxException use) {
        use.printStackTrace();
        fail(use.getMessage());
      } catch (JsonParseException jpe) {
        jpe.printStackTrace();
        fail(jpe.getMessage());
      } catch (JsonMappingException jme) {
        jme.printStackTrace();
        fail(jme.getMessage());
      } catch (IOException ioe) {
        ioe.printStackTrace();
        fail(ioe.getMessage());
      }
    }

}
```

이 JUnit 테스트의 내용은 다음과 같다.

- serializeObject()는 Speaker 객체를 하나 만들고 ObjectMapper.write
  ValueAsString()을 사용하여 이 객체를 직렬화한 뒤 그 결과를 System.out.
  println()으로 표준 출력에 출력한다. 이때, SerializationFeature.INDENT_
  OUTPUT 설정을 true로 하여 들여쓰기 정리가 된 JSON을 출력하도록 한다.
- deSerializeObject()는 (speaker 객체 하나에 대한 JSON을 담은) 입력 파일
  에서 JSON을 읽어 들여 ObjectMapper.readValue() 메서드로 이를 비직렬화
  하여 Java Speaker 객체를 하나 만든다.
- deSerializeMultipleObjects()의 역할은 다음과 같다.
  - getSpeakerFile()을 호출하여 speaker 객체의 배열로 된 JSON이 담긴 입
    력 파일로부터 JSON을 읽는다.

- ObjectMapper.readTree()를 호출하여 JsonNode 객체를 만든다. 이 객체는 파일에 들어있던 JSON 문서의 루트 노드에 대한 참조를 갖고 있다.
- JSON 트리의 각 노드를 순회하며 ObjectMapper.convertValue() 메서드를 호출하여 각각의 speaker JSON 객체를 Java Speaker 객체로 비직렬화한다.
- 리스트에 포함된 각각의 Speaker 객체를 출력한다.
- getSpeakerFile() 메서드는 클래스패스에서 파일을 찾아 다음을 수행한다.
  - 현재 실행 중인 스레드에서 ContextClassLoader를 찾는다.
  - ClassLoader.getResource() 메서드를 사용하여 현재 클래스패스 안에서 파일 이름을 찾는다.
  - 찾아낸 파일 이름에 대한 URI로부터 File 객체를 만든다.

앞서 본 각각의 테스트 케이스는 JSON 직렬화 및 비직렬화 결과를 테스트하기 위해 JUnit의 검증문 메서드를 사용한다.

이 테스트를 gradle test --tests org.jsonatwork.ch4.SpeakerJsonFlatFile Test와 같이 명령행에서 실행하면 다음과 같은 결과를 볼 수 있다.

```
json-at-work => gradle test --tests org.jsonatwork.ch4.SpeakerJsonFlatfileTest
:compileJava UP-TO-DATE
:processResources NO-SOURCE
:classes UP-TO-DATE
:compileTestJava UP-TO-DATE
:processTestResources UP-TO-DATE
:testClasses UP-TO-DATE
:test

org.jsonatwork.ch4.SpeakerJsonFlatFileTest > serializeObject STANDARD_OUT
    {
      "id" : 1,
      "age" : 39,
      "fullName" : "Larson Richard",
      "tags" : [ "JavaScript", "AngularJS", "Yeoman" ],
      "registered" : true
    }

org.jsonatwork.ch4.SpeakerJsonFlatFileTest > deSerializeObject STANDARD_OUT

    Speaker [id=1, age=39, fullName=Larson Richard, tags=[JavaScript, AngularJS, Yeoman], registered=true]

org.jsonatwork.ch4.SpeakerJsonFlatFileTest > deSerializeMultipleObjects STANDARD_OUT
    {"id":1,"fullName":"Larson Richard","tags":["JavaScript","AngularJS","Yeoman"],"age":39,"registered":true}
    {"id":2,"fullName":"Ester Clements","tags":["REST","Ruby on Rails","APIs"],"age":29,"registered":true}
    {"id":3,"fullName":"Christensen Fisher","tags":["Java","Spring","Maven","REST"],"age":45,"registered":false}

    All Speakers

    Speaker [id=1, age=39, fullName=Larson Richard, tags=[JavaScript, AngularJS, Yeoman], registered=true]
    Speaker [id=2, age=29, fullName=Ester Clements, tags=[REST, Ruby on Rails, APIs], registered=true]
    Speaker [id=3, age=45, fullName=Christensen Fisher, tags=[Java, Spring, Maven, REST], registered=false]

BUILD SUCCESSFUL
```

Jackson은 이번 장에서 본 것보다 훨씬 많은 기능을 제공한다. 다음 튜터리얼이 도움이 될 것이다.

- Java Jackson Tutorial(*http://www.baeldung.com/jackson*), by Eugen Paraschiv
- Jackson Tutorial(*http://www.tutorialspoint.com/jackson/*), Tutorials Point
- Jackson JSON Java Parser API Example Tutorial(*https://www.journaldev. com/2324/jackson-json-java-parser-api-example-tutorial*), by Pankaj (Journal Dev)
- Java JSON Jackson Introduction(*http://www.studytrails.com/java/json/java-jackson-introduction/*), by Mithil Shah

4.6 스텁 API에 대한 단위 테스트

지금까지는 JUnit으로 JSON 파일에 대한 테스트를 수행하였다. 이번에는 좀 더 현실적인 예로 API에 대한 단위 테스트를 알아보도록 하겠다. 하지만 API에 대한 단위 테스트를 수행하려면 테스트 대상이 될 API가 필요하다. 코드 작성이나 인프라 준비 없이도 사용할 수 있는 스텁 API(JSON 형식으로 응답하는)를 만드는 방법을 알아보자.

테스트 데이터

스텁 API를 만들기 위해 전에도 사용했던 연사 정보 데이터를 테스트 데이터로 사용한다. 이 데이터는 깃허브 저장소에서 다운로드할 수 있다. 이번에도 json-server를 이용하여 *speakers.json* 파일을 웹 API로 배포할 것이다. *json-server*를 설치해야 한다면, 부록 A의 "npm 모듈 설치하기" 항목을 참조하여 설치하기 바란다. 로컬 컴퓨터의 포트 5000에 json-server를 실행하려면(새로운 터미널 세션을 사용한다) 다음과 같이 한다.

```
cd chapter-4/speakers-test/src/test/resources

json-server -p 5000 ./speakers.json
```

다음과 같이 URI에 id 값을 추가하면 한 명의 연사에 대한 정보를 볼 수 있다.

http://localhost:5000/speakers/1

스텁 API가 준비되었다면 이제 단위 테스트를 작성할 차례다.

JSON과 API에 대한 JUnit 테스트

우리가 작성할 단위 테스트는 다음과 같은 내용을 수행한다.

- 연사 정보 스텁 API에 HTTP 요청
- (HTTP 응답에 포함되었던) JSON의 값이 기대하던 내용인지 확인.

앞선 장에서와 마찬가지로 Unirest API 래퍼를 사용한다. 이번에는 Java 버전을
사용할 것이다.

조금 전에 본 JUnit 테스트 케이스에서는 최소한의 기능이 동작하는지 만을
(예외가 발생하지 않는지) 확인하였다. 이번에는 조금 더 복잡한 테스트 케이
스를 만들어 보겠다. 지금부터 보게 될 단위 테스트는 HTTP 응답으로 돌아온
JSON의 내용을 살펴 기대했던 값과 일치하는지를 확인하게 된다. 직접 작성한
코드로 데이터를 순회하며 값을 비교해 볼 수도 있겠지만, 라이브러리를 사용하
여 수고를 줄이는 편이 바람직하다.

JsonUnit은 이런 경우에 도움이 되는 다양한 일치 확인 기능을 제공하여 JUnit
테스트 케이스와 JSON의 내용을 비교하는 수고를 줄여준다. 우리가 보게 될 테
스트 케이스에서는 JsonUnit의 기본적인 사용법만을 다루지만, JsonUnit은 다
음을 포함하여 훨씬 더 다양한 기능을 제공한다.

- 정규 표현식
- 좀 더 다양한 일치 확인 기능
- 특정한 필드 혹은 값을 무시하는 기능

예제 4-3에 나온 단위 테스트는 스텁 API를 호출하고 응답으로 받은 JSON의 내
용이 기대했던 것과 일치하는지 확인하는 전체 과정을 포함하고 있다.

예제 4-3 **speakers-test/src/test/java/org/jsonatwork/ch4/SpeakersJsonApiTest.java**

```
package org.jsonatwork.ch4;

import static org.junit.Assert.*;

import java.io.*;
import java.net.*;
import java.util.*;

import org.apache.http.*;
import org.junit.Test;

import com.fasterxml.jackson.core.*;
import com.fasterxml.jackson.databind.*;
```

```java
import com.mashape.unirest.http.HttpResponse;
import com.mashape.unirest.http.Unirest;
import com.mashape.unirest.request.*;

import static net.javacrumbs.jsonunit.fluent.JsonFluentAssert.assertThatJson;

public class SpeakersApiJsonTest {
  private static final String SPEAKERS_ALL_URI = "http://localhost:5000/speakers";
  private static final String SPEAKER_3_URI = SPEAKERS_ALL_URI + "/3";

  @Test
  public void testApiAllSpeakersJson() {
    try {
      String json = null;
      HttpResponse <String> resp = Unirest.get(
        SpeakersApiJsonTest.SPEAKERS_ALL_URI).asString();

      assertEquals(HttpStatus.SC_OK, resp.getStatus());
      json = resp.getBody();
      System.out.println(json);
      assertThatJson(json).node("").isArray();
      assertThatJson(json).node("").isArray().ofLength(3);
      assertThatJson(json).node("[0]").isObject();
      assertThatJson(json).node("[0].fullName")
              .isStringEqualTo("Larson Richard");
      assertThatJson(json).node("[0].tags").isArray();
      assertThatJson(json).node("[0].tags").isArray().ofLength(3);
      assertThatJson(json).node("[0].tags[1]").isStringEqualTo("AngularJS");
      assertThatJson(json).node("[0].registered").isEqualTo(true);
      assertTrue(true);
    } catch (UnirestException ue) {
      ue.printStackTrace();
    }
  }

  @Test
  public void testApiSpeaker3Json() {
    try {
      String json = null;
      HttpResponse <String> resp = Unirest.get(
        SpeakersApiJsonTest.SPEAKER_3_URI).asString();

      assertEquals(HttpStatus.SC_OK, resp.getStatus());
      json = resp.getBody();
      System.out.println(json);
      assertThatJson(json).node("").isObject();
      assertThatJson(json).node("fullName")
              .isStringEqualTo("Christensen Fisher");
      assertThatJson(json).node("tags").isArray();
      assertThatJson(json).node("tags").isArray().ofLength(4);
      assertThatJson(json).node("tags[2]").isStringEqualTo("Maven");
      assertTrue(true);
    } catch (UnirestException ue) {
      ue.printStackTrace();
    }
  }

}
```

이 테스트 코드의 주요 내용은 다음과 같다.

- testApiAllSpeakersJson()
  - *http://localhost:5000/speakers*에 Unirest.get()를 호출하여 연사 정보 API로부터 모든 연사의 정보를 얻어온다.
  - HTTP 상태 코드가 OK(200)인지 확인한다.
  - HTTP 응답에서 JSON 문서(speaker 객체의 배열 형태)를 꺼낸다.
  - JsonUnit의 assertThatJson() 메서드를 사용하여 다음과 같은 내용을 검증한다.
    - speaker 객체가 3개 포함된 배열인지
    - 각 speaker 객체의 각각의 필드(fullName, tags, registered 등) 값이 기대했던 값과 같은지
  - gradle test를 실행하면 다음과 같은 내용을 출력해야 한다.

```
org.jsonatwork.ch4.SpeakersApiJsonTest > testApiAllSpeakersJson STANDARD_OUT
[
  {
    "id": 1,
    "fullName": "Larson Richard",
    "tags": [
      "JavaScript",
      "AngularJS",
      "Yeoman"
    ],
    "age": 39,
    "registered": true
  },
  {
    "id": 2,
    "fullName": "Ester Clements",
    "tags": [
      "REST",
      "Ruby on Rails",
      "APIs"
    ],
    "age": 29,
    "registered": true
  },
  {
    "id": 3,
    "fullName": "Christensen Fisher",
    "tags": [
      "Java",
      "Spring",
      "Maven",
      "REST"
    ],
    "age": 45,
    "registered": false
  }
]
BUILD SUCCESSFUL
```

- testApiSpeaker3Json()
  - *http://localhost:5000/speakers/3*에 Unirest.get() 메서드를 호출하여 연사 정보 API의 3번째 연사 정보를 얻는다.
  - HTTP 상태 코드가 OK(200)인지 확인한다.
  - HTTP 응답에서 JSON 문서(speaker 객체 하나)를 꺼낸다.
  - JsonUnit의 assertThatJson() 메서드를 사용하여 다음과 같은 내용을 검증한다.
    - speaker 객체를 하나 받았는지
    - speaker 객체의 각 필드의 값이 기대했던 값과 같은지
  - gradle test 명령을 실행하면 다음과 같은 내용을 출력해야 한다.

```
org.jsonatwork.ch4.SpeakersApiJsonTest > testApiSpeaker3Json STANDARD_OUT
    {
        "id": 3,
        "fullName": "Christensen Fisher",
        "tags": [
            "Java",
            "Spring",
            "Maven",
            "REST"
        ],
        "age": 45,
        "registered": false
    }
```

이 단위 테스트는 Unirest Java 라이브러리의 가장 기본적인 내용만을 사용한다. 이 라이브러리는 다음과 같은 기능을 제공한다.

- HTTP의 모든 verb를 지원(GET, POST, PUT, DELETE, PATCH)
- HTTP 응답과 Java 객체의 필드 사이의 매핑을 커스터마이징
- 비동기 요청
- 타임아웃(요청시간 제한)
- 파일 업로드
- 그 외 기능 다수

더 자세한 내용은 Unirest의 웹 사이트를 참조하기 바란다.

다음 내용을 진행하기 전에 잊지 말고 Ctrl+c를 눌러 json-server를 종료한다.

지금까지 스텁 API를 배포하고 사용하는 방법을 알아보았다. 이번에는 간단한 RESTful API를 만들어 보겠다.

4.7 Spring Boot로 간단한 웹 API 만들기

이제 Spring Boot로 API를 만들어 볼 차례다(*chapter-4/speakers-api*). 이번에도 역시 연사 정보 데이터를 사용한다. Spring 프레임워크는 Java 기반 웹 애플리케이션과 RESTful API를 쉽게 만들고 배포할 수 있도록 해준다. 이중 Spring Boot는 미리 만들어둔 기본 설정으로 Spring 기반 애플리케이션을 빠르게 구축해 준다. Spring Boot를 사용하면 다음과 같은 이점을 누릴 수 있다.

· 귀찮고 오류가 발생하기 쉬운 XML 기반 설정이 필요 없다.
· Tomcat이나 Jetty를 내장하고 있어서 WAR(Web application Archive)를 따로 배포할 필요가 없다. 하지만 Spring Boot와 Gradle을 사용하면서도 WAR 파일을 Tomcat에 배포하는 것도 가능하다. 그러나 뒤에 보게 되듯, 실행가능 JAR 파일을 사용하면 설치와 설정 과정이 간단해져서 개발환경 구축보다는 개발에 집중할 수 있다.

Spring Boot로 연사 정보 API를 구축하기 위해 다음과 같은 단계를 거칠 것이다.

1. 소스 코드 작성
   · 모델
   · 컨트롤러
   · 애플리케이션
2. 빌드 스크립트 작성(*build.gradle*)
3. gradlew로 (WAS가 내장된) JAR를 배포
4. Postman을 이용하여 테스트

모델 만들기

예제 4-4의 Speaker는 '평범한 Java 객체(POJO)'로, API가 JSON으로 변환할 내용을 나타내는 객체이다.

예제 4-4 **speakers-api/src/main/java/org/jsonatwork/ch4/Speaker.java**

```java
package org.jsonatwork.ch4;

import java.util.ArrayList;
import java.util.Arrays;
import java.util.List;

public class Speaker {
```

```java
private int id;
private int age;
private String fullName;
private List<String> tags = new ArrayList<String>();
private boolean registered;

public Speaker() {
  super();
}

public Speaker(int id, int age, String fullName, List<String> tags,
               boolean registered) {
  super();
  this.id = id;
  this.age = age;
  this.fullName = fullName;
  this.tags = tags;
  this.registered = registered;
}

public Speaker(int id, int age, String fullName, String[] tags,
boolean registered) {
  this(id, age, fullName, Arrays.asList(tags), registered);
}

public int getId() {
  return id;
}

public void setId(int id) {
  this.id = id;
}

public int getAge() {
  return age;
}

public void setAge(int age) {
  this.age = age;
}

public String getFullName() {
  return fullName;
}

public void setFullName(String fullName) {
  this.fullName = fullName;
}

public List<String> getTags() {
  return tags;
}

public void setTags(List<String> tags) {
  this.tags = tags;
}
```

```java
  public boolean isRegistered() {
    return registered;
  }

  public void setRegistered(boolean registered) {
    this.registered = registered;
  }

  @Override
  public String toString() {
    return String.format(
      "Speaker [id=%s, age=%s, fullName=%s, tags=%s, registered=%s]",
      id, age, fullName, tags, registered);
  }

}
```

speaker에 대한 멤버 변수와 생성자, 접근자 메서드를 정의할 뿐 특별한 내용은 없는 코드이다. (나중에 보게 되겠지만) Spring이 이 객체를 JSON으로 변환해 주기 때문에 이 코드는 JSON에 대해서는 전혀 신경 쓸 필요가 없다.

컨트롤러 만들기

Spring 애플리케이션에서는 컨트롤러가 HTTP 요청을 처리하고 응답을 다시 리턴한다. 여기서는 speaker JSON 데이터를 응답 몸체에 포함시키게 된다.

예제 4-5는 SpeakerController의 한 구현이다.

예제 4-5 **speakers-api/src/main/java/org/jsonatwork/ch4/SpeakerController.java**

```java
package org.jsonatwork.ch4;

import java.util.*;
import org.springframework.web.bind.annotation.*;
import org.springframework.http.*;

@RestController
public class SpeakerController {

  private static Speaker speakers[] = {
    new Speaker(1, 39, "Larson Richard",
                new String[] {"JavaScript", "AngularJS", "Yeoman"}, true),
    new Speaker(2, 29, "Ester Clements",
                new String[] {"REST", "Ruby on Rails", "APIs"}, true),
    new Speaker(3, 45, "Christensen Fisher",
                new String[] {"Java", "Spring", "Maven", "REST"}, false)
  };

  @RequestMapping(value = "/speakers", method = RequestMethod.GET)
    public List<Speaker> getAllSpeakers() {
    return Arrays.asList(speakers);
  }
```

```
@RequestMapping(value = "/speakers/{id}", method = RequestMethod.GET)
  public ResponseEntity<?> getSpeakerById(@PathVariable long id) {
  int tempId = ((new Long(id)).intValue() - 1);

  if (tempId >= 0 && tempId < speakers.length) {
    return new ResponseEntity<Speaker>(speakers[tempId], HttpStatus.OK);
  } else {
    return new ResponseEntity(HttpStatus.NOT_FOUND);
  }
 }
}
```

이 코드의 주요 내용은 다음과 같다.

- @RestController 어노테이션이 붙으면 SpeakerController 클래스는 HTTP 요청을 처리하는 Spring MVC 컨트롤러가 된다.
- 배열 speakers는 하드코딩된 상태로, 테스트에만 사용된다. 실제 애플리케이션에서는 데이터베이스나 외부 API 호출 같은 별도의 데이터 계층으로부터 speaker 배열을 생성할 것이다.
- getAllSpeakers() 메서드의 역할은 다음과 같다.
  - /speakers에 대한 HTTP GET 요청에 응답한다.
  - 배열 speakers 전체를 ArrayList 객체로 받아와 JSON 배열로 변환하여 HTTP 응답의 몸체에 담는다.
  - @RequestMapping 어노테이션으로 URI /speakers에 대한 GET 요청을 getAllSpeakers() 메서드에 연결한다.
- getSpeakerById() 메서드의 역할은 다음과 같다.
  - /speakers/{id}(id는 연사 식별자)에 대한 HTTP GET 요청에 응답한다.
  - 단일 speaker(id로 식별한)에 대한 정보를 받아 이를 JSON 배열로 변환하여 HTTP 응답의 몸체에 담는다.
  - @PathVariable 어노테이션으로 HTTP 요청에 포함된 연사 식별자와 id 인자를 연결한다.
  - 리턴 타입 ResponseEntity는 HTTP 상태코드와 HTTP 응답에 담을 내용을 지정할 수 있게 해준다.

앞서 본 두 메서드 모두에서 별도의 코드 없이 Speaker 객체가 자동적으로 변환되었다. Spring의 기본 설정은 Java 객체를 JSON으로 변환할 때 알아서 Jackson을 사용하도록 되어있다.

애플리케이션 등록하기

앞서 설명했듯이, 우리가 만든 연사 정보 API를 WAR 파일로 패키징하여 이를 Tomcat과 같은 별도의 애플리케이션 서버에 배포할 수 있다. 그러나 독립적인 파일로 패키징하여 이를 명령줄에서 실행하는 형태로 배포하는 것이 더 쉽다. 이를 위해서는 다음과 같은 과정이 필요하다.

- `main()` 메서드를 추가한다.
- 애플리케이션을 실행가능 JAR로 패키징한다.

예제 4-6의 Application 클래스에 우리가 필요한 `main()` 메서드를 추가하였다.

예제 4-6 **speakers-api/src/main/java/org/jsonatwork/ch4/Application.java**

```java
package org.jsonatwork.ch4;

import org.springframework.boot.SpringApplication;
import org.springframework.boot.autoconfigure.SpringBootApplication;

@SpringBootApplication
public class Application {

  public static void main(String[] args) {
    SpringApplication.run(Application.class, args);
  }
}
```

이 예제에서, `@SpringBootApplication` 어노테이션이 우리가 만든 애플리케이션을 Spring에 등록하여 `SpeakerController`와 `Speaker`를 연결해준다.

이제 코드 작성이 끝났다. 이번에는 *build.gradle*에 빌드 스크립트를 작성할 차례다.

빌드 스크립트 작성하기

Gradle의 빌드 스크립트는 *build.gradle*라는 파일에 위치한다. 예제 4-7은 *speaker -api* 프로젝트의 빌드 스크립트이다.

예제 4-7 **speakers-api/build.gradle**

```
buildscript {
  repositories {
    mavenCentral()
  }
  dependencies {
    classpath("org.springframework.boot:spring-boot-gradle-plugin:1.5.2.RELEASE")
  }
```

```
}

apply plugin: 'java'
apply plugin: 'org.springframework.boot'

ext {
  jdkVersion = "1.8"
}

sourceCompatibility = jdkVersion
targetCompatibility = jdkVersion

tasks.withType(JavaCompile) {
  options.encoding = 'UTF-8'
}

jar {
  baseName = 'speakers-api'
  version = '0.0.1'
}

repositories {
  mavenCentral()
}

test {
  testLogging {
    showStandardStreams = true // Show standard output & standard error.
  }
  ignoreFailures = false
}

dependencies {
  compile (
    [group: 'org.springframework.boot', name: 'spring-boot-starter-web']
  )
}
```

이 빌드 스크립트의 주요 내용은 다음과 같다.

- Spring Boot Gradle 플러그인의 역할은 다음과 같다.
    - 모든 빌드 아티팩트를 실행가능한 단일 JAR 파일로 패키징한다.
    - *src/main/java* 디렉터리 아래에서 `main()` 메서드를 가진(여기서는 `Application.java`) 클래스를 찾는다. 이 클래스는 실행가능 JAR에서 API를 배포할 때 사용된다.
- 스크립트의 jar 블록에 생성할 JAR 파일의 이름을 정의한다.
- `repositories`에 애플리케이션을 빌드하는 데 필요한 의존성 패키지를 Maven 중앙 저장소에서 가져오도록 설정한다.
- `testLogging`은 테스트 실행 결과를 표준 출력(stdout) 및 표준 에러(stderr)로

출력하도록 한다.

- dependencies에 이 프로젝트를 빌드하는 데 필요한 의존 패키지를 정의한다.

이 스크립트는 매우 간단하지만, Gradle은 매우 강력한 빌드 기능을 제공한다. 더 자세한 내용은 Gradle 사용 가이드의 "Wiring Gradle Build Scripts" 항목을 참조하라.

이제 빌드 스크립트도 갖추어졌으니 연사 정보 API를 배포해보자.

API 배포하기

gradlew 스크립트는 이 프로젝트를 생성할 때 실행한 gradle init 명령에 의해 만들어진다. Gradle 프로젝트를 만드는 방법에 대한 자세한 사항은 Gradle 사용 가이드의 "Creating New Gradle Builds" 항목을 참조하라.

gradlew 스크립트를 실행하면 다음과 같은 단계를 통해 배포 과정이 수행된다.

- *build.gradle* 스크립트를 실행하여 애플리케이션을 빌드하고 Spring Boot 플러그인으로 다시 실행가능 JAR로 만든다.
- 연사 정보 API(를 실행가능 JAR로 만들어) *http://localhost:8080/speakers*에 내장된 Tomcat 서버로 배포한다.

애플리케이션을 배포하려면 *speakers-api* 디렉터리에서 ./gradlew bootRun을 실행한다. 그러면 (로그 메시지가 한참 나온 끝에) 다음과 같은 출력을 보게 될 것이다.

Postman으로 API 테스트하기

이제 연사 정보 API가 완성되어 배포가 끝났다. Postman으로 이 API를 테스트해 볼 차례다. 첫 번째 연사에 대한 정보를 확인해 보자. Postman 창에서 다음과 같이 한다.

1. URL *http://localhost:8080/speakers/1*을 입력한다.
2. HTTP verb로 GET을 선택한다.
3. Send 버튼을 누른다.

정상적으로 수행되었다면 그림 4-1과 같이 HTTP 상태 코드 200(OK)와 연사 정보에 대한 JSON 데이터가 텍스트 영역에 나타나게 될 것이다.

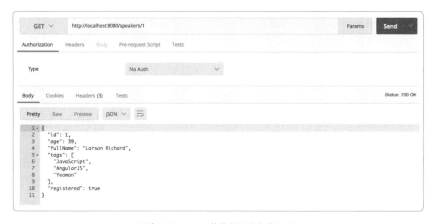

그림 4.1 Postman 창에서 본 연사 정보 API

이제 Ctrl+C를 눌러 *gradlew*를 종료한다. 앞서 얘기했듯 다음과 같은 거추장스러운 단계 없이도 개발과 배포를 완료할 수 있었다.

· XML로 된 Spring 및 Java EE 설정 메타데이터 작성(예: web.xml)
· WAR 파일 배포
· Tomcat 설치

지금 우리가 본 과정은 웹 API를 위한 간단한 개발 환경 설정 방법을 보이기 위한 것이다. (조직 내) 공유 개발 환경, 이를테면 튜닝 및 부하 테스트를 위한 스테이징, 프로덕션 환경 등에 배포할 때에는 여전히 애플리케이션 서버에 WAR 파일을 배포해야 한다.

4.8 이번 장에서 배운 내용

Java 객체와 JSON 구조를 상호 변환하는 것부터 시작하여 JSON 기반 (스텁) 웹 API를 호출하고 그 결과를 JUnit으로 테스트하는 방법을 배웠다. 마지막으로 Spring Boot로 RESTful API를 만들어 다시 Postman으로 테스트하였다.

4.9 다음 장에서 배울 내용

지금까지 몇 가지 주요 플랫폼에서 JSON을 사용하는 기본적인 방법을 훑어보았다. 다음 세 개 장은 아래와 같은 내용을 다루며 JSON 생태계에 대한 이해를 높인다.

· JSON 스키마
· JSON 검색
· JSON 변형

5장에서는 JSON 스키마로 JSON 문서를 구조화하고 유효성을 확인하는 방법을 알아볼 것이다.

2부

JSON 생태계

5장

JSON 스키마

지금까지 주요 플랫폼(JavaScript, Ruby on Rails, Java)에서 JSON을 사용하는 기본적인 방법을 알아보았다. 이번 장에서는 JSON 스키마를 이용하여 JSON 문서의 구조와 형식을 정의하는 방법을 알아보겠다.

- JSON 스키마의 개요
- 코어 JSON 스키마 - 기본 사항 및 도구 사용법
- JSON 스키마로 API 설계 및 테스트하기

예제를 통해 JSON 스키마로 API를 설계하면서 JSON 스키마의 개념을 익힐 것이다. 서문에서 밝힌바 있듯, 지금부터 나오는 모든 예제는 코드 분량상의 편의를 위해 Node.js로 작성한다. 그러나 그 밖의 플랫폼 역시 JSON 스키마를 활용하는데 문제가 없다. Node.js를 아직 설치하지 않았다면 이번이야말로 설치하기 바란다. 부록 A의 설명을 따르면 된다.

5.1 JSON 스키마의 개요

대부분의 아키텍트 및 개발자는 JSON 스키마에 익숙하지 않을 것이다. 자세한 내용으로 들어가기 전에 JSON 스키마가 무엇인지, 우리에게 어떤 이점을 주는지, 언제 어떻게 사용해야 하는지에 대해 잠시 짚고 넘어가도록 하겠다. 그 과정에서 간단한 예제와 함께 JSON 스키마의 규격을 보게 될 것이다.

JSON 스키마가 뭐지?

JSON 스키마는 JSON 문서(혹은 메시지)의 내용, 구조, 형식을 규정하기 위한 것이다. JSON 스키마는 JSON 문서의 유효성 여부를 결정하는데, 독자 여러분 중에는 "그냥 JSON 유효성 검사면 되지 않나?"라고 생각하는 사람도 있을 것이다. 하지만 여기서 말하는 '유효성 검사'는 어떤 의미에서는 과대평가된 이름이라고 할 수 있다.

문법적 유효성 vs. 의미적 유효성

두 유효성 검사의 차이는 유효성의 '유형'에 있다. 스키마 없이 JSON 문서의 유효성을 검사한다는 것은 단지 문서의 문법적 유효성만을 검사하는 것이다. 이런 방식의 유효성 검사는 문서가 JSON의 문법을 준수하고 있는지(괄호는 다 짝이 맞는지, 키에는 쌍따옴표가 사용되었는지 같은)만을 확인한다. 이러한 유효성 검사를 '문법적 유효성 검사'라고 하며 JSONLint나 각 플랫폼의 JSON 파서를 통해 이미 경험한 바 있다.

JSON 스키마를 사용하는 장점은?

문법적 유효성 검사도 나름 유용하지만, 때로는 문법적인 요소 이상의 수준에서 유효성을 확인할 필요가 있다. 다음과 같은 상황을 생각해보자.

- API 사용 측에서 API를 통해 얻은 JSON 응답의 내용이 Speaker 객체인지 Order 객체인지 확인하고 싶을 때.
- API 사용 측에서 API를 통해 얻은 JSON 응답이 사용 측에서 필요한 필드를 다 갖추고 있는지 확인하고 싶을 때.
- 전화번호, 날짜, 우편번호, 이메일 주소, 신용카드 번호 등의 형식을 확인하고 싶을 때.

위와 같은 경우에 JSON 스키마가 큰 역할을 한다. 그리고 이런 유형의 유효성 검사를 '의미적 유효성 검사'라고 한다. 여기서 검사 대상이 되는 것은 주로 데이터의 '의미'이기 때문이다. JSON 스키마는 인터페이스를 정의할 수 있게 해주기 때문에 API를 설계하는 데도 도움이 된다. 여기에 대해서는 이후 장에서 다룰 것이다.

간단한 예제

JSON 스키마에 대한 자세한 설명을 하기 전에 예제 5-1를 통해 문법을 간단히 익히도록 하자.

예제 5-1 **ex-1-basic-schema.json**

```json
{
  "$schema": "http://json-schema.org/draft-04/schema#",
  "type": "object",
  "properties": {
    "email": {
      "type": "string"
    },
    "firstName": {
      "type": "string"
    },
    "lastName": {
      "type": "string"
    }
  }
}
```

이 스키마는 이를 준수하는 문서가 3개의 필드(email, firstName, lastName)를 가지고 있으며 이들 필드의 값은 모두 string이라는 것을 나타내고 있다. 스키마의 문법에 대해서는 잠시 미뤄두기로 하자. 예제 5-2는 조금 전에 본 스키마를 준수하는 JSON 문서 예제이다.

예제 5-2 **ex-1-basic.json**

```json
{
  "email": "larsonrichard@ecratic.com",
  "firstName": "Larson",
  "lastName": "Richard"
}
```

웹을 통해 JSON 스키마 알아보기

그림 5-1은 웹 사이트 *json-schema.org*의 화면으로 이 웹 사이트는 JSON 스키마에 대한 많은 수의 참조문서 및 예제를 갖추고 있어 JSON 스키마를 처음 접하는 사람에게 적합하다.

이 사이트에서 예제 스키마를 찾아보거나, 대부분의 주요 플랫폼에서 쓰이는 유효성 검사 라이브러리를 비롯하여 JSON 스키마의 표준 깃허브 저장소(여기서 표준 규격을 관리한다)를 찾아볼 수 있다. 그림 5-2는 이 깃허브 저장소 웹 페이지이다.

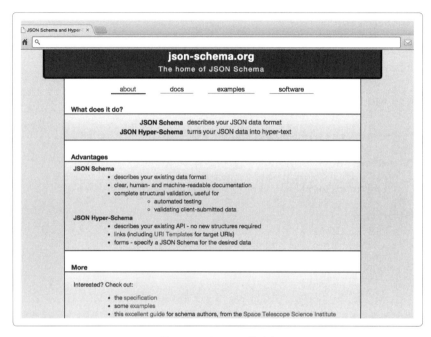

그림 5.1 *json-schema-org* 웹 사이트

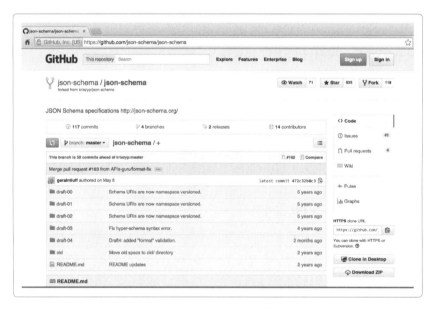

그림 5.2 json-schema 깃허브 저장소

이곳에서 JSON 스키마 표준의 수정사항, 이슈 제기, 각종 진행상황 등을 살펴볼 수 있다. (120쪽의 "JSON 스키마 표준의 현황"에서 더 자세히 알아볼 것이다.)

JSON 스키마를 사용하는 이유

JSON 스키마를 통해 문서의 내용에 대한 의미적 유효성을 검사할 수 있다. 다음은 몇 가지 실제 사용 사례이다.

보안성

오픈 웹 애플리케이션 프로젝트(OWASP)의 웹 서비스 보안 치트시트를 보면, 웹 서비스는 서비스가 제공하는 콘텐츠에 대해 스키마를 통해 유효성을 정의해 둘 것을 권장하고 있다. 그래서 XML에는 XML 스키마가 존재하지만, JSON에도 마찬가지 사항이 권장된다. OWASP에 따르면 안전한 서비스를 위해서는 필드의 길이(최솟값, 최댓값) 및 고정 길이 필드를 사용하는 것이 좋다고 한다.

메시지 설계

JSON은 API에서만 사용되는 것이 아니다. 많은 대규모 조직에서 아파치 카프카 같은 메시징 시스템에서 주고받는 정보 교환형식으로 JSON을 사용하고 있다(카프카에 대해서는 10장에서 자세히 다룬다). 이런 아키텍처에서는 메시지 발신 측과 수신측이 서로 완전히 분리된다. 이 경우에도 JSON 스키마를 통해 수신측이 기대하던 메시지를 받았음을 확인할 수 있다.

API 설계

JSON은 API 설계에서 필수 불가결한 요소가 되었다. JSON 스키마는 문서의 형식과 내용, 구조를 결정함으로써 API의 규약을 정의할 수 있게 해준다.

프로토타이핑

JSON 스키마의 구조와 엄밀성을 생각하면 직관에 어긋나는 것도 같지만, 앞으로 JSON 스키마와 관련 도구를 이용하여 API를 설계할 때 물 흐르듯 이어지는 프로토타이핑 과정을 보게 될 것이다.

JSON 스키마와 얽힌 개인적 경험

서문에서 밝혔듯이, 2009년 즈음의 나는 JSON이 대규모 조직에 적합하지 않다고 생각했다. 빠른 속도와 간결함은 마음에 들었지만, JSON 문서의 구조와 내용이 애플리케이션 간에 보장이 되지 않는다고 생각했기 때문이다. 그러나 2010년에 JSON 스키마에 대해 알고 나서, JSON을 대규모 조직에서 채용해도 문제가 없겠다고 생각하게 되었다.

JSON 스키마 표준의 현황

JSON 스키마 규격은 현재 구현 초안 4(v0.4)에 있으며, 다음 버전으로 구현 초안 6(v0.6)에 대한 작업이 진행 중에 있다. 현재 진행 상황을 알리기 위해 초안 5(v0.5)가 작년 말에 작업 초안의 형태로 배포되었으나 이는 구현 초안은 아니다. 그러나 정식 버전이 아닌 것 같다고 해서 걱정할 필요는 없다. 뒤에 나올 예제를 보면 알게 되겠지만 JSON 스키마는 이제 튼튼하고 믿을만한 유효성을 제공한다. 그리고 대부분의 프로그래밍 플랫폼에서 잘 동작하는 여러 JSON 스키마 라이브러리를 골라 쓸 수 있다. 자세한 내용은 JSON 스키마의 초안 4 규격 (*https://tools.ietf.org/html/draft-zyp-json-schema-04*)을 참조하기 바란다.

JSON 스키마와 XML 스키마

JSON에 있어 JSON 스키마는 XML에서 XML 스키마가 맡은 역할을 수행한다. 그러나 다음과 같은 차이점도 있다.

- JSON 문서는 JSON 스키마를 참조하지 않는다. 특정 JSON 문서를 어떤 스키마에 대해 유효성을 판단할지는 전적으로 애플리케이션의 몫이다.
- JSON 스키마에는 네임스페이스가 없다.
- JSON 스키마 파일은 *.json* 확장자를 갖는다.

5.2 코어 JSON 스키마: 기본 사항 및 도구 사용법

이제 JSON 스키마가 무엇인지 알았으니 좀 더 자세한 내용을 살펴볼 차례이다. JSON 스키마는 강력한 만큼 까다롭기도 하다. 그래서 이를 쉽게 다룰 수 있도록 하는 도구를 사용해 볼 것이다. 그 다음 기본 데이터 타입과, 실제 문제에 JSON 스키마를 적용하는데 기초가 되는 핵심 예약어를 살펴볼 것이다.

JSON 스키마를 사용하는 업무 흐름과 도구

JSON 스키마 문법은 사람에 따라 까다롭게 느껴질 수 있다. 그러나 개발자 역시 모든 코드를 직접 작성하는 것은 아니다. 몇 가지 좋은 도구를 갖춘다면 삶이 편안해질 것이다.

JSON Editor Online

JSON Editor Online은 일찍이 1장에서 살펴본 바 있다. 그러나 JSON 스키마와 관련하여 한번 더 다룰 만한 가치가 있다. 이 도구를 사용하여 JSON 문서를 모델링하는 과정을 통해 데이터 자체에 대한 감을 잡을 수 있다. 또한 JSON 문서 전체를 직접 입력하는 수고를 덜 수 있다. 원하는 문서를 완성하였다면 클립보드에 JSON 문서를 저장하면 된다.

JSONSchema.net

핵심적인 개념을 정립하고 나면, JSONSchema.net의 애플리케이션으로 먼저 만들어 둔 JSON 문서에 기초하여 JSON 스키마를 만들 수 있다. JSONSchema.net 애플리케이션만 사용하여도 스키마를 작성하는데 대한 수고를 80% 정도는 덜 수 있다. 필자도 항상 스키마를 작성할 때는 이 도구를 사용한 다음 차츰차츰 다듬어가는 방식을 택한다.

다음은 JSONSchema.net에서 스키마 초안을 만들어 가는 과정이다.

1. 화면 좌측에 먼저 만들어 둔 JSON 문서를 붙여 넣는다.
2. 기본 설정으로 시작하여 다음과 같은 설정을 변경한다.
   - "Use absolute IDs" 옵션을 끈다.
   - "Allow additional properties" 옵션을 끈다.
   - "Allow additional items" 옵션을 끈다.
3. Generate Schema 버튼을 누른다.
4. 생성된 스키마를 클립보드에 복사한다.

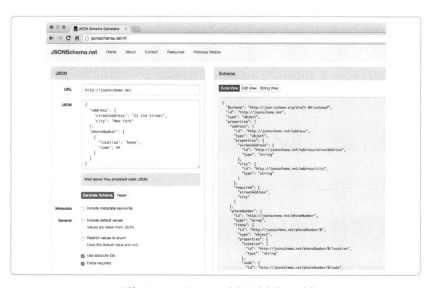

그림 5.3 JSONSchema.net에서 본 연사 정보 스키마

JSON Validate

JSON 스키마를 완성했다면, 그림 5-4에서 보듯 JSON Validate 애플리케이션을 사용하여 어떤 JSON 문서가 이 스키마를 준수하는지 확인할 수 있다.

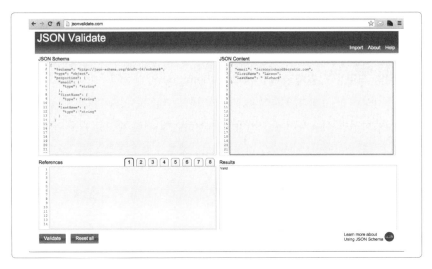

그림 5.4 jsonvalidate.com에서 본 유효한 연사 정보 데이터

JSON 문서가 스키마를 준수하는지 확인하기 위해서는 다음과 같은 단계를 따른다.

1. JSON 문서와 스키마를 JSON Validate 애플리케이션에 붙여 넣는다.

2. 스키마에서 모든 id 필드를 제거한다. 이들 필드가 여기서는 필요하지 않다.

3. Validate 버튼을 눌러 문서를 검사한다.

명령행에서 NPM 모듈 다루기: validate와 jsonlint

그래도 인터넷 연결이 안 되는 경우에는 로컬 컴퓨터에서 동작하는 도구가 필요하게 마련이다. 여기다 보안이 중요한 데이터를 다루어야 한다면 로컬 컴퓨터의 명령행에서 예제를 실행하는 것이 안전할 것이다. validate 모듈은 *jsonvalidate.com* 웹 사이트와 같은 기능을 제공하는 Node.js 모듈이다. 이 모듈의 설치방법과 사용방법은 부록 A의 "npm 모듈 설치하기"를 참고하라.

jsonvalidate.com 사이트와 validate 두 도구 모두 Using JSON Schema 웹 사이트(JSON 스키마에 대한 정보가 풍부하다)의 일부를 사용한다. JSONLint에 대해서는 이미 1장에서 살펴본 바 있으나, 여기서는 Node.js의 jsonlint 모듈을 사용하여 명령행에서 사용해 볼 것이다. 이 모듈의 설치와 사용방법 역시 부록 A

의 "npm 모듈 설치하기"를 참고하라.

개인적으로는 jsonlint는 문법적 유효성 검사에만 사용하고 있지만, 명령행에서 jsonlint --help 명령을 입력해 보면, 스키마에 대한 의미적 유효성 검사도 가능함을 알 수 있다. 더 자세한 내용은 깃허브에서 jsonlint의 참조문서를 보기 바란다.

여기서는 명령행에서 validate를 사용하여 예제를 수행해 볼 것이다.

JSON 스키마의 핵심 예약어

다음은 JSON 스키마의 핵심 예약어이다.

$schema

JSON 스키마(규격)의 버전을 지정한다. 예를 들어, "$schema": "http://json-schema.org/draf-04/schema#"라고 하면 이 스키마가 준수하는 규격의 버전이 0.4이며, http://json-schema.org/schema#는 해당 규격의 현재 혹은 최신 버전(여기서는 0.4)을 적용하라는 의미이다. 이 옵션 값을 두 번째 예처럼 하는 것은 위험성이 있는데, JSON 유효성 검사기의 종류에 따라 현재 혹은 최신 버전이 아닌 이전 버전을 적용하게 될 우려가 있기 때문이다. 이러한 위험을 회피하려면 '항상' 사용하려는 스키마 규격의 버전을 명시하기 바란다.

type

필드 값의 데이터 타입을 지정한다. 예를 들면 "type": "string"과 같이 지정할 수 있다.

properties

객체의 필드를 정의한다. type 값에 대한 정보를 포함한다.

기본 타입

예제 5-3에 나온 문서는 지금까지 살펴보았던 기본적인 JSON 타입을 담고 있다 (예를 들면 string, number, boolean).

예제 5-3 **ex-2-basic-types.json**

```
{
  "email": "larsonrichard@ecratic.com",
  "firstName": "Larson",
  "lastName": "Richard",
  "postedSlides": true,
```

```
    "rating": 4.1
}
```

JSON 스키마에 사용되는 데이터 타입은 1장에서 보았던 코어 JSON 데이터 타입과 같지만(string, number, array, object, boolean, null) 여기에 정수를 나타내는 데이터 타입인 integer가 더해진다. number 타입은 정수와 부동소수를 모두 나타내는데 쓰인다.

예제 5-4의 JSON 스키마는 앞서 본 문서의 구조를 나타낸 것이다.

예제 5-4 ex-2-basic-types-schema.json

```
{
  "$schema": "http://json-schema.org/draft-04/schema#",
  "type": "object",
  "properties": {
    "email": {
      "type": "string"
    },
    "firstName": {
      "type": "string"
    },
    "lastName": {
      "type": "string"
    },
    "age": {
      "type": "integer"
    },
    "postedSlides": {
      "type": "boolean"
    },
    "rating": {
      "type": "number"
    }
  }
}
```

이 예제의 주요 내용은 다음과 같다.

- $schema 필드는 이 스키마가 JSON 스키마 규격 v0.4를 준수하고 있음을 나타낸다.
- 첫 번째 type 필드는 JSON 문서의 최상위 레벨에 나머지 모든 필드를 담는 Object가 있음을 나타낸다.
- email, firstName, lastName는 모두 string 타입을 갖는다.
- age는 integer 타입이다. JSON에 number라는 타입이 별도로 있기는 하지만, JSON 스키마에는 더 정밀한 integer 타입이 추가되었다. postedSlides는 boolean이다. rating은 number로, 부동소수 값을 나타낼 수 있다.

위의 예제를 validate로 실행하면, 다음과 같이 이 문서가 주어진 스키마에 대해 유효하다는 결과를 볼 수 있다.

```
json-at-work => validate ex-2-basic-types.json ex-2-basic-types-schema.json
JSON content in file ex-2-basic-types.json is valid
json-at-work => █
```

앞서 본 스키마는 출발점으로 삼기엔 나쁘지 않지만, 본격적이라고 보기에는 부족한 점이 많다. JSON 문서에 다음과 같은 수정을 적용하여 유효성 검사를 해보자.

· 필드를 추가한다(예: company).
· 기존의 필드를 하나 제거한다(예: postedSlides).

예제 5-5는 위와 같은 수정을 적용한 JSON 문서이다.

예제 5-5 **ex-2-basic-types-invalid.json**

```
{
  "email": "larsonrichard@ecratic.com",
  "firstName": "Larson",
  "lastName": "Richard",
  "age": 39,
  "rating": 4.1,
  "company": "None"
}
```

다음 실행화면에서 보듯, 지금으로서는 이 문서를 유효하지 않다고 판단할 근거가 없다.

```
json-at-work => validate ex-2-basic-types-invalid.json ex-2-basic-types-schema.json
JSON content in file ex-2-basic-types-invalid.json is valid
json-at-work => █
```

기본 타입 유효성 확인

이 시점에서, 기대했던 만큼 유효성 확인이 되지 않아 JSON 스키마에 실망을 느끼고 있는 독자들도 있을 것이다. 그러나 몇 가지 간단한 제약사항을 추가하기만 하면 기대했던 대로 유효성 확인 결과를 얻을 수 있다. 먼저 추가적인 필드를 무효화하려면 예세 5-6의 코드를 사용한다.

예제 5-6 **ex-3-basic-types-no-addl-props-schema.json**

```
{
  "$schema": "http://json-schema.org/draft-04/schema#",
  "type": "object",
```

```json
  "properties": {
    "email": {
      "type": "string"
    },
    "firstName": {
      "type": "string"
    },
    "lastName": {
      "type": "string"
    },
    "age": {
      "type": "integer"
    },
    "postedSlides": {
      "type": "boolean"
    },
    "rating": {
      "type": "number"
    }
  },
  "additionalProperties": false
}
```

additionalProperties의 값을 false로 설정하면 스키마에 정의되지 않은 필드 가 포함된 모든 문서가 유효하지 않게 된다. 수정된 스키마(*ex-3-basic-types-no-addl-props-invalid.json*)로 조금 전의 JSON 문서(*ex-2-basic-typesinvalid.json*)에 대해 유효성 검사를 해보면 다음과 같은 결과를 보게 된다.

```
json-at-work => validate ex-3-basic-types-no-addl-props-invalid.json ex-3-basic-types-no-addl-props-schema.json
Invalid: Additional properties not allowed
JSON Schema element: /additionalProperties
JSON Content path: /age
```

이제 조금 나아졌다. 하지만 이대로는 아직 스키마에 정의된 모든 값이 문서에 있는지가 보장되지 않는다. 의미적 유효성에 대한 첫 번째 조건으로 먼저 모든 필수 필드의 값이 존재하는지를 보장하려면 예제 5-7과 같이 한다.

예제 5-7 **ex-4-basic-types-validation-req-schema.json**

```json
{
  "$schema": "http://json-schema.org/draft-04/schema#",
  "type": "object",
  "properties": {
    "email": {
      "type": "string"
    },
    "firstName": {
      "type": "string"
    },
    "lastName": {
      "type": "string"
    },
```

```
      "age": {
        "type": "integer"
      },
      "postedSlides": {
        "type": "boolean"
      },
      "rating": {
        "type": "number"
      }
    },
    "additionalProperties": false,
    "required": ["email", "firstName", "lastName", "postedSlides", "rating"]
}
```

이 예제에 새로이 추가된 배열 required은 필수로 요구되는 필드를 지정한다.
required에 포함된 이름을 가진 필드(email, firstName, lastName, postedSlides,
rating)를 모두 갖추어야 유효한 문서로 판정된다. 이 required 배열에 포함되지
않은 필드는 비필수 필드로 간주된다는데 주의하기 바란다.

예제 5-8은 (필수 필드인) rating 필드를 제거하고, (스키마에서 정의되지 않
은) age 필드를 추가하도록 수정한 JSON 문서이다.

예제 5-8 **ex-4-basic-types-validation-req-invalid.json**

```
{
  "email": "larsonrichard@ecratic.com",
  "firstName": "Larson",
  "lastName": "Richard",
  "company": "None"
  "age": 39
}
```

이 예제를 명령행에서 실행해 보면 이 문서는 이제 유효하지 않다고 판정되었음
을 알 수 있다.

```
json-at-work => validate ex-4-basic-types-validation-req-invalid.json ex-4-basic-types-validation-req-schema.json
Invalid: Missing required property: rating
JSON Schema element: /required/4
JSON Content path:
```

이제 유효성 검사에서 다음과 같은 내용을 검증할 수 있게 되었다.

· 정의되지 않은 필드 없음
· 모든 필드는 필수 필드임

이제 의미적 유효성의 가장 기본적인 단계를 만족하였다. 이번에는 JSON 문서
에 포함된 숫자 필드의 유효성 검사를 해보자.

숫자

기억을 떠올려보면 JSON 스키마의 number 타입은 부동소수와 정수를 모두 값으로 가질 수 있었다. 예제 5-9에 정의된 스키마는 연사의 콘퍼런스 발표에 대한 평균 rating이 1.0(못함)에서 5.0(뛰어남) 사이의 값인지에 대한 유효성을 검사한다.

예제 5-9 **ex-5-number-min-max-schema.json**

```json
{
  "$schema": "http://json-schema.org/draft-04/schema#",
  "type": "object",
  "properties": {
    "rating": {
      "type": "number",
      "minimum": 1.0,
      "maximum": 5.0
    }
  },
  "additionalProperties": false,
  "required": ["rating"]
}
```

예제 5-10은 rating 필드의 값이 1.0에서 5.0 사이이므로 유효한 JSON 문서이다.

예제 5-10 **ex-5-number-min-max.json**

```json
{
  "rating": 4.99
}
```

예제 5-11은 rating의 값이 5.0을 초과하므로 유효하지 않은 문서이다.

예제 5-11 **ex-5-number-min-max-invalid.json**

```json
{
  "rating": 6.2
}
```

이 예제를 명령행에서 실행해 보면, 유효하지 않다는 판정 결과를 볼 수 있다.

```
json-at-work => validate ex-5-number-min-max-invalid.json ex-5-number-min-max-schema.json
Invalid: Value 6.2 is greater than maximum 5
JSON Schema element: /properties/rating/maximum
JSON Content path: /rating
```

배열

JSON 스키마는 배열의 유효성을 판정할 수 있는 기능도 갖고 있다. 배열은 JSON 스키마 기본 타입이라면 어떤 것이든 요소로 가질 수 있다(string, number, array, object, boolean, null). 예제 5-12의 스키마는 string을 요소로 갖는 배열인 tags 필드에 대한 유효성을 검사한다.

예제 5-12 **ex-6-array-simple-schema.json**

```json
{
  "$schema": "http://json-schema.org/draft-04/schema#",
  "type": "object",
  "properties": {
    "tags": {
      "type": "array",
        "items": {
          "type": "string"
      }
    }
  },
  "additionalProperties": false,
  "required": ["tags"]
}
```

예제 5-13은 이 스키마에 대해 유효한 JSON 문서이다.

예제 5-13 **ex-6-array-simple.json**

```json
{
  "tags": ["fred"]
}
```

예제 5-14의 문서는 배열 tags에 숫자 값을 추가하였으므로 이 스키마에 대해 유효하지 않다.

예제 5-14 **ex-6-array-simple-invalid.json**

```json
{
  "tags": ["fred", 1]
}
```

이 예제를 실행해 보면 유효하지 않은 문서라고 판정한다.

```
json-at-work => validate ex-6-array-simple-invalid.json ex-6-array-simple-schema.json
Invalid: invalid type: number (expected string)
JSON Schema element: /properties/tags/items/type
JSON Content path: /tags/1
```

JSON 스키마는 배열 요소 수의 최솟값(minItems)과 최댓값(maxItems)도 지정할 수 있다. 예제 5-15의 스키마는 배열 tags의 요소 수를 최소 2개 최대 4개로 제약한다.

예제 5-15 **ex-7-array-min-max-schema.json**

```json
{
  "$schema": "http://json-schema.org/draft-04/schema#",
  "type": "object",
  "properties": {
    "tags": {
      "type": "array",
      "minItems": 2,
      "maxItems": 4,
      "items": {
        "type": "string"
      }
    }
  },
  "additionalProperties": false,
  "required": ["tags"]
}
```

예제 5-16의 JSON 문서는 이 스키마에 대해 유효하다.

예제 5-16 **ex-7-array-min-max.json**

```json
{
  "tags": ["fred", "a"]
}
```

한편 예제 5-17의 문서는 배열 tags의 요소 수가 5개이기 때문에 유효하지 않다.

예제 5-17 **ex-7-array-min-max-invalid.json**

```json
{
  "tags": ["fred", "a", "x", "betty", "alpha"]
}
```

위의 예제를 실행하여 확인해 보자.

```
json-at-work => validate ex-7-array-min-max-invalid.json ex-7-array-min-max-schema.json
Invalid: Array is too long (5), maximum 4
JSON Schema element: /properties/tags/maxItems
JSON Content path: /tags
```

열거형 값

예약어 enum은 필드의 값을 배열에 지정된 특정 집합에 속하는 값으로 제한한다. 예제 5-18의 스키마는 배열 tags의 값으로 "Open Source", "Java", "JavaScript", "JSON", "REST" 만을 허용한다.

예제 5-18 **ex-8-array-enum-schema.json**

```json
{
  "$schema": "http://json-schema.org/draft-04/schema#",
```

```
  "type": "object",
  "properties": {
    "tags": {
      "type": "array",
      "minItems": 2,
      "maxItems": 4,
      "items": {
        "enum": [
          "Open Source", "Java", "JavaScript", "JSON", "REST"
        ]
      }
    }
  },
  "additionalProperties": false,
  "required": ["tags"]
}
```

예제 5-19의 문서는 위의 스키마에 대해 유효하다.

예제 5-19 ex-8-array-enum.json

```
{
  "tags": ["Java", "REST"]
}
```

예제 5-20의 문서는 값 "JS"가 허용된 값이 아니기 때문에 유효하지 않다.

예제 5-20 ex-8-array-enum-invalid.json

```
{
  "tags": ["Java", "REST", "JS"]
}
```

이 예제를 실행하면 다음과 같이 유효하지 않다는 판정이 나오는 것을 볼 수 있다.

```
json-at-work => validate ex-8-array-enum-invalid.json ex-8-array-enum-schema.json
Invalid: No enum match for: "JS"
JSON Schema element: /properties/tags/items/type
JSON Content path: /tags/2
```

객체

JSON 스키마를 사용하면 object의 구조와 내용도 정의할 수 있다. 이 부분은 애플리케이션 사이에 주고받는 객체에 대한 유효성을 판정할 수 있기 때문에 의미적 유효성 검사의 핵심이라고 할 수 있다. 이러한 기능을 이용하여 API의 제공 측과 사용 측 모두 person이나 order 같은 비즈니스적으로 중요도가 높은 개념을 나타내는 구조와 내용에 대해 합의를 할 수 있다. 예제 5-21의 스키마는 speaker 객체의 내용을 정의한 것이다.

예제 5-21 **ex-9-named-object-schema.json**

```json
{
  "$schema": "http://json-schema.org/draft-04/schema#",
  "type": "object",
  "properties": {
    "speaker": {
      "type": "object",
      "properties": {
        "firstName": {
          "type": "string"
        },
        "lastName": {
          "type": "string"
        },
        "email": {
          "type": "string"
        },
        "postedSlides": {
          "type": "boolean"
        },
        "rating": {
          "type": "number"
        },
        "tags": {
          "type": "array",
          "items": {
            "type": "string"
          }
        }
      },
      "additionalProperties": false,
      "required": ["firstName", "lastName", "email",
      "postedSlides", "rating", "tags"
      ]
    }
  },
  "additionalProperties": false,
  "required": ["speaker"]
}
```

이 스키마는 앞서 본 것과 비슷하지만, 최상위 object 아래 speaker 객체가 추가되었다. 예제 5-22의 문서는 이 스키마에 대해 유효함을 알 수 있다.

예제 5-22 **ex-9-named-object.json**

```json
{
  "speaker": {
    "firstName": "Larson",
    "lastName": "Richard",
    "email": "larsonrichard@ecratic.com",
    "postedSlides": true,
    "rating": 4.1,
    "tags": [
      "JavaScript", "AngularJS", "Yeoman"
```

```
    ]
  }
}
```

예제 5-23의 문서는 speaker 객체에 필수 필드인 rating이 빠져있기 때문에 유
효하지 않은 문서이다.

예제 5-23 **ex-9-named-object-invalid.json**

```
{
  "speaker": {
    "firstName": "Larson",
    "lastName": "Richard",
    "email": "larsonrichard@ecratic.com",
    "postedSlides": true,
    "tags": [
      "JavaScript", "AngularJS", "Yeoman"
    ]
  }
}
```

명령행에서 이 예제를 실행해서 실제로 이 문서가 유효하지 않은 문서인지 확인
해 보자.

```
json-at-work => validate ex-9-named-object-invalid.json ex-9-named-object-schema.json
Invalid: Missing required property: rating
JSON Schema element: /properties/speaker/required/4
JSON Content path: /speaker
```

이제 주요 기본 타입에 대해서는 다 살펴보았다. 좀 더 복잡한 내용을 정의하는
스키마를 알아보도록 하자.

패턴 프로퍼티

JSON 스키마의 패턴 프로퍼티를 사용하면 (비슷한 이름을 가진) 여러 필드를 한
꺼번에 정의할 수도 있다. 패턴 프로퍼티는 patterProperties라는 키워드를 사
용하며 정규 표현식으로 정의할 필드명을 지정한다. 예제 5-24는 주소에 포함된
여러 필드를 패턴 프로퍼티로 한꺼번에 정의하는 에이다.

예제 5-24 **ex-10-pattern-properties-schema.json**

```
{
  "$schema": "http://json-schema.org/draft-04/schema#",
  "type": "object",
  "properties": {
    "city": {
      "type": "string"
```

```
    },
    "state": {
      "type": "string"
    },
    "zip": {
      "type": "string"
    },
    "country": {
      "type": "string"
    }
  },
  "patternProperties": {
    "^line[1-3]$": {
      "type": "string"
    }
  },
  "additionalProperties": false,
  "required": ["city", "state", "zip", "country", "line1"]
}
```

이 예제에 쓰인 정규 표현식 ^line[1-3]$는 line1, line2, line3 3개 필드를 선택한다. 이 정규 표현식은 다음과 같이 해석해야 한다.

- ^는 문자열의 시작을 의미한다.
- line은 문자열 리터럴 "line"에 해당한다.
- [1-3]은 1부터 3까지의 한 자리 정수에 해당한다.
- $는 문자열의 끝을 의미한다.

그리고 필드 line1은 필수로 지정된 데 비해, 다른 필드는 그렇지 않다는 점에도 주의하기 바란다. 예제 5-25의 문서는 이 스키마에 대해 유효한 문서이다.

예제 5-25 **ex-10-pattern-properties.json**

```
{
  "line1": "555 Main Street",
  "line2": "#2",
  "city": "Denver",
  "state": "CO",
  "zip": "80231",
  "country": "USA"
}
```

예제 5-26은 정의되지 않은 line4 필드가 있기 때문에 유효하지 않은 문서이다.

예제 5-26 **ex-10-pattern-properties-invalid.json**

```
{
  "line1": "555 Main Street",
  "line4": "#2",
  "city": "Denver",
```

```
  "state": "CO",
  "zip": "80231",
  "country": "USA"
}
```

이 예제를 실행하면 문서가 유효하지 않다는 출력을 볼 수 있다.

```
json-at-work => validate ex-10-property-patterns-invalid.json ex-10-property-patterns-schema.json
Invalid: Additional properties not allowed
JSON Schema element: /additionalProperties
JSON Content path: /line4
```

정규 표현식

JSON 스키마에서 값의 범위를 제약하는 데도 정규 표현식을 사용할 수 있다. 예
제 5-27에 나온 스키마는 email 필드의 값을 IETF RFC 2822에 정의된 대로 제약
하도록 한다.

예제 5-27 **ex-11-regex-schema.json**

```
{
  "$schema": "http://json-schema.org/draft-04/schema#",
  "type": "object",
  "properties": {
    "email": {
      "type": "string",
      "pattern": "^[\\w|-|.]+@[\\w]+\\.[A-Za-z]{2,4}$"
    },
    "firstName": {
      "type": "string"
    },
    "lastName": {
      "type": "string"
    }
  },
  "additionalProperties": false,
  "required": ["email", "firstName", "lastName"]
}
```

이 예제에 사용된 정규 표현식은 유효한 이메일 주소의 형식을 정의한다. 이 정
규 표현식은 다음과 같이 해석한다.

- ^는 문자열의 시작을 의미한다.
- [\\w|-|.]+ 다음 패턴이 하나 이상 반복될 때 일치한다.
  - [\\w|-|.]은 문자(a-zA-z0-9_) 혹은 하이픈(-)이나 점(.)으로 된 한 글자 단
    어를 의미한다.
- @는 리터럴 "@"와 일치한다.

- [\\w]+는 다음 패턴이 하나 이상 반복될 때 일치한다.
  - [\\w]은 문자(a-zA-z0-9)로 된 한 글자 단어와 일치한다.
- \\.는 리터럴 "."과 일치한다.
- [A-Za-z]{2,4}는 다음 패턴이 2번에서 4번까지 반복되는 경우와 일치한다.
  - [A-Za-z]는 알파벳 한 글자와 일치한다.
- $는 문자열의 끝을 의미한다.

역슬래시 두 개(\\)는 JSON 스키마에서 사용되는 정규 표현식 이스케이프 문자이다. 역슬래시가 두 개인 이유는 역슬래시 한 개는 이미 JSON 스키마의 이스케이프 문자(예: \b는 백스페이스)로 쓰이고 있기 때문이다.

예제 5-28의 문서는 email 필드의 값이 스키마에서 정의한 패턴과 일치하기 때문에 유효하다고 판정된다.

예제 5-28 **ex-11-regex.json**

```
{
  "email": "larsonrichard@ecratic.com",
  "firstName": "Larson",
  "lastName": "Richard"
}
```

예제 5-29의 문서는 email 필드 값 끝에 .com이 빠져서 유효하지 않다고 판정된다.

예제 5-29 **ex-11-regex-invalid.json**

```
{
  "email": "larsonrichard@ecratic",
  "firstName": "Larson",
  "lastName": "Richard"
}
```

위의 예제를 실행하면 이 문서가 유효하지 않다는 것을 확인할 수 있다.

```
json-at-work => validate ex-11-regex-invalid.json ex-11-regex-schema.json
Invalid: String does not match pattern: ^[\w|-]+@[\w|-]+\.[A-Za-z]{2,4}$
JSON Schema element: /properties/email/pattern
JSON Content path: /email
```

정규 표현식 더 알아보기

정규 표현식은 복잡하고 어렵게 느껴질 경우가 많다. 정규 표현식을 깊이 다루는 것은 이 책의 주제에서 꽤 벗어나기는 하지만, 정규 표현식을 배우는 데 다음과 같은 문헌이 도움이 될 것이다.

- *Introducing Regular Expressions* by Michael Fitzgerald (O'Reilly).
- *Regular Expressions Cookbook, Second Edition* by Jan Goyvaerts and Steven Levithan (O'Reilly).
- *Mastering Regular Expressions, Third Edition* by Jeffrey E. F. Friedl (O'Reilly).
- Regular Expressions 101 (*https://regex101.com*) — 필자가 가장 좋아하는 사이트이다.
- RegExr (*http://regexr.com*)
- Regular-Expressions.info (*http://www.regular-expressions.info*)

의존 프로퍼티

의존 프로퍼티는 스키마의 필드 간에 의존관계 - 어떤 필드의 값이 다른 필드의 존재 유무에 영향을 받는 것 - 를 도입한다. 키워드 dependencies는 이러한 의존관계를 정의한 객체를 값으로 갖는 필드이다. 또한 이 의존관계는 필드 x에 이 필드가 유효하기 위해 존재해야 할 필드의 이름을 담은 배열을 값으로 갖게 하는 식으로 정의된다. 예제 5-30을 보면 필드 favorite가 유효하려면 tags의 값이 존재해야 한다는 것을 알 수 있다(다시 말해, favoriteTopic은 tags에 의존한다.)

예제 5-30 **ex-12-dependent-properties-schema.json**

```
{
  "$schema": "http://json-schema.org/draft-04/schema#",
  "type": "object",
  "properties": {
    "email": {
      "type": "string",
      "pattern": "^[\\w|-|.]+@[\\w]+\\.[A-Za-z]{2,4}$"
    },
    "firstName": {
      "type": "string"
    },
    "lastName": {
      "type": "string"
    },
    "tags": {
      "type": "array",
      "items": {
        "type": "string"
      }
    },
    "favoriteTopic": {
    "type": "string"
    }
  },
  "additionalProperties": false,
  "required": ["email", "firstName", "lastName"],
```

```
  "dependencies": {
    "favoriteTopic": ["tags"]
  }
}
```

예제 5-31의 문서는 tags 필드가 있으면서 favoriteTopic 필드를 갖고 있기 때문에 유효한 문서로 판정된다.

예제 5-31 **ex-12-dependent-properties.json**

```
{
  "email": "larsonrichard@ecratic.com",
  "firstName": "Larson",
  "lastName": "Richard",
  "tags": [
    "JavaScript", "AngularJS", "Yeoman"
  ],
  "favoriteTopic": "JavaScript"
}
```

예제 5-32의 문서는 favoriteTopic 필드가 있으나, tags 필드는 없기 때문에 유효하지 않다.

예제 5-32 **ex-12-dependent-properties-invalid.json**

```
{
  "email": "larsonrichard@ecratic.com",
  "firstName": "Larson",
  "lastName": "Richard",
  "favoriteTopic": "JavaScript"
}
```

위의 예제를 실행하면 다음과 같이 문서가 유효하지 않다는 결과를 확인할 수 있다.

```
json-at-work => validate ex-12-dependent-properties-invalid.json ex-12-dependent-properties-schema.json
Invalid: Dependency failed - key must exist: tags (due to key: favoriteTopic)
JSON Schema element: /dependencies/favoriteTopic/0
JSON Content path:
```

내부 참조

참조는 정의 및 유효성 검사 규칙을 재사용할 수 있게 해준다. 이는 JSON 스키마에서 DRY(Do Not Repeat Yourself) 원칙을 달성할 수 있게 해주는 수단이 된다. 참조는 내부 참조(동일 스키마 내의 값을 참조)와 외부 참조(다른 스키마의 값을 참조)로 나뉘는데 우선 내부 참조가 무엇인지 먼저 살펴볼 것이다.

예제 5-33을 보면 email 필드의 값이 $ref와 해당 규칙을 참조할 URI를 값으로 하는 키-값 쌍으로 바뀌어 있는 것을 알 수 있다. 이 URI의 해석은 다음과 같다.

- #는 참조할 정의가 같은 스키마 내에 있음을 의미한다.
- /definitions/는 해당 스키마 내에 definitions 객체에 대한 경로이다. 예약어 definitions를 사용함으로써 참조를 사용할 것이라는 의도를 나타낸다.
- emailPattern은 definitions 객체에서 emailPattern까지의 경로이다.
- JSON 스키마는 JSON 포인터(7장에서 다룸)를 사용하여 URI를 지정한다(예: #/definitions/emailPattern).

예제 5-33 **ex-13-internal-ref-schema.json**

```json
{
  "$schema": "http://json-schema.org/draft-04/schema#",
  "type": "object",
  "properties": {
    "email": {
      "$ref": "#/definitions/emailPattern"
    },
    "firstName": {
      "type": "string"
    },
    "lastName": {
      "type": "string"
    }
  },
  "additionalProperties": false,
  "required": ["email", "firstName", "lastName"],
  "definitions": {
    "emailPattern": {
      "type": "string",
      "pattern": "^[\\w|-|.]+@[\\w]+\\.[A-Za-z]{2,4}$"
    }
  }
}
```

새로 추가된 definitions 객체를 제외하면, 이 스키마에서 새로울 내용은 없다. 이메일 주소에 대한 유효성 규칙을 스키마 여러 곳에서 참조할 수 있는 곳으로 옮겼을 뿐이다.

예제 5-34는 이 스키마를 준수하는 JSON 문서이다.

예제 5-34 **ex-13-internal-ref.json**

```json
{
  "email": "larsonrichard@ecratic.com",
  "firstName": "Larson",
  "lastName": "Richard"
}
```

예제 5-35는 email 필드 값의 끝에 .com가 빠졌기 때문에 유효한 문서가 아니다.

예제 5-35 **ex-13-internal-ref-invalid.json**

```
{
  "email": "larsonrichard@ecratic",
  "firstName": "Larson",
  "lastName": "Richard"
}
```

명령행에서 이 문서의 유효성 검사를 해보면, 유효하지 않다는 결과를 볼 수 있다.

```
json-at-work => validate ex-13-internal-ref-invalid.json ex-13-internal-ref-schema.json
Invalid: String does not match pattern: ^[\w|-]+@[\w|-]+\.[A-Za-z]{2,4}$
JSON Schema element: /properties/email/pattern
JSON Content path: /email
```

외부 참조

외부 참조는 다른 스키마에 포함된 유효성 검사 규칙을 재사용할 수 있게 해준다. 다시 말해 스키마 A가 스키마 B에서 특정한 유효성 검사 규칙을 참조하는 것을 말한다. 외부 참조를 이용하면 하나 이상의 개발팀이 대규모 조직에서 공유하는 공통 스키마를 사용할 수 있다.

예제 5-36은 별도의 스키마로부터 외부 참조를 사용하는 연사 정보 스키마이다.

예제 5-36 **ex-14-exernal-ref-schema.json**

```
{
  "$schema": "http://json-schema.org/draft-04/schema#",
  "type": "object",
  "properties": {
    "email": {
      "$ref":
        "http://localhost:8081/ex-14-my-common-schema.json#/definitions/emailPattern"
    },
    "firstName": {
      "type": "string"
    },
    "lastName": {
      "type": "string"
    }
  },
  "additionalProperties": false,
  "required": ["email", "firstName", "lastName"]
}
```

이 예제의 두 가지 중요한 차이점은 다음과 같다.

· definitions 객체가 스키마에서 제거되었다. 걱정할 것 없다. 곧 다시 되돌려
  놓을 것이다.
· email 필드의 $ref 값이 이제 외부 스키마(*ex-14-my-commonschema.json*)로부
  터 유효성 검사 규칙을 참조한다. 외부 스키마 접근을 위한 HTTP 주소는 이
  장의 뒷부분에서 다룰 것이다.

예제 5-37은 외부 스키마이다.

예제 5-37 ex-14-my-common-schema.json

```
{
  "$schema": "http://json-schema.org/draft-04/schema#",
  "id": "http://localhost:8081/ex-14-my-common-schema.json",
  "definitions": {
    "emailPattern": {
      "type": "string",
      "pattern": "^[\\w|-|.]+@[\\w]+\\.[A-Za-z]{2,4}$"
    }
  }
}
```

유효성 검사 규칙 emailPattern을 담고 있던 definitions 객체는 이제 외부 스키
마에 자리 잡고 있다. 그러나 이 시점에서 다음 물음에 대한 답이 필요하다.

· 이 참조가 동작하는 방식은 무엇인가?
· JSON 스키마 유효성 검사기가 외부 스키마의 소재를 파악하는 방법은 무엇
  인가?

위에 대한 해답은 다음과 같다.

· *ex-14-exernal-ref-schema.json*에서 $ref 값의 #앞에 오는 URL 접두어(http://
  localhost:8081/ex-14-my-common-schema.json)를 보고 JSON 스키마 처리기
  가 emailPattern의 정의를 외부 스키마에서 찾게 된다.
· *ex-14-my-common-schema.json*(외부 스키마)에서 스키마 루트에 있는 필드
  id(JSON 스키마의 예약어)를 보고 외부에서 접근한다.
· $ref 값의 URI와 id는 완전히 일치해야 참조에 접근할 수 있다.
· definitions 객체는 내부 참조 때와 같은 방식으로 동작한다.

예제 5-38은 이 스키마를 준수하는 JSON 문서의 예이다.

예제 5-38 ex-14-external-ref.json

```
{
  "email": "larsonrichard@ecratic.com",
  "firstName": "Larson",
  "lastName": "Richard"
}
```

예제 5-39는 email 필드의 값에 .com이 빠져있어 이 스키마에 대해 유효하지 않은 문서의 예이다.

예제 5-39 ex-14-external-ref-invalid.json

```
{
  "email": "larsonrichard@ecratic",
  "firstName": "Larson",
  "lastName": "Richard"
}
```

이 스키마에 대해 문서의 유효성을 검사하는 방법에는 다음 두 가지가 있다.

· 파일 시스템

· 웹

validate로 파일 시스템을 통하는 유효성 검사부터 해보도록 하자.

```
json-at-work => validate ex-14-external-ref-invalid.json ex-14-external-ref-schema.json
Invalid: String does not match pattern: ^[\w|-]+@[\w|-]+\.[A-Za-z]{2,4}$
JSON Schema element: /properties/email/pattern
JSON Content path: /email
```

역시 대상 문서(*ex-14-external-ref-invalid.json*)가 유효하지 않다는 결과가 나왔지만, 여기서 주목할 점은 주 스키마(*ex-14-external-ref-schema.json*)와 외부 스키마(*ex-14-my-common-schema.json*)를 모두 명령행에서 지정했다는 점이다.

이번에는 웹을 통해 외부 스키마에 접근하도록 해보자. 우선 이 파일(외부 스키마)을 웹 서버에 정적 콘텐츠로 올려 $ref 값인 URI와 id(http://localhost:8081/ex-14-my-common-schema.json#/definitions/emailPattern)으로 접근할 수 있도록 한다. http-server를 아직 설치하지 않았다면 지금 설치해 두기 바란다. 설치 및 실행 방법은 부록 A의 "npm 모듈 설치하기"를 참조하라.

외부 스키마 파일이 있는 디렉터리에서 포트 8081에 http-server를 실행하면 다음과 같은 출력 내용을 보게 될 것이다.

```
json-at-work => http-server -p 8081
Starting up http-server, serving ./ on: http://0.0.0.0:8081
Hit CTRL-C to stop the server
[Wed, 02 Sep 2015 03:44:00 GMT] "GET /ex-14-my-common-schema.json" "undefined"
[Wed, 02 Sep 2015 03:44:16 GMT] "GET /ex-14-my-common-schema.json" "undefined"
```

그리고 나서 *http://localhost:8081/ex-14-my-common-schema.json*를 웹브라우저에서 접근해보면 그림 5-5와 같은 화면을 볼 수 있다.

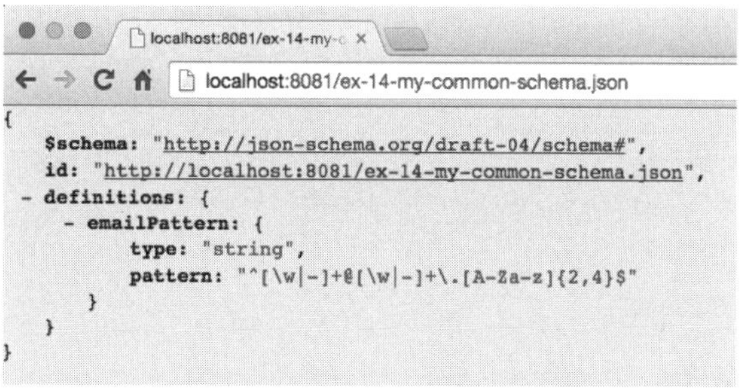

그림 5.5 웹으로 접근 가능한 외부 스키마

이제 외부 스키마를 웹에서 접근할 수 있게 되었으니, 유효성 검사를 실행해 보자. 이번에도 역시 유효하지 않다는 결과를 확인할 수 있다.

```
json-at-work => validate ex-14-external-ref-invalid.json ex-14-external-ref-schema.json
Invalid: String does not match pattern: ^[\w|-]+@[\w|-]+\.[A-Za-z]{2,4}$
JSON Schema element: /properties/email/pattern
JSON Content path: /email
```

유효성 검사 규칙 선택하기

JSON 스키마 처리기가 상황에 맞춰 특정한 유효성 검사 규칙을 선택하도록 하여 requires와 dependencies처럼 유효성 검사를 세밀하게 조정하는 방법이 있다. 여기에 쓰이는 예약어는 다음과 같다.

oneOf

여러 규칙 중 하나의 규칙만이 일치해야 한다.

anyOf

여러 규칙 중 하나 이상의 규칙이 일치해야 한다.

allOf

모든 규칙이 일치해야 한다.

oneOf

예약어 oneOf는 여러 유효성 검사 규칙 중 하나만을 선택하게 한다. 예제 5-40에
나온 스키마에서는 필드 rating의 값이 2.0보다 작거나, 혹은 5.0보다 작거나 한
가지여야 하며, 이들 조건이 둘 다 성립해서는 안 된다.

예제 5-40 **ex-15-one-of-schema.json**

```json
{
  "$schema": "http://json-schema.org/draft-04/schema#",
  "type": "object",
  "properties": {
    "email": {
      "type": "string",
      "pattern": "^[\\w|-|.]+@[\\w]+\\.[A-Za-z]{2,4}$"
    },
    "firstName": {
      "type": "string"
    },
    "type": "string"
    },
    "postedSlides": {
      "type": "boolean"
    },
    "rating": {
      "type": "number",
      "oneOf": [
        {
          "maximum": 2.0
        },
        {
          "maximum": 5.0
        }
      ]
    }
  },
  "additionalProperties": false,
  "required": [ "email", "firstName", "lastName", "postedSlides", "rating" ]
}
```

예제 5-41의 문서는 rating의 값이 4.1로, 5 미만만 만족하고 2보다 작지는 않기
때문에 유효한 문서이다.

예제 5-41 **ex-15-one-of.json**

```json
{
  "email": "larsonrichard@ecratic.com",
  "firstName": "Larson",
  "lastName": "Richard",
  "postedSlides": true,
  "rating": 4.1
}
```

반면, 예제 5-42의 JSON 문서는 rating의 값이 1.9로, 두 조건 모두를 만족한다. 따라서 이 문서는 유효하지 않다.

예제 5-42 **ex-15-one-of-invalid.json**

```json
{
  "email": "larsonrichard@ecratic.com",
  "firstName": "Larson",
  "lastName": "Richard",
  "postedSlides": true,
  "rating": 1.9
}
```

위의 문서를 명령행에서 유효성 검사를 실행해 보면, 다음과 같이 유효하지 않다는 결과를 볼 수 있다.

```
json-at-work => validate ex-15-one-of-invalid.json ex-15-one-of-schema.json
Invalid: Data is valid against more than one schema from "oneOf": indices 0 and 1
JSON Schema element: /properties/rating/oneOf
JSON Content path: /rating
```

anyOf

anyOf 예약어를 사용하면 유효성 검사 규칙 중 하나만 일치해도 유효하다고 판정한다. 예제 5-43은 필드 postedSlides 값의 범위를 boolean 값 외에도 [Y|y]es와 [N|n]o를 허용하도록 확장하였다.

예제 5-43 **ex-16-any-of-schema.json**

```json
{
  "$schema":"http://json-schema.org/draft-04/schema#",
  "type":"object",
  "properties":{
    "email":{
      "type":"string",
      "pattern":"^[\\w|-|.]+@[\\w]+\\.[A-Za-z]{2,4}$"
    },
    "firstName":{
      "type":"string"
    },
    "lastName":{
      "type":"string"
    },
    "postedSlides":{
      "anyOf":[
        {
          "type":"boolean"
        },
        {
          "type":"string",
```

```
                    "enum":[
                        "yes",
                        "Yes",
                        "no",
                        "No"
                    ]
                }
            ]
        },
        "rating":{
            "type":"number"
        }
    },
    "additionalProperties":false,
    "required":[
        "email",
        "firstName",
        "lastName",
        "postedSlides",
        "rating"
    ]
}
```

예제 5-44는 필드 postedSlides의 값이 "yes"이므로 유효한 문서이다.

예제 5-44 ex-16-any-of.json

```
{
  "email": "larsonrichard@ecratic.com",
  "firstName": "Larson",
  "lastName": "Richard",
  "postedSlides": "yes",
  "rating": 4.1
}
```

예제 5-45는 필드 postedSlides의 값이 "maybe"이기 때문에 조건을 아무것도 만족하지 못하여 유효한 문서가 아니다.

예제 5-45 ex-16-any-of-invalid.json

```
{
  "email": "larsonrichard@ecratic.com",
  "firstName": "Larson",
  "lastName": "Richard",
  "postedSlides": "maybe",
  "rating": 4.1
}
```

이 문서에 대한 유효성 검사를 명령행에서 실행해 보면, 다음과 같은 결과를 볼 수 있다.

```
json-at-work => validate ex-16-any-of-invalid.json ex-16-any-of-schema.json
Invalid: Data does not match any schemas from "anyOf"
JSON Schema element: /properties/postedSlides/anyOf
JSON Content path: /postedSlides
```

allOf

allOf 예약어를 사용하면, 데이터는 유효성 검사 규칙을 모두 만족해야 유효하다고 판정된다. 예제 5-46의 스키마에서 lastName 필드의 값은 타입이 string이며 그 길이가 20보다 짧아야 한다.

예제 5-46 **ex-17-all-of-schema.json**

```json
{
    "$schema":"http://json-schema.org/draft-04/schema#",
    "type":"object",
    "properties":{
        "email":{
            "type":"string",
            "pattern":"^[\\w|-|.]+@[\\w]+\\.[A-Za-z]{2,4}$"
        },
        "firstName":{
            "type":"string"
        },
        "lastName":{
            "allOf":[
                {
                    "type":"string"
                },
                {
                    "maxLength":20
                }
            ]
        },
        "postedSlides":{
            "type":"boolean"
        },
        "rating":{
            "type":"number",
            "maximum":5.0
        }
    },
    "additionalProperties":false,
    "required":[
        "email",
        "firstName",
        "lastName",
        "postedSlides",
        "rating"
    ]
}
```

예제 5-47의 문서는 필드 lastName 값의 길이가 20보다 짧기 때문에 유효한 문서다.

예제 5-47 **ex-17-all-of.json**

```json
{
    "email":"larsonrichard@ecratic.com",
    "firstName":"Larson",
    "lastName":"Richard",
    "postedSlides":true,
    "rating":4.1
}
```

예제 5-48의 문서는 필드 lastName 값의 길이가 20을 넘기 때문에 유효하지 않은 문서다.

예제 5-48 **ex-17-all-of-invalid.json**

```json
{
    "email":"larsonrichard@ecratic.com",
    "firstName":"Larson",
    "lastName":"ThisLastNameIsWayTooLong",
    "postedSlides":true,
    "rating":4.1
}
```

이 문서에 대해 유효성 검사를 해보면, 다음과 같이 유효하지 않다는 결과를 확인할 수 있다.

```
json-at-work => validate ex-17-all-of-invalid.json ex-17-all-of-schema.json
Invalid: String is too long (24 chars), maximum 20
JSON Schema element: /properties/lastName/allOf/1/maxLength
JSON Content path: /lastName
```

지금까지 JSON 스키마의 기본적인 사항과 문법을 살펴보았다. 이번에는 JSON 스키마로 API를 설계해 보도록 하겠다.

5.3 JSON 스키마로 API 설계하고 테스트하기

JSON 스키마는 애플리케이션이 주고받는 데이터의 구조와 의미를 다루기 위한 것이다. API 설계 관점에서 보면, JSON 스키마는 해당 API에 대한 계약(인터페이스)의 일부라고 볼 수 있다. 이 장의 나머지 부분에서는 설계부터 시작하여 다른 애플리케이션과 API로 테스트해 볼 수 있는 스텁 API를 만들어 보도록 하겠다.

우리의 시나리오

이번에도 speaker 모델을 사용한다. 그리고 반복적으로 제약사항과 기능을 추가해 나갈 것이다. 설계부터 시작하여 동작하는 스텁 API를 만들기까지 다음과 같은 단계를 거칠 것이다.

1. JSON 문서를 모델링
2. JSON 스키마를 생성
3. 샘플 데이터를 생성
4. json-server를 이용하여 스텁 API로 배포

JSON 문서 모델링하기

스키마를 만들기 전에, 우리가 주고받게 될 데이터가 어떤 것인지를 알아야 한다. 필드와 필드 값의 형식 외에도, 데이터 자체가 어떻게 보이게 될지도 매우 중요하다. 이를 위해서는 JSON의 다음과 같은 문제들을 극복해야 한다. 먼저 오류가 나기 쉽고 번거로운 데이터 작성을 직접해야 한다는 문제가 있다. 많은 양의 데이터를 직접 입력하는 것보다는 모델링 도구를 사용하도록 한다. 이런 작업을 도와주는 도구가 몇 가지 있는데, 개인적으로 JSON Editor Online을 선호한다. 이 도구의 기능에 대해서는 1장의 "JSON 데이터를 JSON Editor Online으로 모델링하기" 항목을 참조하기 바란다.

그림 5-6은 speaker 모델을 나타낸 것이다.

그림 5.6 jsoneditoronline.com에서 본 연사 정보 모델

JSON 문서를 그대로 직접 입력하는 것보다는, JSON Editor Online으로 먼저 모델링을 마친 후에 이 모델로부터 JSON 문서를 생성하는 쪽이 낫다. 앞의 그림에 나온 화면의 오른쪽이 JSON 모델인데, 모델의 각 요소(객체, 키-값 쌍, 배열 등) 옆을 클릭하면 메뉴가 나타난다. 이 메뉴에서 Append 혹은 Insert를 눌러 요소를 추가한다.

- 객체
- 키-값 쌍
- 배열

필드를 몇 가지 입력한 다음, 화면 중앙의 왼쪽 화살표 버튼을 누르면 JSON 문서가 생성된다. 이런 방식으로 문서에 요소를 추가하여, 문서를 테스트하고, 내용을 검토하는 과정을 만족스러운 결과를 얻을 때까지 반복적으로 수행할 수 있다. 그 다음, JSON 문서를 저장하고 예제 5-49와 같이 파일로 저장한다(Save 메뉴에서 Save to Disk).

예제 5-49 **ex-18-speaker.json**

```json
{
    "about":"Fred Smith is the CTO of Full Ventures, where he ...",
    "email":"fred.smith@fullventures.com",
    "firstName":"Fred",
    "lastName":"Smith",
    "picture":"http://placehold.it/fsmith-full-ventures-small.png",
    "tags":[
        "JavaScript",
        "REST",
        "JSON"
    ],
    "company":"Full Ventures, Inc."
}
```

여기서 다음 단계로 진행하기 전에, JSON 문서를 JSONLint를 사용하여(명령행이든 웹 애플리케이션이든 상관없다) 유효성 검사를 해두는 편이 좋다. 물론 도구는 항상 유효한 JSON 문서를 생성하지만 만약을 위해서다.

JSON 스키마 생성하기

이제 유효한 JSON 문서를 갖게 되었다. 이번에는 JSONSchema.net을 사용하여 이 문서와 구조에 대한 JSON 스키마를 만들 차례이다. 이번에도 도구가 대부분의 일을 해줄 것이므로 번거로운 입력 작업은 필요하지 않다.

*http://jsonschema.net*에 접근하여 JSON 문서의 내용을 그림 5-7과 같이 화면 왼쪽에 붙여 넣는다.

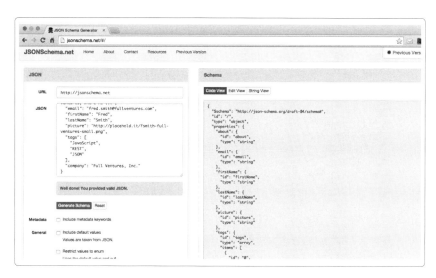

그림 5.7 JSONSchema.net에서 연사 정보 스키마 생성하기

스키마를 설정하기 위해, 기본 설정에 다음과 같이 설정을 변경한다.

· "Use absolute IDs" 옵션을 끈다.
· "Allow additional properties" 옵션을 끈다.
· "Generate Schema" 버튼을 누른다.
· (화면 오른쪽에) 생성된 스키마를 복사한다.

복사한 내용을 별도의 파일에 저장하고 나면, 이제 예제 5-50과 같은 스키마를 얻게 된다.

예제 5-50 **ex-18-speaker-schema-generated.json**

```
{
    "$schema":"http://json-schema.org/draft-04/schema#",
    "id":"/",
    "type":"object",
    "properties":{
        "about":{
            "id":"about",
            "type":"string"
        },
        "email":{
            "id":"email",
            "type":"string"
        },
        "firstName":{
```

```
            "id":"firstName",
            "type":"string"
        },
        "lastName":{
            "id":"lastName",
            "type":"string"
        },
        "picture":{
            "id":"picture",
            "type":"string"
        },
        "tags":{
            "id":"tags",
            "type":"array",
            "items":[
                {
                    "id":"0",
                    "type":"string"
                },
                {
                    "id":"1",
                    "type":"string"
                },
                {
                    "id":"2",
                    "type":"string"
                }
            ]
        },
        "company":{
            "id":"company",
            "type":"string"
        }
    },
    "additionalProperties":false,
    "required":[
        "about",
        "email",
        "firstName",
        "lastName",
        "picture",
        "tags",
        "company"
    ]
}
```

이 웹 사이트는 기본 스키마를 만드는 데는 편리하지만, 불필요한 필드를 덧붙이게 되고 enum, pattern 등에 대한 처리를 해주지 않는다. 그래도 80% 이상의 작업은 JSONSchema.net을 이용하여 할 수 있으며 나머지 수정 작업만을 직접 하면 된다. 이번에는 id 필드 대신 정규 표현식(앞에 나온 것을 사용하면 된다.)으로 값을 검증하는 email 필드를 사용한다. 이렇게 수정을 거치고 나면 예제 5-51과 같은 스키마를 얻게 된다.

예제 5-51 **ex-18-speaker-schema-generated-modified.json**

```json
{
    "$schema":"http://json-schema.org/draft-04/schema#",
    "type":"object",
    "properties":{
        "about":{
            "type":"string"
        },
        "email":{
            "type":"string",
            "pattern":"^[\\w|-|.]+@[\\w]+\\.[A-Za-z]{2,4}$"
        },
        "firstName":{
            "type":"string"
        },
        "lastName":{
            "type":"string"
        },
        "picture":{
            "type":"string"
        },
        "tags":{
            "type":"array",
            "items":[
                {
                    "type":"string"
                }
            ]
        },
        "company":{
            "type":"string"
        }
    },
    "additionalProperties":false,
    "required":[
        "about",
        "email",
        "firstName",
        "lastName",
        "picture",
        "tags",
        "company"
    ]
}
```

JSON 문서의 유효성 검사하기

이제 JSON 스키마가 생겼으니 이 스키마로 JSON Validate 웹 애플리케이션에서 문서의 유효성을 검사해 보자. *http://jsonvalidate.com/*에 접근하여 그림 5-8과 같이 JSON 문서 및 스키마를 각각 붙여 넣는다.

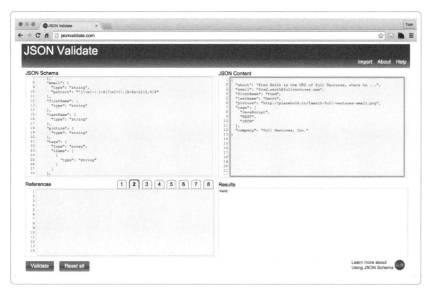

그림 5.8 jsonvalidate.com에서 연사 정보 JSON 문서 유효성 검사하기

그 다음 "Validate" 버튼을 누르면 입력한 스키마에 대해 문서의 유효성을 검사하게 된다. 지금까지처럼 명령행에서 validate를 사용할 수도 있지만, 웹 애플리케이션을 사용하면 시각적으로 결과를 확인하기 편리하다.

샘플 데이터 만들기

이제 스키마와 부합하는 JSON 문서가 생겼다. 하지만 테스트 할 API를 만들기 위해서는 데이터가 더 많이 필요하다. JSON Editor Online으로 테스트 데이터를 만들 수도 있지만 이 방법으로는 사람이 직접 매번 다른 데이터를 만들어 내야 한다는 단점이 있다. GUI를 사용한다고 해도 쉬운 일이 아니다.

JSON Editor Online은 설계 과정에서 필요한 소규모 JSON 문서를 만드는 데는 적합하다. 하지만 테스트에 사용할 수 있도록 무작위 값으로 채워진 대규모 데이터를 만들려면 다른 방법이 필요하다. 이제 데이터를 만들기 위해 JSON Generator를 사용해 보겠다. *http://www.json-generator.com/*에 접근하면 그림 5-9와 같은 화면을 볼 수 있다.

(JavaScript 객체 리터럴 형태로 된) 화면 왼쪽의 코드는 JSON Generator가 샘플 데이터를 만들기 위해 사용하는 템플릿이다. 이 도구는 문장, 숫자, 이름, GUID 값, 성별, 이메일 주소 등에 대한 샘플 무작위 데이터를 생성하는 것이 특징이다. 여기에 템플릿 상단에 {{repeat}} 태그를 달아주면 이런 데이터를 대규

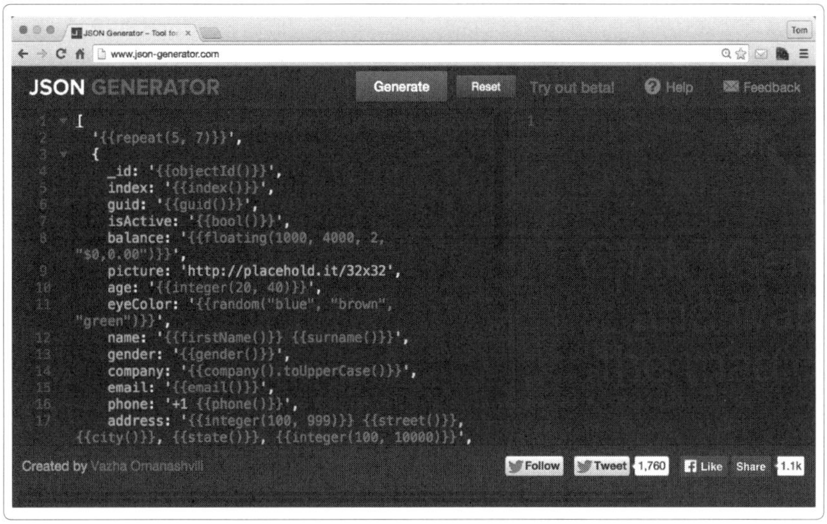

그림 5.9 *json-generator* 웹 사이트

모로 만들어 준다. 이들 태그에 대한 자세한 내용은 "Help" 버튼을 눌러 도움말을 참조하기 바란다.

하지만 이 초기 템플릿은 우리가 필요한 이상으로 지나치게 복잡하다. 이 템플릿에서 우리가 필요한 필드만을 남겨 무작위 데이터로 채워진 speaker 객체를 3개만 만들어보도록 하자(예제 5-52 참조).

예제 5-52 **ex-18-speaker-template.js**

```
// Template for http://www.json-generator.com/

[
   '{{repeat(3)}}', {
      id:'{{integer()}}',
      picture:'http://placehold.it/32x32',
      name:'{{firstName()}}',
      lastName:'{{surname()}}',
      company:'{{company()}}',
      email:'{{email()}}',
      about:'{{lorem(1, "paragraphs")}}'
   }
]
```

"Generator" 버튼을 누르면 그림 5-10과 같이 화면에 JSON 문서가 생성된다(3개 이상이 필요하다면, repeat 태그의 숫자를 더 크게 하면 된다).

이제 화면 오른쪽의 "Copy to Clipboard" 버튼을 눌러 복사한 뒤 파일로 저장하면 예제 5-53과 같은 데이터를 얻게 된다.

그림 5.10 *json-generator*로 연사 정보 JSON 문서 생성하기

예제 5-53 **ex-18-speakers-generated.json**

```
[
    {
        "id":5,
        "picture":"http://placehold.it/32x32",
        "name":"Allen",
        "lastName":"Strickland",
        "company":"Coriander",
        "email":"allenstrickland@coriander.com",
        "about":"Quis enim labore ..."
    },
    {
        "id":9,
        "picture":"http://placehold.it/32x32",
        "name":"Merle",
        "lastName":"Prince",
        "company":"Xylar",
        "email":"merleprince@xylar.com",
        "about":"Id voluptate duis ..."
    },
    {
        "id":8,
        "picture":"http://placehold.it/32x32",
        "name":"Salazar",
        "lastName":"Ewing",
        "company":"Zentime",
        "email":"salazarewing@zentime.com",
        "about":"Officia qui id ..."
    }
]
```

이제 거의 다 되었다. 파일을 API를 배포할 수 있도록 다음과 같이 몇 가지 손보기만 하면 된다.

- 지금 있는 데이터는 배열 형태이다. 이 배열에 speakers라는 이름을 붙이고 중괄호({})로 감싼다. 그리고 나면 배열 speakers를 루트 요소로 갖는 JSON 문서가 된다.

- id 필드의 값이 0부터 시작하도록 수정한다.

예제 5-54는 이렇게 수정을 거친 결과이다.

예제 5-54 **ex-18-speakers-generated-modified.json**

```json
{
   "speakers":[
      {
         "id":0,
         "picture":"http://placehold.it/32x32",
         "name":"Allen",
         "lastName":"Strickland",
         "company":"Coriander",
         "email":"allenstrickland@coriander.com",
         "about":"Quis enim labore ..."
      },
      {
         "id":1,
         "picture":"http://placehold.it/32x32",
         "name":"Merle",
         "lastName":"Prince",
         "company":"Xylar",
         "email":"merleprince@xylar.com",
         "about":"Id voluptate duis ..."
      },
      {
         "id":2,
         "picture":"http://placehold.it/32x32",
         "name":"Salazar",
         "lastName":"Ewing",
         "company":"Zentime",
         "email":"salazarewing@zentime.com",
         "about":"Officia qui id ..."
      }
   ]
}
```

왜 이렇게 수정을 해야 하는가 궁금한 독자들이 있을 것이다. 이렇게 수정을 하고나면 json-server가 다음과 같이 접근할 수 있게 된다.

- *http://localhost:5000/speakers*로 데이터에 접근하려면 배열에 speakers라는 이름을 붙여야 한다.

- id 값으로 대응하는 레코드에 접근할 수 있다(예: *http://localhost:5000/speakers/0*).

사설이 너무 길었다. json-server를 실행하고 브라우저에서 API를 살펴보자.

json-server로 스텁 API 배포하기

지금까지의 과정을 통해 스키마와 이에 부합하는 샘플 데이터를 만들었다. 이번
에는 API 사용 측에서 테스트와 그에 따른 피드백을 줄 수 있도록 이 샘플 데이
터를 API로 배포하여 보겠다. 아직도 json-server를 설치하지 않았다면, 부록 A
의 "npm 모듈 설치하기" 항목을 참고하여 설치하기 바란다.

*ex-18-speakers-generated-modified.json*가 위치한 디렉터리에서 json-server를
실행한다. 다음과 같은 명령을 실행하면 된다.

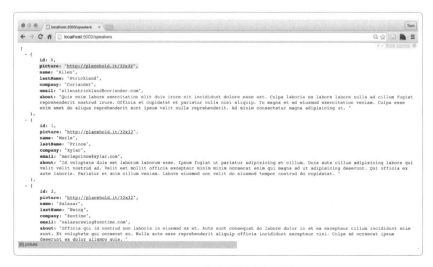

브라우저에서 *http://localhost:5000/speakers*에 접근해 보면, 그림 5-11과 같은 화
면을 볼 수 있다.

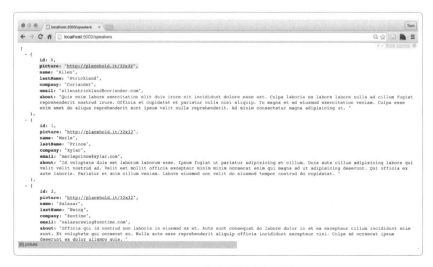

그림 5.11 *json-server*로 배포한 연사 정보 스텁 API

정적 JSON 파일을 배포하여 코드 한 줄 작성하지 않고도 테스트가 가능한 API가 생겼다. 이 방법은 (API를 만들지 않고도) API 같이 동작하는 무언가를 만들수 있다는 것이 장점이다. 지금부터는 다른 API를 사용하는 것처럼 사용하면 된다. 웹브라우저, cURL, 자주 쓰는 언어에서 HTTP 요청을 보내는 방법으로도 사용할 수 있다.

json-server를 사용할 때 제한이 있는 부분은, HTTP GET 요청만, 그러니까 데이터 읽기만이 가능하다는 점이다.

API 설계와 JSON 스키마를 이용한 테스트: 정리

지금까지 본 예제를 통해, API 설계 주기를 훨씬 짧게 할 수 있는 JSON 기반 오픈 소스 도구를 사용할 수 있게 되었다. 우리가 배운 주요 내용은 다음과 같다.

- 데이터 구조를 완성하기 전에 JSON 모델링 도구를 사용한다. 이해관계자와 초기에 개발 주기를 함께 할 수 있다.
- JSON 문서나 스키마를 직접 작성하는 것은 번거롭고 오류가 나기 쉽다. 도구에게 이런 작성 업무를 맡기고 가능한 한 타이핑을 직접 하는 일이 없도록 한다.
- 유효성 검사를 이른 단계에, 그리고 자주 하라.
- 대규모 무작위 데이터를 도구를 사용해서 생성하라.
- 간단히 스텁 API를 만들 수 있다. 테스트를 위해 직접 인프라를 구축하지 말고 이미 있는 도구로 같은 결과를 얻도록 한다. 절약한 시간에 더 많은 일을 할 수 있을 것이다.

5.4 JSON 스키마 라이브러리 사용하기

지금까지는 validate 명령행 도구나 JSON Validate 웹 애플리케이션을 사용하여 JSON 문서가 스키마에 부합하는지를 검증해 왔다. 그러나 우리가 원하는 것은 애플리케이션에서 유효성 검사를 하는 것이다.

그러나 JSON 스키마는 JavaScript나 Node.js에서만 사용할 수 있는 건 아니다. 주요 플랫폼 대부분이 JSON 스키마 v4를 지원한다.

Ruby on Rails

json-schema 젬(*https://rubygems.org/gems/json-schema*).

Java

json-schema-validator (*https://github.com/java-json-tools/json-schema-validator*)

PHP

jsv4-php (*https://github.com/geraintluff/jsv4-php*)

Python

jsonschema (*https://github.com/Julian/jsonschema*)

Clojure

Java 기반 json-schema-validator를 사용하면 된다.

Node.js

Node.js에는 JSON 스키마 처리기가 여러 가지 있다. 이 중 개인적으로 잘 썼던 것은 다음과 같다.

- ajv는 Node.js 기반 애플리케이션 중에서 필자가 가장 선호하는 것으로, 사용법이 간단하고 깔끔한 결과를 얻을 수 있다. ajv는 널리 사용되는 Node.js 기반 테스트 프레임워크(Mocha/Chai, Jasmine, Karma)와 호환성이 좋은 것이 장점이다. ajv에 대한 자세한 정보는 깃허브의 npm site(*https://www.npmjs.com/package/ajv*)를 참조하라.

- ujs-jsonvalidate는 이 장 전체에 걸쳐 명령행에서 사용했던 JSON 스키마 처리기다. 깃허브(*https://github.com/usingjsonschema/ujs-jsonvalidate-nodejs#library-function-use*)에서 자세한 정보를 확인할 수 있다. ujs-jsonvalidate npm 모듈은 *http://bit.ly/2tj4ODI*를 확인하면 된다.

5.5 JSON 스키마에 대한 읽을거리

지금까지 JSON 스키마의 기본적인 내용을 다루었다. 그러나 이 책에서 JSON 스키마의 모든 내용을 다루지는 못한다. 전에 언급했던 json-schema.org(*http://json-schema.org/*) 외에도 다음과 같은 참고자료들이 있다.

- 조 매킨타이어(Joe McIntyre)가 운영하는 "Using JSON Schema"는 JSON 스키마 도구에 대한 풍부한 참조 자료를 제공한다. (*http://usingjsonschema.com/*)

- *Using JSON Schame* 책(*http://usingjsonschema.com/downloads/*)
- `jsonvalidate` 애플리케이션 (*http://jsonvalidate.com/*)
- `ujs-validate` npm 모듈 (*https://github.com/usingjsonschema/ujs-jsonvalidate-nodejs*)
- 마이클 드로엣붐(Michael Droettboom) 등이 쓴 "Understanding JSON Schema" (*https://spacetelescope.github.io/understanding-json-schema/UnderstandingJSONSchema.pdf*)
- "A Short Guide to JSON Schema" (*https://bugventure.github.io/jsen/json-schema*)

5.6 이번 장에서 배운 내용

이번 장에서는 JSON 스키마를 소개하고 이를 애플리케이션 설계에 어떻게 이용할 수 있는지를 배웠다. 그 다음 JSON 스키마와 관련 도구를 사용하면서 API를 설계하고 테스트해 보았다

5.7 다음 장에서 배울 내용

JSON 스키마로 유효한 JSON 문서를 구조화하는 방법을 배웠다. 6장에서는 JSON 문서를 검색하는 방법에 대해 알아볼 것이다

JSON 검색하기

JSON 검색 라이브러리와 도구로 JSON 문서를 검색하여 원하는 필드를 빨리 찾을 수 있다. JSON 검색은 특히 웹 API로부터 얻은 커다란 JSON 문서를 검색할 때 특히 유용하다.

이번 장에서 다룰 내용은 다음과 같다.

· JSON 검색 쉽게 하기
· 주요 JSON 검색 라이브러리와 도구 사용법
· 웹 API로부터 얻은 JSON 문서를 검색하는 단위 테스트 작성하기

그리고 로컬 컴퓨터에 배포된 웹 API에서 JSON 데이터를 검색하는 몇 가지 기법을 예제를 통해 알아 볼 것이다. 검색을 수행하고 검색 결과를 확인하기 위해 단위 테스트를 활용한다.

6.1 왜 JSON을 검색하는가?

API 호출 결과로 수백 개 혹은 그 이상의 JSON 객체를 받았다. 이때 이 데이터 중 특정한 키-값 쌍만 필요하다거나, 아니면 특정 조건을 만족하는 객체만을 사용하고 싶은 경우를 생각해보자. 이럴 때 JSON 검색이 없다면 이 과정을 수행하는 코드를 직접 작성해야 할 것이다. 이런 코드를 작성하는 것은 번거롭고 따분한 일이며, 이 시간에 좀 더 유용한 일을 하는 것이 나을 것이다. 이번 장에서 알아볼 JSON 검색 라이브러리와 도구를 사용하면 이런 번거로운 업무를 줄일 수 있다.

6.2 JSON 검색 라이브러리와 도구

JSON 문서를 검색하기 위한 라이브러리(애플리케이션에서 호출 가능한 것)와 명령행 도구는 여러 가지가 있지만, 여기서는 가장 널리 쓰이는 다음 도구를 다룬다.

- JSONPath
- JSON Pointer
- jq

그 외 고려해 볼 만한 도구

앞서 말한 바와 같이 JSON 문서에 대한 여러 가지 검색 및 필터링 라이브러리가 있다. 하지만 지면 관계상 이들을 모두 다룰 수는 없고, 위에서 언급한 것 외에 고려해 볼 만한 도구를 간단히 소개한다.

SpahOL

SpahOL은 JSON 객체의 jQuery 같은 존재이다. 깃허브 저장소(*https://github.com/julesfern/spahql*)에서 자세한 내용을 확인할 수 있다.

`json`

`json`은 명령행 도구로, 깃허브 저장소(*https://github.com/zpoley/json-command*)와 npm 저장소(*https://www.npmjs.com/package/json*)에서 다운 받을 수 있다. 이 책에서는 이 도구를 JSON 검색을 목적은 아니지만, JSON 문서를 깔끔하게 정리하는데 사용할 것이다.

`jsawk`

`jsawk`는 JSON 검색과 함께 JSON 문서 변환을 수행하는 명령행 도구이다.

이 책에서 이들 도구를 다루지는 않지만, 이 중에 독자의 필요에 더 부합하는 도구가 있을 수 있다. 이들 도구를 JSONPath, JSON Pointer, jq와 비교해보고 더 적합한 것을 사용하기 바란다.

라이브러리를 선택하는 기준

라이브러리에 대한 선택의 폭은 넓지만, 이들 중 무엇을 사용해야 할지는 여전히 어려운 문제이다. 다음은 개인적으로 라이브러리를 선택할 때 고려하는 기준이다.

해당 라이브러리가 널리 쓰이고 있는가? 라이브러리 이름으로 웹 검색을 해 보았을 때 얼마나 많은 검색 결과가 나오는가?

개발자 커뮤니티

깃허브에 소스 코드가 공개되어 있는가? 유지보수는 활발히 이루어지고 있는가?

플랫폼

하나 이상의 플랫폼에서 동작하는가? 라이브러리 인터페이스와 규격을 지원하는 하나 이상의 주체가 있는가?

직관성

문서화는 잘 되어 있는가? 설치 방법은 어렵지 않은가? 인터페이스의 직관성은 좋은가? 사용법은 간단한가?

표준

준수하고 있는 표준(예: IETF, WC3, ECMA 등)이 있는가?

앞으로 보게 될 JSON 검색 도구를 평가할 때에도 이들 기준을 적용해 볼 것이다.

6.3 테스트 데이터

검색 대상이 될 JSON 문서로, 지금까지 본 것보다 더 크고 다양한 정보를 가진 '진짜 같은' 문서가 필요하다. 웹에서 이러한 문서를 쉽게 구할 수 있다. 이번 장과 다음 장에서는 지금까지 사용해 온 연사 정보 데이터 대신 공공 정보 API로부터 얻을 수 있는 공개 데이터 집합으로 OpenWeatherMap API의 도시별 날씨 정보를 사용할 것이다. 더 자세한 내용은 이 API의 참조 문서(*http://openweathermap.org/current*)를 보기 바란다.

chapter-6/data/cities-weather-orig.json 파일에는 OpenWeatherMap API에서 특정한 위도 경도 범위(미국의 남부 캘리포니아) 안에 포함되는 도시의 날씨 정보가 들어 있다. OpenWeatherMap의 데이터는 특성상 변동이 잦으므로, 현재의 API 응답이 책의 내용과 다를 수 있다. 이 데이터를 json-server에서 사용하려면 약간 수정이 필요하다. 먼저 *data/cities-weather-orig.json* 파일을 보면 날씨 데이터가 list라는 이름의 배열 안에 들어 있음을 알 수 있다. 이 배열의 이름을

cities라고 고쳐서 이를 *data/cities-weather.json*라는 이름으로 저장한다. 여기에
다 다시 문서 앞에 오는 cod, calctime, cnt 필드를 객체 안으로 옮긴다. 이렇게
수정하는 것은 json-server가 객체 혹은 객체의 배열만을 사용할 수 있기 때문
이다. 이 장에서도 json-server를 사용하여 날씨 정보를 웹 API로 배포할 것이
다. 예제 6-1은 이렇게 수정을 거친 날씨 데이터이다.

예제 6-1 data/cities-weather.json

```
{
  "other":{
    "cod":200,
    "calctime":0.006,
    "cnt":110
  },
  "cities":[
    ...
  ]
}
```

그러고 나서 다음 명령으로 json-server를 실행한다.

```
json-server -p 5000 ./cities-weather.json
```

그 다음 웹브라우저로 *http://localhost:5000/cities*에 접근하면 그림 6-1과 같은 화
면을 볼 수 있다.

그림 **6.1** json-server로 배포한 OpenWeather API 데이터를 웹브라우저로 열람한 화면

이제 JSON 데이터를 스텁 API로 배포하는 과정이 끝났다. 이번 장의 나머지 부분에서 이를 이용한 단위 테스트를 해볼 것이다.

6.4 단위 테스트 만들기

이번 장에서 볼 모든 테스트는 이전 장과 마찬가지로 Node.js 환경에서 Mocha/Chai를 이용한다. 시작하기 전에 테스트 환경이 모두 갖추어졌는지 확인해 보도록 한다. Node.js를 아직 설치하지 않았다면 부록 A의 "Node.js 설치하기" 항목을 참조하여 설치하기 바란다. 예제 코드로 제공된 프로젝트를 사용하고 싶다면 *chapter-6/cities-weather-test* 디렉터리로 이동하여 다음 명령으로 이 프로젝트에 필요한 모든 의존 라이브러리를 설치한다.

```
npm install
```

새로운 프로젝트를 직접 생성하고 싶다면, 이 책의 깃허브 저장소에서 다음 페이지(*https://github.com/tmarrs/json-at-work-examples/blob/master/chapter-6/Project-Setup.md*)를 참조하기 바란다.

이제 테스트 환경이 갖추어졌다. JSON을 검색하는 방법에 대해 알아보도록 하자.

6.5 JSON 검색 라이브러리 및 도구의 비교

지금까지 JSON 검색의 기본에 대해 배웠다. 이제 다음과 같은 라이브러리와 도구를 검토해 볼 것이다.

· JSONPath
· JSON Pointer
· jq

JSONPath

JSONPath(*http://goessner.net/articles/JsonPath/*)는 JSON 문서를 검색하고 검색 결과를 추출해내기 위한 도구로, 2007년 스테판 괴스너(Stefan Goessner)가 개발하였다. 본래 JavaScript로 개발되었으나, 인기가 좋아서 대부분의 최신 프로그래밍 언어와 플랫폼에서 지원된다.

JSONPath 쿼리 문법

JSONPath 쿼리 문법은 XPath(XML을 검색하기 위한 것)에 기반한 것이다. 표 6-1은 우리가 사용하는 날씨 데이터에 대한 몇 가지 JSONPath 쿼리 예제이다.

JSONPath 쿼리	의미
`$.cities`	배열 cities의 모든 요소를 가져온다
`$.cities.length`	배열 cities의 요소 수를 가져온다
`$.cities[0::2]`	배열 cities에서 지정한 요소를 제외한 모든 요소를 가져온다 slice()에 대한 설명을 참조하라
`$.cities[(@.length-1)]` 혹은 `$.cities[-1:]`	배열 cities의 마지막 요소를 가져온다
`$..weather`	weather의 하위 요소를 모두 가져온다
`$.cities[:3]`	배열 cities에서 앞에서부터 3개 요소를 가져온다
`$.cities[:3].name`	배열 cities에서 앞에서부터 3개 요소에 대한 도시명을 가져온다
`$.cities[?(@.main.temp > 84)]`	온도가 84를 초과하는 도시에 대한 정보를 가져온다
`$.cities[?(@.main.temp >= 84 $$ @.main.temp <= 85.5)]`	온도가 84 이상 85 이하인 도시에 대한 정보를 가져온다
`$.cities[?(@.weather[0].main == 'Clouds')]`	날씨가 '흐림'인 도시에 대한 정보를 가져온다
`$.cities[?(@.weather[0].main .match(/Clo/))]`	날씨가 '흐림'인 도시에 대한 정보를 가져온다 (정규 표현식 사용)

표 6.1 JSONPath 쿼리 예제

위 예에서 쓰인 JSONPath 쿼리의 예약어 및 문법의 의미는 다음과 같다.

- $는 문서의 최상위 객체를 의미한다.
- ..는 해당 이름을 가진 모든 요소 및 하위 요소를 리턴한다.
- []에 인덱스를 사용하면 배열에 대한 쿼리가 된다. 그리고 이때 사용되는 인덱스는 JavaScript의 slice() 함수를 따른다. MDN(Mozilla Developer Network, *https://mzl.la/2rRu4BH*)에서 자세한 정보를 확인할 수 있다. JSONPath의 Slice()를 간단히 설명하자면 다음과 같다.
  - 배열의 일부분을 선택하는 기능을 제공한다.
  - 인자 begin은 시작 인덱스로, 0부터 시작하며 명시하지 않았을 경우 기본 값이 0이다.
  - 인자 end는 끝 인덱스(해당값 포함하지 않음)로, 명시하지 않았을 경우 배열의 끝을 가리킨다.

- 인자 step(추가된 인자)은 인덱스 간격을 나타내며 기본값은 1이다. step
  이 1이면 begin과 end 사이의 모든 요소를 가리킨다. 2이면 하나씩 건너 뛴
  요소가 된다.

- @는 현재 요소를 가리킨다.

- [?(..)]는 조건부 검색을 의미한다. 괄호 안에는 유효한 JavaScript 표현식이
  라면 어느 것이라도 사용할 수 있다. 조건식은 물론이고 정규 표현식도 사용
  가능하다.

JSONPath 온라인 테스터

온라인상에서 JSONPath를 연습해 볼 수 있는 서비스가 몇 가지 있다. 개인적으
로는 하마사키 카즈키(Kazuki Hamasaki)가 만든 웹 사이트[3]를 선호하는데, 이
웹 사이트에 *data/cities-weather.json* 파일의 내용(6장의 예제 코드에 포함되어 있
다)을 왼쪽 텍스트 박스에 붙여 넣고 JSONPath 쿼리를 입력하면 그림 6-2와 같
이 화면의 오른쪽 텍스트 박스에 쿼리 결과가 나타나게 된다.

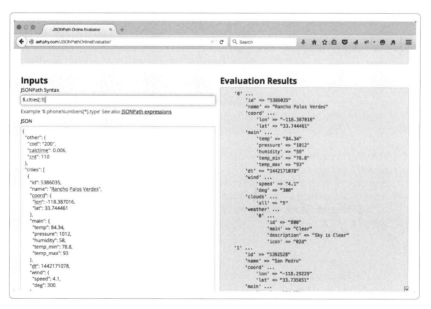

그림 6.2 JSONPath Online Evaluator로 OpenWeather API 데이터를 열람한 화면

화면을 보면 알 수 있겠지만, 쿼리 결과에는 키가 제외된 값만이 출력된다.

---

3 (옮긴이) 현재는 *http://jsonpath.com*로 연결되고 있다.

JSONPath 단위 테스트

예제 6-2의 단위 테스트는 우리가 지금까지 살펴본 형태의 JSONPath 쿼리에 대한 단위 테스트이다. 이 코드는 jsonpath Node.js 모듈을 사용하여 날씨 정보 API의 결과를 검색한다. jsonpath 모듈에 대한 자세한 내용은 *https://github.com/dchester/jsonpath* 페이지를 참조하기 바란다.

예제 6-2 **cities-weather-test/test/jsonpath-spec.js**

```
'use strict';

/*  참고사항 : OpenWeatherMap API([http://openweathermap.org])가 제공하는
    날씨 데이터는 Creative Commons Share A Like 라이선스
    (https://creativecommons.org/licenses/by-sa/4.0)를 따릅니다.
    이 데이터에 대한 수정은 json-server를 사용하기 위한 것으로, 사용권자에
    의한 것이 아닙니다.

    이 코드에 대한 재배포 역시 Creative Commons Share A Like 라이선스를 따릅니다.
*/

var expect = require('chai').expect;
var jp = require('jsonpath');
var unirest = require('unirest');

describe('cities-jsonpath', function() {
  var req;

  beforeEach(function() {
    req = unirest.get('http://localhost:5000/cities')
      .header('Accept', 'application/json');
  });

  it('should return a 200 response', function(done) {
    req.end(function(res) {
      expect(res.statusCode).to.eql(200);
      expect(res.headers['content-type']).to.eql(
        'application/json; charset=utf-8');
      done();
    });
  });

  it('should return all cities', function(done) {
    req.end(function(res) {
      var cities = res.body;

      expect(cities.length).to.eql(110);
      done();
    });
  });

  it('should return every other city', function(done) {
    req.end(function(res) {
```

```
    var cities = res.body;
    var citiesEveryOther = jp.query(cities, '$[0::2]');

    expect(citiesEveryOther[1].name).to.eql('Rosarito');
    expect(citiesEveryOther.length).to.eql(55);
    done();
  });
});

it('should return the last city', function(done) {
  req.end(function(res) {
    var cities = res.body;
    var lastCity = jp.query(cities, '$[(@.length-1)]');

    expect(lastCity[0].name).to.eql('Moreno Valley');
    done();
  });

  req.end(function(res) {
    var cities = res.body;
    var citiesFirstThree = jp.query(cities, '$[:3]');
    var citiesFirstThreeNames = jp.query(cities, '$[:3].name');

    expect(citiesFirstThree.length).to.eql(3);
    expect(citiesFirstThreeNames.length).to.eql(3);
    expect(citiesFirstThreeNames).to.eql(['Rancho Palos Verdes',
      'San Pedro', 'Rosarito'
    ]);

    done();
  });
});

it('should return cities within a temperature range', function(done) {
  req.end(function(res) {
    var cities = res.body;
    var citiesTempRange = jp.query(cities,
      '$[?(@.main.temp >= 84 && @.main.temp <= 85.5)]'
    );

    for (var i = 0; i < citiesTempRange.length; i++) {
      expect(citiesTempRange[i].main.temp).to.be.at.least(84);
      expect(citiesTempRange[i].main.temp).to.be.at.most(85.5);
    }

    done();
  });
});

it('should return cities with cloudy weather', function(done) {
  req.end(function(res) {
    var cities = res.body;
    var citiesWeatherCloudy = jp.query(cities,
      '$[?(@.weather[0].main == "Clouds")]'
    );

    checkCitiesWeather(citiesWeatherCloudy);
```

```
      done();
    });
  });

  it('should return cities with cloudy weather using regex', function(done) {
    req.end(function(res) {
      var cities = res.body;
      var citiesWeatherCloudyRegex = jp.query(cities,
        '$[?(@.weather[0].main.match(/Clo/))]'
      );

      checkCitiesWeather(citiesWeatherCloudyRegex);
      done();
    });

    it('should return the 1st 3 cities', function(done) {});
  });

  function checkCitiesWeather(cities) {
    for (var i = 0; i < cities.length; i++) {
      expect(cities[i].weather[0].main).to.eql('Clouds');
    }
  }
});
```

이 예제의 내용은 다음과 같다.

- Mocha의 beforeEach() 메서드를 사용하여, 각 테스트 케이스의 준비에 대한 코드(URI 및 헤더 준비)를 한 번만 작성하도록 한다. 이 메서드는 describe 문의 범위 안에서 각 테스트 케이스(예: it)가 실행되기 전에 한 번씩 실행된다.
- expect 문을 이용한 검증문을 사용하여 하나 혹은 그 이상의 JSONPath 쿼리 예제를 테스트한다.
- jsonpath 모듈을 호출하면 다음과 같은 과정을 거친다.
  - jp.query()는 JavaScript 객체 및 문자열 형태의 JSONPath 쿼리를 인자로 받아 이 쿼리를 동기적으로 실행한 결과를 JavaScript 객체로 리턴한다.
- 이들 JSONPath 쿼리에는 서두에 오는 .cities가 생략되어 있다. 그 이유는 json-server가 최상위 배열의 이름을 제거하고 이를 URI에 덧붙이기 때문이다.
  - URI 주소: *http://localhost:5000/cities*
  - 그러므로 앞에서부터 3개의 도시에 대한 정보에 접근하려면 $.cities[:3] 대신 $[:3]을 사용하여야 한다.

이 단위 테스트를 명령행(별도의 터미널 창)에서 실행하려면 다음과 같은 명령을 사용한다.

```
cd cities-weather-test

npm test
```

그 결과로 다음과 같은 내용을 보게 될 것이다.

```
json-at-work => npm test

...

> mocha test

...

cities-jsonpath
  ✓ should return a 200 response
  ✓ should return all cities
  ✓ should return every other city
  ✓ should return the last city
  ✓ should return 1st 3 cities
  ✓ should return cities within a temperature range
  ✓ should return cities with cloudy weather
  ✓ should return cities with cloudy weather using regex

...
```

앞의 테스트에서 cities에 대해 console.log()를 실행해 보면, jsonpath 모듈이 키-값 쌍으로 구성된 유효한 JSON 문서를 리턴하고 있음을 확인할 수 있다.

Node.js 외의 플랫폼에서 JSONPath 사용하기

JSONPath는 Node.js 및 JavaScript 외에도 다음과 같은 플랫폼에서 사용할 수 있다.

· Ruby on Rails (*https://github.com/joshbuddy/jsonpath*)
· Python (*https://pypi.python.org/pypi/jsonpath/*)
· Java (*https://github.com/json-path/JsonPath*)

이 외에도 여러 가지 JSONPath 라이브러리가 있지만, 사용하기 전에 이들 라이브러리가 스테판 괴스너가 정의한(*http://goessner.net/articles/JsonPath/*) 문법을 정확하게 구현하고 있는지 확인하기 바란다. 호박에 줄을 긋는다고 수박이 되지 않듯, 이들 문법을 정확하게 구현하고 있지 않다면 그 라이브러리는 엄밀히 말해 JSONPath 라이브러리라고 할 수 없다.

JSONPath 총평

표 6-2는 이 장 서두에서 언급한 평가 기준으로 JSONPath를 평가해 본 결과이다.

공감대	Y
개발자 커뮤니티	Y
플랫폼	JavaScript, Node.js, Java, Ruby on Rails
직관성	Y
표준	N

표 6.2 JSONPath의 평가 결과

JSONPath는 대부분의 주요 플랫폼을 지원하며 다양한 검색 기능을 제공한다. 단점을 들자면 JSONPath는 표준으로 제정되어 있지 않으며, 명령행 환경에서 사용할 수 있는 구현이 없다는 것 정도를 들 수 있을 것이다. 그렇다고 JSONPath를 사용하지 못할 이유는 없다. JSONPath는 관련 커뮤니티에서 널리 사용되고 있으며, 온라인으로 제공되는 테스터 역시 잘 갖추어져 있다. JSONPath를 사용하면 원하는 데이터를 찾고 추출해 내기 위해 작성하는 코드를 크게 줄일 수 있을 것이다.

JSON Pointer

Json Pointer는 JSON 문서 안에서 특정한 값에 접근하기 위해 제정된 표준이다. JSON Pointer 규격(*https://tools.ietf.org/html/rfc6901*)에서 더 자세한 정보를 확인할 수 있다. JSON Pointer의 주 목적은 JSON 스키마에서 $ref에 따라 정의되는 유효성 검사 규칙을 찾기 위한 것이다(5장 참조).

JSON Pointer 쿼리 문법

다음과 같은 문서를 예로 들어 보자.

```
{
  "cities":[
    {
      "id":5386035,
      "name":"Rancho Palos Verdes"
    },
    {
      "id":5392528,
      "name":"San Pedro"
    },
    {
      "id":5358705,
```

```
            "name":"Huntington Beach"
        }
    ]
}
```

표 6-3은 이 문서를 검색하기 위한 JSON Pointer 쿼리 문법을 정리한 것이다.

JSON Pointer 쿼리	의미
/cities	배열에서 모든 요소를 얻음
/cities/0	첫 번째 요소의 정보를 얻음
/cities/1/name	두 번째 요소의 이름(name) 필드의 값을 얻음

표 6.3 JSON Pointer 쿼리

JSON Pointer 쿼리 문법은 다음과 같은 간단한 문법을 갖는다.

· /은 경로 구분기호이다.
· 배열의 인덱스는 0부터 시작한다.

JSON Pointer의 규격에서 알 수 있듯, 쿼리에 대한 응답에는 값 데이터만이 포함되며 키는 포함되지 않는다.

JSON Pointer 단위 테스트

예제 6-3의 단위 테스트는 우리가 지금까지 살펴본 형태의 JSON Pointer 쿼리에 대한 단위 테스트이다. 이 코드는 json-pointer Node.js 모듈을 사용하여 날씨 정보 API의 결과를 검색한다. json-pointer 모듈에 대한 자세한 내용은 *https://github.com/manuelstofer/json-pointer* 페이지를 참조하기 바란다.

예제 6-3 **cities-weather-test/test/json-pointer-spec.js**

```
'use strict';

/*  참고사항 : OpenWeatherMap API([http://openweathermap.org])가 제공하는
    날씨 데이터는 Creative Commons Share A Like 라이선스
    (https://creativecommons.org/licenses/by-sa/4.0)를 따릅니다.
    이 데이터에 대한 수정은 json-server를 사용하기 위한 것으로, 사용권자에
    의한 것이 아닙니다.

    이 코드에 대한 재배포 역시 Creative Commons Share A Like 라이선스를 따릅니다.
*/

var expect = require('chai').expect;
var pointer = require('json-pointer');
```

```
var unirest = require('unirest');

describe('cities-json-pointer', function() {
  var req;

  beforeEach(function() {
    req = unirest.get('http://localhost:5000/cities')
      .header('Accept', 'application/json');
  });

  it('should return a 200 response', function(done) {
    req.end(function(res) {
      expect(res.statusCode).to.eql(200);
      expect(res.headers['content-type']).to.eql(
        'application/json; charset=utf-8');
      done();
    });
  });

  it('should return the 1st city', function(done) {
    req.end(function(res) {
      var cities = res.body;
      var firstCity = null;
      firstCity = pointer.get(cities, '/0');
      expect(firstCity.name).to.eql('Rancho Palos Verdes');
      expect(firstCity.weather[0].main).to.eql('Clear');
      done();
    });
  });

  it('should return the name of the 2nd city', function(done) {
    req.end(function(res) {
      var cities = res.body;
      var secondCityName = null;
      secondCityName = pointer.get(cities, '/1/name');
      expect(secondCityName).to.eql("San Pedro");
      done();
    });
  });
});
```

이 테스트 코드의 요점은 다음과 같다.

· expect 문을 이용한 검증문을 사용하여 JSON Pointer 쿼리 예제를 테스트 한다.

· json-pointer 모듈을 호출하면 다음과 같은 과정을 거친다.

　– pointer.get()는 JavaScript 객체 및 문자열 형태의 JSONPath 쿼리를 인자 로 받아 이 쿼리를 동기적으로 실행한 결과를 JavaScript 객체로 리턴한다.

· 이들 JSON Pointer 쿼리에는 서두에 오는 .cities가 생략되어 있다. 그 이유는 json-server가 최상위 배열의 이름을 제거하고 이를 URI에 덧붙이기 때문이다.

- URI 주소: *http://localhost:5000/cities*
- 그러므로 첫 번째 도시에 대한 정보에 접근하려면 /cities/0 대신 /0을 사용하여야 한다.

이 테스트를 명령행에서 실행하려면, 다음과 같은 명령을 사용한다.

```
cd cities-weather-test

npm test
```

그러면 다음과 같은 결과를 볼 수 있다.

```
json-at-work => npm test

...

> mocha test

...

cities-json-pointer
  ✓ should return a 200 response
  ✓ should return the 1st city
  ✓ should return the name of the 2nd city

  ...
```

"should return the 1st city" 테스트 케이스에서 firstCity 변수로 console.log()를 호출해 보면 json-pointer 모듈이 키-값 쌍으로 구성된 유효한 JSON 문서를 리턴한다는 것을 확인할 수 있다.

Node.js 외의 플랫폼에서 JSON Pointer 사용하기

Node.js 외에도 대부분의 주요 플랫폼에서 JSON Pointer 구현체 라이브러리를 사용할 수 있다.

· Ruby on Rails (*https://github.com/tent/json-pointer-ruby*)

· Python (*https://github.com/stefankoegl/python-json-pointer*)

· Java -- Jackson에서 JSON Pointer를 지원하고(*https://github.com/fge/jackson-coreutils*) 있었으나, Java EE 8부터 JSR 374의 일부로 자체 지원(*bit.ly/2reREao*)을 시작하였다.

그 외에도 JSON Pointer 구현체를 자처하는 몇 가지 도구가 있으나, 이들은

JSON Pointer 규격을 엄격히 준수하고 있지 않다. JSON Pointer를 구현하는 라이브러리나 도구를 평가할 때는 이들 도구가 RFC 6901(*https://tools.ietf.org/html/rfc6901*)를 준수하는지 확인해야 한다. 다시 강조하지만, 규격을 준수하지 않는 구현체는 진정한 구현체라고 할 수 없다.

JSON Pointer 총평

표 6-4는 앞서 언급한 기준을 따라 JSON Pointer를 평가한 결과이다.

공감대	Y
개발자 커뮤니티	Y
플랫폼	JavaScript, Node.js, Java, Ruby on Rails
직관성	Y
표준	Y(RFC 6901)

표 6.4 JSON Pointer 평가 결과

JSON Pointer의 검색 기능은 JSON 문서의 단일 필드 값만을 추출할 수 있다는 점에서 제한적인 면이 있다. 이는 JSON Pointer의 주 목적이 JSON 스키마의 $ref 문법을 구현하기 위한 것이기 때문이다.

jq

jq는 명령행에서 슬라이싱, 필터링 등 JSON을 처리할 수 있게 해주는 JSON 검색 도구이다. jq의 깃허브 저장소(*https://stedolan.github.io/jq/*)에 있는 설명에 따르면, jq는 JSON의 sed에 해당하는 도구이다. 그러나 jq는 명령행 뿐만 아니라 다양한 단위 테스트 프레임워크에서 사용이 가능하다(이 장의 "jq 단위 테스트" 항목 참조).

cURL과 통합하여 사용하기

유닉스 커뮤니티에서는 명령행에서 웹 API를 호출하기 위해 cURL(*https://curl.haxx.se/*)을 흔히 사용한다. cURL은 HTTP 외에도 여러 가지 프로토콜을 사용할 수 있다. cURL을 설치하는 방법은 부록 A의 "cURL 설치하기" 항목을 참조하기 바란다.

먼저 도시별 날씨 API에 cURL을 사용하여 GET 요청을 보내 보도록 하자.

```
curl -X GET 'http://localhost:5000/cities'
```

도시별 날씨 API의 응답에서 JSON 문서를 얻는 방법을 알았다. 이제 이 문서의 내용을 파이프라인을 통해 jq로 전달하여 필터링해 보겠다. 다음과 같은 간단한 예를 살펴보자.

```
curl -X GET 'http://localhost:5000/cities' | jq .[0]
```

위의 명령을 실행하면 다음과 같은 결과를 볼 수 있다.

```
json-at-work => curl  -X GET 'http://localhost:5000/cities' | jq .[0]
  % Total    % Received % Xferd  Average Speed   Time    Time     Time  Current
                                 Dload  Upload   Total   Spent    Left  Speed
100 57510  100 57510    0     0   806k      0 --:--:-- --:--:-- --:--:--  802k
{
  "id": 5386035,
  "name": "Rancho Palos Verdes",
  "coord": {
    "lon": -118.387016,
    "lat": 33.744461
  },
  "main": {
    "temp": 84.34,
    "pressure": 1012,
    "humidity": 58,
    "temp_min": 78.8,
    "temp_max": 93
  },
  "dt": 1442171078,
  "wind": {
    "speed": 4.1,
    "deg": 300
  },
  "clouds": {
    "all": 5
  },
  "weather": [
    {
      "id": 800,
      "main": "Clear",
      "description": "Sky is Clear",
      "icon": "02d"
    }
  ]
}
```

이 예제가 실행되는 과정은 다음과 같다.

- cURL이 OpenWeatherMap API에 HTTP GET 요청을 전달한 뒤 JSON 형식의 응답을 표준 출력으로 파이프라이닝한다.
- jq는 표준 입력으로 JSON을 입력받는다. 그리고 여기에서 첫 번째 도시에 대한 내용을 선택한 후 그 결과를 다시 표준 출력으로 내놓는다.

cURL은 API 개발자에게 강력하고 중요한 도구이다. cURL은 HTTP의 주요 verb(GET, POST, PUT, DELETE)를 모두 테스트할 수 있는 기능도 갖고 있다. 지금 사용한 것은 cURL이 가진 기능의 극히 일부분에 지나지 않는다. 좀 더 자세한 사항은 cURL 웹 사이트(*https://curl.haxx.se/*)에서 확인할 수 있다.

jq 쿼리 문법

표 6-5는 기본적인 jq 쿼리의 예이다.

jq 쿼리	의미
`.cities[0]`	첫 번째 도시의 정보. 인덱스는 0부터 시작한다.
`.cities[-1]`	마지막 도시의 정보. 인덱스 -1은 배열의 마지막 요소를 의미한다.
`.cities[0:3]`	앞에서부터 3개 도시의 정보. 0은 시작 인덱스(해당값 포함) 3은 끝 인덱스(해당값 제외)이다.
`.cities[:3]`	앞에서부터 3개 도시의 정보. 시작 인덱스가 생략되었다.
`.cities[] | select (.main.temp >= 80 and (.main.temp_min >= 79 and .main.temp_max <= 92))`	현재 온도가 80 이상이고, 최저 온도와 최고 온도가 각각 92도 이상, 79도 이하인 모든 도시에 대한 정보.

표 6.5 jq 쿼리의 예

명령행에서 jq 쿼리를 실행하려면 다음과 같이 한다.

```
cd chapter-6/data

jq '.cities[-1]' cities-weather.json
```

위의 명령을 실행하면 다음과 같은 결과를 볼 수 있다.

좀 더 구체적인 예를 통해 자세히 알아보도록 하자.

```
json-at-work => jq '.cities[-1]' cities-weather.json
{
  "id": 5374732,
  "name": "Moreno Valley",
  "coord": {
    "lon": -117.230591,
    "lat": 33.937519
  },
  "main": {
    "temp": 87.84,
    "pressure": 1013,
    "humidity": 42,
    "temp_min": 82.4,
    "temp_max": 98.6
  },
  "dt": 1442171075,
  "wind": {
    "speed": 1,
    "deg": 0
  },
  "clouds": {
    "all": 1
  },
  "weather": [
    {
      "id": 800,
      "main": "Clear",
      "description": "Sky is Clear",
      "icon": "01d"
    }
  ]
}
```

jq 온라인 테스터 - jqPlay

jqPlay(*https://jqplay.org/*)는 jq의 웹 기반 테스터로, 실제 JSON 데이터에 대해 jq 쿼리를 테스트해 볼 수 있는 기능을 제공한다. jqPlay를 테스트하기 위해, 세 도시의 이름과 식별자가 담긴 객체의 배열을 추출해 보자.

1. *https://jqplay.org*에 접근한다. 화면의 왼쪽 텍스트 영역에 *chapter-6/data/cities-weather.json* 파일의 내용을 붙여 넣는다.
2. 다음 jq 쿼리를 "Filter"라고 쓰인 텍스트 박스에 붙여 넣는다. [[].cities[0:3] | .[] | {id, name}]

입력이 끝나면 그림 6-3과 같은 결과를 볼 수 있다.

그림 6.3 jqPlay로 OpenWeather API 데이터를 검색한 화면

쿼리 [[].cities[0:3] | .[] | {id, name}]는 다음과 같이 해석한다.

- |는 필터링을 연쇄적으로 수행하게 해준다.
- .cities[0:3]은 배열 cities의 처음 3개 요소를 선택하여 부분 배열을 만든다.
- .[]는 부분 배열의 모든 요소를 리턴한다.
- { id, name }는 필드 id, name를 선택한다.
  - 중괄호({})는 새로운 객체를 만들라는 의미이다.
  - id, name은 새로운 객체에 이들 필드를 포함시키라는 의미이다.
- 가장 바깥쪽의 대괄호([])는 결과를 배열로 만들라는 의미이다.

jqplay 페이지의 아래쪽을 보면 그림 6-4와 같은 문법 참조표를 볼 수 있다.

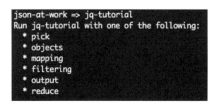

Cheatsheet

Click on the icons (▦) in the table below to see examples.

.	unchanged input	▦	,	feed input into multiple filters	▦
.foo, .foo.bar, .foo?	value at key	▦	|	pipe output of one filter to the next filter	▦
.[], .[]?, .[2], .[10:15]	array operation	▦	select(foo)	input unchanged if foo returns true	▦
[], {}	array/object construction	▦	map(foo)	invoke filter foo for each input	▦
length	length of a value	▦	if-then-else-end	conditionals	▦
keys	keys in an array	▦	\(foo)	string interpolation	▦

View source on GitHub

그림 6.4 jqPlay에서 볼 수 있는 jq 문법 참조표.

jq-tutorial

Node.js 커뮤니티는 온라인 테스터 외에도 훌륭한 튜터리얼을 만들었다. 이들 튜터리얼은 npm 저장소(*https://www.npmjs.com/package/jq-tutorial*)에서 볼 수 있다. 이 튜터리얼을 설치하려면 다음과 같이 한다.

```
npm install -g jq-tutorial
```

명령행에서 jq-tutorial을 실행한다. 그러면 아래와 같은 내용이 출력된다.

```
json-at-work => jq-tutorial
Run jq-tutorial with one of the following:
  * pick
  * objects
  * mapping
  * filtering
  * output
  * reduce
```

위의 출력된 내용이 현재 볼 수 있는 튜토리얼의 목록이다. 그러면 이 중에 하나를 골라보도록 한다.

```
jq-tutorial objects
```

이 튜터리얼은 jq에서 객체를 사용하는 방법을 다룬다. 코스를 하나하나 따라가 보면 jq를 능숙하게 사용할 수 있을 것이다.

jq 단위 테스트

예제 6-4에 나온 단위 테스트는 앞서 본 jq 쿼리 예제를 테스트한 것이다. 이 코드는 **node-jq** Node.js 모듈(*https://www.npmjs.com/package/node-jq*)을 사용하여 로컬 컴퓨터에 배포된 도시별 날씨 API의 정보를 검색하는 내용을 담고 있다. **node-jq**에 대한 더 자세한 내용은 깃허브 저장소(*https://github.com/sanack/node-jq*)를 참조하라.

예제 6-4 cities-weather-test/test/jq-spec.js

```
'use strict';

/*  참고사항 : OpenWeatherMap API([http://openweathermap.org])가 제공하는
       날씨 데이터는 Creative Commons Share A Like 라이선스
       (https://creativecommons.org/licenses/by-sa/4.0)를 따릅니다.
       이 데이터에 대한 수정은 json-server를 사용하기 위한 것으로, 사용권자에
       의한 것이 아닙니다.

       이 코드에 대한 재배포 역시 Creative Commons Share A Like 라이선스를 따릅니다.
*/

var expect = require('chai').expect;
var jq = require('node-jq');
var unirest = require('unirest');
var _ = require('underscore');

describe('cities-jq', function() {
  var req;

  beforeEach(function() {
    req = unirest.get('http://localhost:5000/cities')
      .header('Accept', 'application/json');
  });

  it('should return a 200 response', function(done) {
    req.end(function(res) {
      expect(res.statusCode).to.eql(200);
      expect(res.headers['content-type']).to.eql(
        'application/json; charset=utf-8');
      done();
    });
  });

  it('should return all cities', function(done) {
    req.end(function(res) {
      var cities = res.body;
      expect(cities.length).to.eql(110);
      done();
    });
  });

  it('should return the last city', function(done) {
    req.end(function(res) {
      var cities = res.body;
      jq.run('.[-1]', cities, {
```

```
        input: 'json'
      })
      .then(function(lastCityJson) { // Returns JSON String.
        var lastCity = JSON.parse(lastCityJson);
        expect(lastCity.name).to.eql('Moreno Valley');
        done();
      })
      .catch(function(error) {
        console.error(error);
        done(error);
      });
  });
});

it('should return the 1st 3 cities', function(done) {
  req.end(function(res) {
    var cities = res.body;

    jq.run('.[:3]', cities, {
        input: 'json'
      })
      .then(function(citiesFirstThreeJson) { // Returns JSON String.
        var citiesFirstThree = JSON.parse(citiesFirstThreeJson);
        var citiesFirstThreeNames = getCityNamesOnly(
          citiesFirstThree);

        expect(citiesFirstThree.length).to.eql(3);
        expect(citiesFirstThreeNames.length).to.eql(3);
        expect(citiesFirstThreeNames).to.eql([
          'Rancho Palos Verdes',
          'San Pedro', 'Rosarito'
        ]);

        done();
      })
      .catch(function(error) {
        console.error(error);
        done(error);
      });
  });
});

function getCityNamesOnly(cities) {
  return _.map(cities,
    function(city) {
      return city.name;
    });
}

it('should return cities within a temperature range', function(done) {
  req.end(function(res) {
    var cities = res.body;

    jq.run(
        '[.[] | select (.main.temp >= 84 and .main.temp <= 85.5)]',
        cities, {
```

```
        input: 'json'
      })
    .then(function(citiesTempRangeJson) { // Returns JSON String.
      var citiesTempRange = JSON.parse(citiesTempRangeJson);

      for (var i = 0; i < citiesTempRange.length; i++) {
        expect(citiesTempRange[i].main.temp).to.be.at.least(
          84);
        expect(citiesTempRange[i].main.temp).to.be.at.most(
          85.5);
      }

      done();
    })
    .catch(function(error) {
      console.error(error);
      done(error);
    });
  });
});

it('should return cities with cloudy weather', function(done) {
  req.end(function(res) {
    var cities = res.body;

    jq.run(
      '[.[] | select(.weather[0].main == "Clouds")]',
      cities, {
        input: 'json'
      })
    .then(function(citiesWeatherCloudyJson) { // Returns JSON String.
      var citiesWeatherCloudy = JSON.parse(
        citiesWeatherCloudyJson);

      checkCitiesWeather(citiesWeatherCloudy);

      done();
    })
    .catch(function(error) {
      console.error(error);
      done(error);
    });
  });
});

it('should return cities with cloudy weather using regex', function(done) {
  req.end(function(res) {
    var cities = res.body;

    jq.run(
      '[.[] | select(.weather[0].main | test("^Clo"; "i"))]',
      cities, {
        input: 'json'
      })
    .then(function(citiesWeatherCloudyJson) { // Returns JSON String.
      var citiesWeatherCloudy = JSON.parse(
```

```
                citiesWeatherCloudyJson);

            checkCitiesWeather(citiesWeatherCloudy);

            done();
          })
          .catch(function(error) {
            console.error(error);
            done(error);
          });
      });
    });

    function checkCitiesWeather(cities) {
      for (var i = 0; i < cities.length; i++) {
        expect(cities[i].weather[0].main).to.eql('Clouds');
      }
    }

});
```

이 예제 코드의 주요 내용은 다음과 같다.

- Mocha의 beforeEach() 메서드를 사용하여, 각 테스트 케이스의 준비에 대한
  코드(URI 및 헤더 준비)를 한 번만 작성하도록 한다. 이 메서드는 describe 문
  의 범위 안에서 각 테스트 케이스(예: it)가 실행되기 전에 한 번씩 실행된다.
- expect 문을 이용한 검증문을 사용하여 하나 혹은 그 이상의 jq 쿼리 예제를
  테스트한다.
- node-jq 모듈의 동작 과정, 즉 jq.run()을 실행하면 다음 내용이 수행된다.
  - 문자열 형태로 된 jq 쿼리가 첫 번째 인자다.
  - 두 번째 인자는 객체 형태로 된 비필수 인자로 입력의 타입을 지정한다.
    - { input: 'json' }은 JavaScript 객체이다. 단위 테스트에서는 unirest
      가 스텁 API에 대한 HTTP 호출로 객체를 리턴하기 때문에 이 옵션을
      사용해야 한다.
    - { input: 'file' }은 JSON 파일을 의미한다. 두 번째 인자 값을 따로 지
      정하지 않는 경우 이 값이 기본값으로 쓰인다.
    - { input: 'string' }은 JSON 문자열을 의미한다.
  - 비동기적으로 구한 결과를 JSON 문자열 형태로 리턴하기 위해 ES6
    JavaScript Promise 객체를 사용한다. 이 때문에 여기서는 모든 단위 테스
    트가 다음과 같은 형태를 취한다.
    - Promise 객체의 then - catch 구조 안에 코드가 위치한다.

- JSON.parse() 메서드로 결과를 파싱하여 JavaScript 객체 구조를 만든다.
- Promise 객체 문법에 대한 자세한 내용은 MDN 사이트(*https://mzl.la/2r0Q4sy*)를 참조하라.
- 이들 jq 쿼리에는 서두에 오는 .cities가 생략되어 있다. 그 이유는 json-server가 최상위 배열의 이름을 제거하고 이를 URI에 덧붙이기 때문이다.
  - URI 주소: *http://localhost:5000/cities*
  - 그러므로 처음 세 도시에 대한 정보에 접근하려면 $.cities[:3] 대신 $[:3]을 사용하여야 한다.

이 단위 테스트를 명령행에서 실행(별도의 터미널 창 사용)하려면 다음과 같이 한다.

```
cd cities-weather-test

npm test
```

그 결과로 다음과 같은 내용을 볼 수 있다.

```
json-at-work => npm test

...

> mocha test

...

  cities-jq
    ✓ should return a 200 response
    ✓ should return all cities
    ✓ should return the last city
    ✓ should return the 1st 3 cities
    ✓ should return cities within a temperature range
    ✓ should return cities with cloudy weather
    ✓ should return cities with cloudy weather using regex

...
```

이들 테스트 케이스 코드 안에서 cities에 대해 console.log()를 호출해 보면 node-jq 모듈의 리턴값이, 키-값 쌍으로 구성된 유효한 JSON 문서임을 확인할 수 있다.

Node.js 외의 플랫폼에서 jq 사용하기

Node.js 외에도 다음과 같은 플랫폼에서 jq를 사용할 수 있다.

Ruby

ruby-jq 젬을 RubyGems.org(*https://rubygems.org/gems/ruby-jq*)과 깃허브
(*https://github.com/winebarrel/ruby-jq*)에서 다운 받을 수 있다.

Java

jackson-jq(*https://github.com/eiiches/jackson-jq*)를 플러그인 형태로 Java
Jackson 라이브러리에서 사용할 수 있다(4장 참조).

jq 총평

표 6-6은 앞서 언급한 기준을 따라 jq를 평가한 결과이다.

공감대	Y
개발자 커뮤니티	Y
플랫폼	CLI - Linux/macOS/Windows, Node.js, Java, Ruby on Rails
직관성	Y
표준	N

표 6.6 jq 평가 결과

jq는 특히 다음과 같은 강점을 가지고 있다.

- 대부분의 프로그래밍 언어에서 잘 지원된다.
- 문서화가 잘 되어있다.
- 다양한 검색 및 필터링 옵션을 갖추고 있다.
- 쿼리 결과를 유닉스 명령행 도구(예: sort, grep 등)로 파이프라이닝 할 수 있다.
- 명령행 HTTP 클라이언트인 cURL과 조합하여 사용하기 쉽다.
- 편리한 온라인 테스터가 갖춰져 있다. jqPlay를 사용하면 jq 쿼리를 간편한 웹 환경에서 테스트할 수 있어서 코드를 작성하기 전에 미리 쿼리를 만들어 볼 수 있다.
- 대화형 튜터리얼이 잘 갖춰져 있다(jq-tutorial 항목 참조).

jq의 유일한 단점은 처음 배울 때 까다롭다는 점이다. 쿼리 문법과 이에 따른 많은 수의 옵션이 처음 사용할 때는 많이 복잡해 보일 수 있다. 그러나 이를 꾹 참고 배워볼 만한 가치가 있다.

이번 장에서는 jq의 기본적인 사용법을 배웠다. jq는 문서화 역시 잘 갖추어져 있으므로 다음 웹 사이트에서 더 자세한 내용을 확인할 수 있다.

- jq Manual (*https://stedolan.github.io/jq/manual/*)
- jq Tutorial (*https://stedolan.github.io/jq/tutorial/*)
- jq Cookbook (*https://github.com/stedolan/jq/wiki/Cookbook*)
- HtperPolyGlot JSON Tools: Jq (*http://hyperpolyglot.org/json*)
- Ubuntu jq man pages (*http://bit.ly/2rt8qBH*)

6.6 JSON 검색 라이브러리와 도구 평가: 결론

우리가 채용한 평가 기준 및 전반적인 사용성에 따라, 지금까지 살펴본 라이브 러리의 순위를 다음과 같이 매긴다.

1. jq
2. JSONPath
3. JSON Pointer

JSON Pointer는 표준으로 제정되어 있으며 JSON 문서를 검색하는 기능을 제공 하지만 다음과 같은 이유로 JSONPath를 JSON Pointer보다 높은 순위에 두었다.

- JSONPath의 쿼리 문법이 훨씬 다양한 쿼리를 지원한다.
- JSONPath는 쿼리 결과로 하나 이상의 요소를 얻을 수 있다.

이들에 비해 jq는 다음과 같은 이유로 압도적으로 1위에 두었다.

- 명령행에서 사용할 수 있으므로(JSONPath와 JSON Pointer는 이 기능을 제공 하지 않는다) 자동화된 DevOps 환경에 적용하기 편리하다.
- 온라인 테스터가 잘 갖춰져 있어 개발 업무가 빨라진다.
- 대화형 튜터리얼이 갖춰져 있다.
- 쿼리 언어가 다양한 형태의 쿼리를 지원한다.
- 대부분의 프로그래밍 언어에 라이브러리가 잘 갖춰져 있다.
- JSON 커뮤니티에서 크게 지지를 받고 있다.

필자는 2백만 줄 이상 되는 큰 결과를 받아오는 웹 API에서도 jq를 문제없이 사 용한 적이 있다. 그리고 실제 배포환경에서도 문제가 발생하지 않았다. jq가

JSON 커뮤니티에서 얼마나 큰 인기를 누리고 있는가는 'jq tutorial'이라는 검색어로 검색만 해보아도 확인할 수 있을 것이다.

6.7 이번 장에서 배운 내용

지금까지 널리 사용되는 JSON 검색 라이브러리와 도구를 몇 가지 살펴보았다. 그리고 이들의 검색 결과를 단위 테스트를 이용하여 테스트해 보았다. 이들 도구를 사용하여 번거롭게 직접 JSON 검색 코드를 작성하지 않고도 업무를 수행할 수 있기를 바란다.

6.8 다음 장에서 배울 내용

이번 장에서는 효율적으로 JSON 문서를 검색하는 방법에 대해 알아보았다. 다음 장인 7장에서는 JSON 문서를 변형하는 방법에 대해서 알아볼 것이다.

7장

JSON 문서 변형하기

애플리케이션에서 여러 API로부터 데이터를 가져온 다음, 우리 애플리케이션의 구조에 맞추어 이들 데이터를 가공해야 할 경우가 있다.

여러 가지 JSON 변환 기술 및 도구를 사용하면 JSON 문서를 다른 데이터 포맷(예: HTML이나 XML)으로 변환하거나 다른 구조를 가진 JSON으로 변환할 수 있다. 개발자라면 대부분 이미 이런 유형의 도구나 라이브러리(예: Mustache, Handlebars)를 사용하는 데 익숙해 있을 것이다. 그러나 여기서는 비교적 일반적이지 않은 방법으로 이들 도구를 사용하는 법을 배워 보겠다. 또한 커뮤니티에서 많이 사용됨에도 잘 알려지지 않은 라이브러리(예: JSON-T 등)에 대해서도 다룬다.

7.1 JSON 문서를 변형하는 유형

JSON 문서를 변형하는 주된 유형은 다음과 같다.

JSON을 HTML로 변환

웹 혹은 모바일 애플리케이션은 API로부터 가져온 JSON 데이터를 다루는 경우가 많다. 이런 경우에 일반적으로 사용되는 JSON 문서 변형 유형이다.

JSON의 문서구조를 변경

때로는 웹 API로부터 가져온 응답의 내용이 사용하려는 용도에 적합지 않아 이를 더 다루기 쉬운 형태로 바꾸어야 할 경우가 있다. 이럴 때는 필드의 값을 변경하거나 필드를 추가 혹은 제거하여 문서의 구조를 바꿀 수 있다. 라이브러리 중에는 XML에서 쓰이는 XSLT(eXtensible Stylesheet Language Transformation, XML 문서의 구조를 변형하기 위해 쓰인다)와 비슷한 방법으로 문서 변형에 대한 템플릿을 별도로 만들어 쓰는 것도 있다.

JSON과 XML을 상호변환

SOAP/XML 기반 웹 서비스 역시 아직까지 사용되고 있는데, REST와 JSON을 사용하는 조직에서 새로운 애플리케이션과 이들 서비스의 호환성을 목적으로 XML을 JSON으로 변환해야 하는 경우 그리고 그 반대의 경우도 존재한다. 여기서는 JSON을 XML로 변환해야 하는 경우를 가정한다.

이 장에서 다룰 내용은 다음과 같다.

· JSON을 HTML로 변환
· JSON 문서를 새로운 구조의 JSON 문서로 변환
· XML과 JSON을 상호 변환
· JSON 문서 변형 라이브러리를 사용하기
· 웹 API의 응답으로 받은 JSON 문서를 변형하는 단위 테스트 작성하기

7.2 JSON 문서 변환 라이브러리를 선택하는 기준

6장에서와 마찬가지로 몇 가지 기준을 따라 라이브러리를 평가해 볼 것이다. 평가 기준은 6장에서 사용했던 기준을 그대로 사용한다.

공감대

해당 라이브러리가 널리 쓰이고 있는가? 라이브러리 이름으로 웹 검색을 해 보았을 때 얼마나 많은 검색 결과가 나오는가?

개발자 커뮤니티

깃허브에 소스 코드가 공개되어 있는가? 유지보수는 활발히 이루어지고 있는가?

플랫폼

하나 이상의 플랫폼에서 동작하는가? 라이브러리 인터페이스와 규격을 지원하는 하나 이상의 주체가 있는가?

문서화는 잘 되어 있는가? 설치 방법은 어렵지 않은가? 인터페이스의 직관성은 좋은가? 사용법은 간단한가?

표준

준수하고 있는 표준(예: IETF, WC3, ECMA 등)이 있는가?

7.3 테스트 데이터

테스트 데이터 역시 6장에서 사용했던 OpenWeatherMap API를 그대로 사용한다. API에서 제공하는 형태 그대로의 데이터는 *chapter-7/data/cities-weather.json*에 들어있다.

예제 7-1의 데이터는 편의를 위해 축약한 것이다.

예제 7-1 **data/cities-weather-short.json**

```json
{
  "cities":[
    {
      "id":5386035,
      "name":"Rancho Palos Verdes",
      "coord":{
        "lon":-118.387016,
        "lat":33.744461
      },
      "main":{
        "temp":84.34,
        "pressure":1012,
        "humidity":58,
        "temp_min":78.8,
        "temp_max":93
      },
      "dt":1442171078,
      "wind":{
        "speed":4.1,
        "deg":300
      },
      "clouds":{
        "all":5
      },
      "weather":[
        {
          "id":800,
          "main":"Clear",
          "description":"Sky is Clear",
          "icon":"02d"
        }
      ]
```

```
    },
    {
      "id":5392528,
      "name":"San Pedro",
      "coord":{
        "lon":-118.29229,
        "lat":33.735851
      },
      "main":{
        "temp":84.02,
        "pressure":1012,
        "humidity":58,
        "temp_min":78.8,
        "temp_max":91
      },
      "dt":1442171080,
      "wind":{
        "speed":4.1,
        "deg":300
      },
      "clouds":{
        "all":5
      },
      "weather":[
        {
          "id":800,
          "main":"Clear",
          "description":"Sky is Clear",
          "icon":"02d"
        }
      ]
    },
    {
      "id":3988392,
      "name":"Rosarito",
      "coord":{
        "lon":-117.033333,
        "lat":32.333328
      },
      "main":{
        "temp":82.47,
        "pressure":1012,
        "humidity":61,
        "temp_min":78.8,
        "temp_max":86
      },
      "dt":1442170905,
      "wind":{
        "speed":4.6,
        "deg":240
      },
      "clouds":{
        "all":32
      },
      "weather":[
        {
          "id":802,
```

```
        "main":"Clouds",
        "description":"scattered clouds",
        "icon":"03d"
      }
    ]
  }
]
}
```

지금부터 이 문서를 예제로 JSON 문서 변환 방법을 살펴보자.

7.4 JSON을 HTML로 변환하기

개발자라면 API의 응답으로 받은 JSON 문서를 HTML로 변환해본 적이 있을 것
이다. 이러한 유형의 변환에 사용되는 라이브러리로, 다음과 같은 것을 살펴볼
것이다.

· Mustache

· Handlebars

목표하는 HTML 문서

조금 전에 본 '테스트 데이터'를 다시 한번 보도록 한다. 이 데이터를 축약하여
예제 7-2와 같은 HTML 테이블에 나타내고자 한다.

예제 7-2 **data/weather.html**

```html
<!DOCTYPE html>
<html>

  <head>
    <meta charset="UTF-8" />
    <title>OpenWeather - California Cities</title>
    <link rel="stylesheet" href="weather.css">
  </head>

  <body>
    <h1>OpenWeather - California Cities</h1>
    <table class="weatherTable">
      <thead>
        <tr>
          <th>City</th>
          <th>ID</th>
          <th>Current Temp</th>
        </tr>
      </thead>
      <tr>
        <td>Santa Rosa</td>
```

```
            <td>5201</td>
            <td>75</td>
        </tr>
    </table>
  </body>

</html>
```

원래 데이터를 이 목표하는 문서로 변환해 보면서 각각의 라이브러리를 비교해 볼 것이다.

Mustache

Mustache는 (코드 대신) 선언적인 방법으로 작성하는 템플릿을 통해 데이터를 변환한다. 여기서는 JSON 데이터를 HTML 문서로 변환해 볼 것이다. Mustache 개발팀에서는 자신들이 만든 라이브러리를 logicless라는 용어로 나타내고 있는데, 이는 if/then/else나 반복문 같은 논리 구조 없이 단순한 태그만으로 템플릿을 작성하기 때문이다. 규격만 보자면 Mustache는 템플릿에 포함된 이 태그를 애플리케이션이 넘겨준 객체 안의 값으로 치환한다. 템플릿의 장점(Mustache와 Handlebars는 모두 조건논리를 재도입했으므로 어떤 것을 사용하든 해당된다)은 애플리케이션에서 변환을 수행하는 코드 대신 외부에 위치한 템플릿을 사용하면서 관심사의 분리를 실현할 수 있다는 것이다.

더 자세한 내용은 다음 웹 사이트를 참조하기 바란다.

· Mustache 공식 사이트 (*http://mustache.github.io/*)
· Mustache 깃허브 저장소 (*https://github.com/janl/mustache.js*)
· Mustache 5 규격 문서 (*http://mustache.github.io/mustache.5.html*)

Mustache 템플릿 문법

예제 7-3에 나온 Mustache 템플릿은 OpenWeatherMap API의 JSON 데이터를 HTML로 변환하기 위한 것이다.

예제 7-3 **templates/transform-html.mustache**

```
<!DOCTYPE html>
<html>

  <head>
    <meta charset="UTF-8" />
    <title>OpenWeather - California Cities</title>
    <link rel="stylesheet" href="weather.css">
```

```
    </head>
    <body>
      <h1>OpenWeather - California Cities</h1>
      <table class="weatherTable">
        <thead>
          <tr>
            <th>City</th>
            <th>ID</th>
            <th>Current Temp</th>
            <th>Low Temp</th>
            <th>High Temp</th>
            <th>Humidity</th>
            <th>Wind Speed</th>
            <th>Summary</th>
            <th>Description</th>
          </tr>
        </thead>
        {{#cities}}
        <tr>
          <td>{{name}}</td>
          <td>{{id}}</td>
          {{#main}}
          <td>{{temp}}</td>
          <td>{{temp_min}}</td>
          <td>{{temp_max}}</td>
          <td>{{humidity}}</td>
          {{/main}}
          <td>{{wind.speed}}</td>
          {{#weather.0}}
          <td>{{main}}</td>
          <td>{{description}}</td>
          {{/weather.0}}
        </tr>
        {{/cities}}
      </table>
    </body>

</html>
```

이 템플릿은 다음과 같이 동작한다.

- 템플릿의 기본 형태는 HTML 문서이며, Mustache는 각각의 태그를 배열 cities에 포함된 데이터로 치환한다.
- 태그 하나는 필드 하나를 나타낼 수 있다, 예를 들면 {{temp}}와 같은 식이다.
- 섹션은 시작 태그와(예: {{#cities}})와 끝 태그(예: {{/cities}})로 이루어 진다.
  - 섹션은 객체 하나(예: cities) 혹은 배열 하나(예: main)와 대응한다.
  - 섹션은 그 안에 있는 다른 태그에게 콘텍스트를 제공한다. 예를 들면, {{main}} 태그 안에 있는 {{temp}} 태그는 {{main.temp}}와 같이 나타낼

수 있다. 그리고 이 태그는 원본 JSON 문서의 *main.temp* 값에 대응한다.

· 태그 안에서 필드를 나타내는 문법에서 배열의 인덱스를 참조할 수도 있다. 예를 들면, `{{#weather.0}}`은 JSON 문서의 `weather[0]`을 가리킨다.

Mustache 단위 테스트

지난 장과 마찬가지로 이번 장의 모든 단위 테스트 역시 Mocha와 Chai를 사용한다. 다음 내용을 진행하기 전에 먼저 개발 환경이 구축되어 있는지 확인하기 바란다. Node.js를 아직 설치하지 않았다면, 부록 A의 "Node.js 설치하기" 항목과 "npm 모듈 설치하기" 항목을 참조하여 설치하기 바란다. 예제 코드에서 제공하는 프로젝트를 사용하고 싶다면, *chapter-7/cities-weather-transform-test* 디렉터리로 이동하여 아래의 명령으로 프로젝트의 의존 라이브러리를 설치한다.

```
npm install
```

Node.js 프로젝트를 직접 생성하고 싶다면, 이 책의 깃허브 저장소(*https://github.com/tmarrs/json-at-work-examples/blob/master/chapter-7/Project-Setup.md*)의 내용을 참조하도록 한다.

예제 7-4는 다음과 같은 Node.js 모듈을 사용한다.

Mustache

  *https://www.npmjs.com/package/mustache*에서 설치 방법을 확인할 수 있다. 개발이 진행 중인 깃허브 저장소의 주소는 *https://github.com/janl/mustache.js*이다.

jsonfile

  파일에 담긴 OpenWeatherMap API의 JSON 데이터를 파싱하기 위한 모듈이다. jsonfile의 설치 방법은 *https://www.npmjs.com/package/jsonfile*에서 확인할 수 있다. 또한 개발이 진행 중인 깃허브 저장소의 주소는 *https://github.com/jprichardson/node-jsonfile*이다.

예제 7-4의 단위 테스트는 Mustache를 이용한 문서 변환의 실제 예이다.

예제 7-4 **cities-weather-transform-test/test/mustache-spec.js**

```
'use strict';

/*  참고사항 : OpenWeatherMap API([http://openweathermap.org])가 제공하는
    날씨 데이터는 Creative Commons Share A Like 라이선스
    (https://creativecommons.org/licenses/by-sa/4.0)를 따릅니다.
```

이 데이터에 대한 수정은 json-server를 사용하기 위한 것으로, 사용권자에
의한 것이 아닙니다.

이 코드에 대한 재배포 역시 Creative Commons Share A Like 라이선스를 따릅니다.
```
*/

var expect = require('chai').expect;
var jsonfile = require('jsonfile');
var fs = require('fs');
var mustache = require('mustache');

describe('cities-mustache', function() {
  var jsonCitiesFileName = null;
  var htmlTemplateFileName = null;

  beforeEach(function() {
    var baseDir = __dirname + '/../..';

    jsonCitiesFileName = baseDir + '/data/cities-weather-short.json';
    htmlTemplateFileName = baseDir +
      '/templates/transform-html.mustache';
  });

  it('should transform cities JSON data to HTML', function(done) {
    jsonfile.readFile(jsonCitiesFileName, function(readJsonFileError,
      jsonObj) {
      if (!readJsonFileError) {
        fs.readFile(htmlTemplateFileName, 'utf8', function(
          readTemplateFileError, templateFileData) {
          if (!readTemplateFileError) {
            var template = templateFileData.toString();
            var html = mustache.render(template, jsonObj);

            console.log('\n\n\nHTML Output:\n' + html);
            done();
          } else {
            done(readTemplateFileError);
          }
        });
      } else {
        done(readJsonFileError);
      }
    });
  });
});
```

이 예제의 내용은 다음과 같다.

· 각각의 테스트 케이스를 실행하기 전에 beforeEach() 메서드가 실행되어 테스
트를 준비한다. 여기서는 입력 JSON 문서과 템플릿의 파일명을 지정하고 있다.

· 'should transform cities JSON data to HTML' 테스트 케이스의 내용은 다
음과 같다.

- jsonfile.readFile()에서 JSON 파일을 읽어들이고 그 내용을 파싱하여 JavaScript 객체(jsonObj)로 만든다.
- fs.readFile() 메서드는 Mustache 템플릿을 읽어 들여 JavaScript 객체로 만든다.
- 그 다음 Mustache 템플릿을 문자열로 변환한다.
- 마지막으로 mustache.render() 메서드가 템플릿 객체 및 데이터 객체를 이용하여 Mustache 템플릿을 HTML 문서로 만든다.

이 단위 테스트를 실행하기 전에 새 터미널 창을 하나 열어 포트 5000에 json-server를 실행한다. 다음 명령을 사용하면 된다.

```
cd chapter-7/data

json-server -p 5000 ./cities-weather-short.json
```

그 다음 새 터미널 창을 하나 더 열어 다음 명령을 입력하여 테스트를 실행한다.

```
cd chapter-7/cities-weather-transform-test

npm test
```

테스트를 실행하고 나면 처음 목표했던 HTML 문서와 같은 HTML 문서를 확인할 수 있을 것이다.

Mustache 온라인 테스터

Architect template editor(*http://rowno.github.io/architect/*)는 Mustache 템플릿을 반복적으로 테스트하고 수정할 수 있도록 도와주는 온라인 테스터이다. 이 도구의 장점은 템플릿을 수정할 때마다 즉각적으로 바뀐 결과를 보여준다는 점이다. 이러한 WYSIWYG(What-You-See-Is-What-You-Get) 출력을 통해 빠른 속도로 템플릿을 작성하고 디버깅할 수 있다.

화면 상단의 "Engine" 드롭다운 메뉴에서 *Mustache.js*를 선택한 다음 Template과 View라고 쓰인 텍스트 상자에 각각 템플릿과 JSON을 붙여 넣으면 된다. 그럼 그림 7-1과 같은 결과를 볼 수 있을 것이다.

Architect template editor는 다음 절에서 살펴볼 Handlebars를 비롯하여 다른 템플릿 엔진 형식의 템플릿으로도 사용 가능하다.

이 온라인 테스터는 누구나 무료로 사용할 수 있다.

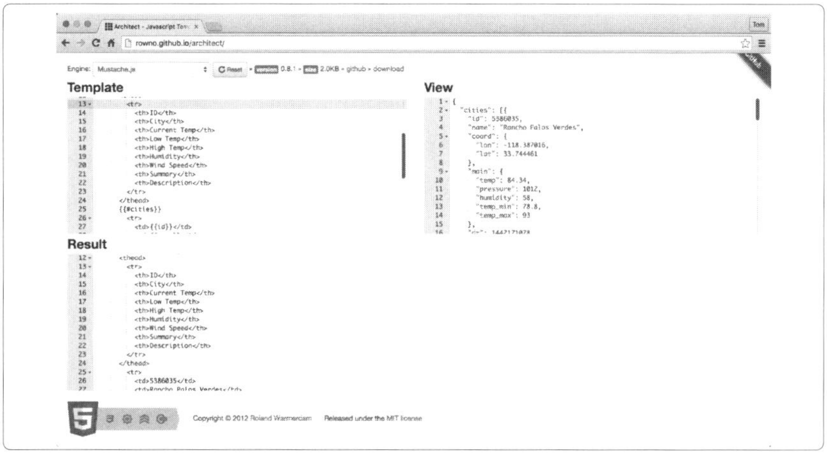

그림 7.1 Architect template editor에서 Mustache로 JSON을 HTML로 변환하는 화면

· 이 애플리케이션에 붙여 넣는 내용은 모두 다른 사람이 볼 수 있으므로 민감한 정보(개인정보, 상업적 비밀 등)를 입력해서는 안 된다.

· 큰 규모의 데이터를 입력하면 웹브라우저가 정상적으로 동작하지 않을 수 있다. 개인적으로 확인해 본 바로는 10,000줄을 넘는 JSON 파일을 다룰 때 웹브라우저가 멈추는 현상이 있었다.

명령행에서 Mustache 사용하기

Mustache를 명령행에서 사용할 수도 있다. Node.js를 설치하였다면 Mustache의 Node.js 모듈을 전역 설치한 다음 (예제 코드가 위치한 디렉터리에서) 아래와 같은 명령을 실행하면 된다.

```
npm install -g mustache

cd chapter-7

mustache ./data/cities-weather-short.json \
  ./templates/transform-html.mustache > output.html
```

Mustache가 지원하는 플랫폼

Mustache 공식 사이트를 살펴보면 다음과 같은 지원 플랫폼을 확인할 수 있다.

· Node.js (*https://www.npmjs.com/package/mustache*)

· Ruby on Rails (*https://github.com/mustache/mustache*)

· Java (*https://github.com/spullara/mustache.java*)

Mustache 총평

표 7-1은 앞서 언급한 기준을 따라 Mustache를 평가한 결과이다.

공감대	Y
개발자 커뮤니티	Y
플랫폼	JavaScript, Node.js, Java, Ruby on Rails
직관성	Y
표준	N

표 7.1 Mustache 평가 결과

Mustache는 전반적으로 볼 때, 널리 사용되고 있는 강력하고 유연한 템플릿 엔진이라 할 수 있다. 표준으로 제정되지는 않았지만, 잘 정의된 규격을 갖고 있다. 이번에는 Handlebars를 살펴보도록 하자.

Handlebars

Handlebars는 Mustache를 확장한 것으로, Mustache와 마찬가지로 템플릿 파일 안의 태그를 뷰에서 전달받은 객체의 값으로 치환하는 방식으로 동작한다. Handlebars와 Mustache는 호환성이 좋기 때문에 대부분의 Mustache 템플릿은 Handlebars 엔진에서도 잘 동작한다. HTML 변환 방법도 매우 간단하여 적어도 현재는 Mustache와 Handlebars의 사용방법이 크게 다르지 않다. 다만 Handlebars에는 좀 더 세련된 변환을 위한 몇 가지 추가 기능이 있는데, 이들 기능에 대해서는 "JSON을 JSON으로 변환" 항목에서 살펴보기로 하겠다. Handlebars에 대한 더 자세한 사항은 다음 문서를 참조하기 바란다.

· Handlebars 공식 사이트 (*http://handlebarsjs.com/*, "Learn more" 버튼을 누를 것)

· Handlebars 깃허브 저장소 (*https://github.com/wycats/handlebars.js*)

Handlebars와 Mustache의 차이점

Handlebars는 Mustache를 확장한 것으로 추가된 기능은 다음과 같다.

조건 논리

Handlebars에는 if, unless 등의 내장 헬퍼가 추가되어 있다. 이 중 unless의 사용법에 대해서 "JSON을 JSON으로 변환" 항목에서 다룰 것이다.

사용자 작성 헬퍼

사용자가 직접 헬퍼를 추가하여 Handlebars의 기능을 확장할 수도 있다. 이러한 사용자 작성 헬퍼는 템플릿에 적용될 디렉티브를 추가하는데 쓰인다. 예를 들면 `{{fullName}}` 헬퍼를 추가하여 speaker 객체의 firstName과 lastName 요소를 합치도록 하는 디렉티브를 추가할 수 있다. 헬퍼는 강력한 기능을 제공하지만, 이 책에서는 다루지 않는다.

Handlebars의 사용자 작성 헬퍼에 대한 더 자세한 내용은 Handlebars 공식 사이트 및 Koyn's Custom Helpers Handlebars.js Tutorial 문서(*http://jaskokoyn. com/2013/08/08/custom-helpers-handlebars-js-tutorial*)를 참조하기 바란다. Handlebars의 깃허브 저장소에 Handlebars와 Mustache의 구체적인 차이점을 설명한 문서가 있다.

Handlebars 템플릿 문법

예제 7-5는 입력된 JSON을 HTML 문서로 바꿔주는 Handlebars 템플릿이다.

예제 7-5 templates/transform-html.hbs

```
<!DOCTYPE html>
<html>

  <head>
    <meta charset="UTF-8" />
    <title>OpenWeather - California Cities</title>
    <link rel="stylesheet" href="weather.css">
  </head>
  <body>
    <h1>OpenWeather - California Cities</h1>
    <table class="weatherTable">
      <thead>
        <tr>
          <th>ID</th>
          <th>City</th>
          <th>Current Temp</th>
          <th>Low Temp</th>
          <th>High Temp</th>
          <th>Humidity</th>
          <th>Wind Speed</th>
          <th>Summary</th>
          <th>Description</th>
        </tr>
      </thead>
      {{#each cities}}
      <tr>
        <td>{{id}}</td>
        <td>{{name}}</td>
```

```
        {{#main}}
        <td>{{temp}}</td>
        <td>{{temp_min}}</td>
        <td>{{temp_max}}</td>
        <td>{{humidity}}</td>
        {{/main}}
        <td>{{wind.speed}}</td>
        {{#each weather}}
        <td>{{main}}</td>
        <td>{{description}}</td>
        {{/each}}
      </tr>
      {{/each}}
    </table>
  </body>

</html>
```

이 템플릿은 다음과 같이 동작한다.

- 템플릿의 태그를 배열 cities에 포함된 데이터로 치환한다.
- 태그 하나는 필드 하나에 대응한다, 예를 들면 {{temp}}와 같은 식이다.
- 섹션은 시작 태그(예: {{#cities}})와 끝 태그(예: {{/cities}})로 이루어진다.
  - 섹션은 객체 하나(예: cities) 혹은 배열 하나(예: main)와 대응한다.
  - each 태그(예: {{#each cities}})는 배열(여기서는 cities)에만 쓰인다.
  - 섹션은 그 안에 있는 다른 태그에게 컨텍스트를 제공한다. 예를 들면, {{main}} 태그 안에 있는 {{temp}} 태그는 {{main.temp}}와 같이 나타낼 수 있다. 그리고 이 태그는 원본 JSON 문서의 *main.temp* 값에 대응한다.

Handlebars 단위 테스트

예제 7-6에 실린 단위 테스트는 Handlebars 템플릿에 도시별 날씨 데이터를 적용하여 HTML을 생성하는 예이다.

예제 7-6 **cities-weather-transform-test/test/handlebars-spec.js**

```
'use strict';

/* 참고사항 : OpenWeatherMap API([http://openweathermap.org])가 제공하는
   날씨 데이터는 Creative Commons Share A Like 라이선스
   (https://creativecommons.org/licenses/by-sa/4.0)를 따릅니다.
   이 데이터에 대한 수정은 json-server를 사용하기 위한 것으로, 사용권자에
   의한 것이 아닙니다.

   이 코드에 대한 재배포 역시 Creative Commons Share A Like 라이선스를 따릅니다.
```

```
*/

var expect = require('chai').expect;
var jsonfile = require('jsonfile');
var fs = require('fs');
var handlebars = require('handlebars');

describe('cities-handlebars', function() {
  var jsonCitiesFileName = null;
  var htmlTemplateFileName = null;

  beforeEach(function() {
    var baseDir = __dirname + '/../..';

    jsonCitiesFileName = baseDir + '/data/cities-weather-short.json';
    htmlTemplateFileName = baseDir +
      '/templates/transform-html.hbs';
  });

  it('should transform cities JSON data to HTML', function(done) {
    jsonfile.readFile(jsonCitiesFileName, function(readJsonFileError,
      jsonObj) {
      if (!readJsonFileError) {
        fs.readFile(htmlTemplateFileName, 'utf8', function(
          readTemplateFileError, templateFileData) {
          if (!readTemplateFileError) {
            var template = handlebars.compile(templateFileData);
            var html = template(jsonObj);

            console.log('\n\n\nHTML Output:\n' + html);
            done();
          } else {
            done(readTemplateFileError);
          }
        });
      } else {
        done(readJsonFileError);
      }
    });
  });
});
```

Handlebars를 사용한 단위 테스트는 Mustache를 사용한 것과 거의 같은데, 차이점은 다음과 같다.

· Handlebars 템플릿을 문자열로 변환할 필요가 없다(fs.readFile()을 사용).
· 템플릿으로 HTML 문서를 만들려면 두 단계를 거친다.
  - handlebars.compile() 메서드로 템플릿을 template 변수로 컴파일한다.
  - template()(컴파일 결과)을 호출하여 jsonObj(입력 JSON)로부터 HTML 문서를 생성.

npm test 명령으로 이 단위 테스트를 실행하면 목표했던 HTML 문서와 같은 문서가 생성되었음을 알 수 있다.

Handlebars 온라인 테스터

Handlebars 템플릿을 수정 및 테스트를 편리하게 할 수 있는 도구로 조금 전 살펴본 Architect와 TryHandlebars가 있다.

TryHandlebars(*http://tryhandlebarsjs.com/*)도 역시 Template 상자에는 템플릿을, Context 상자에는 JSON 문서를 복사해 넣고 "Compile Handlebars Template" 버튼을 누르면 된다. 그러면 그림 7-2와 같은 화면을 확인할 수 있다.

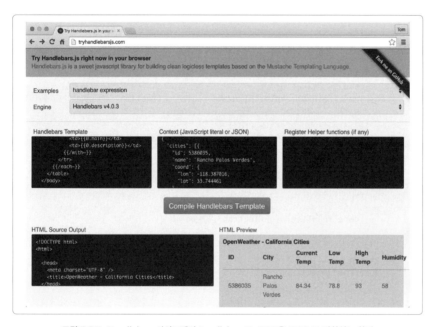

그림 7.2 TryHandlebars 사이트에서 Handlebars로 JSON을 HTML로 변환하는 화면

Architect template editor 역시 Engine 드롭다운 메뉴에서 *Handlebars.js*를 선택하여 Handlebars 템플릿을 테스트할 수 있다. 마찬가지로 텍스트 상자에 템플릿 및 JSON 문서를 복사해 넣으면 된다. 그러면 그림 7-3과 같은 결과를 확인할 수 있다.

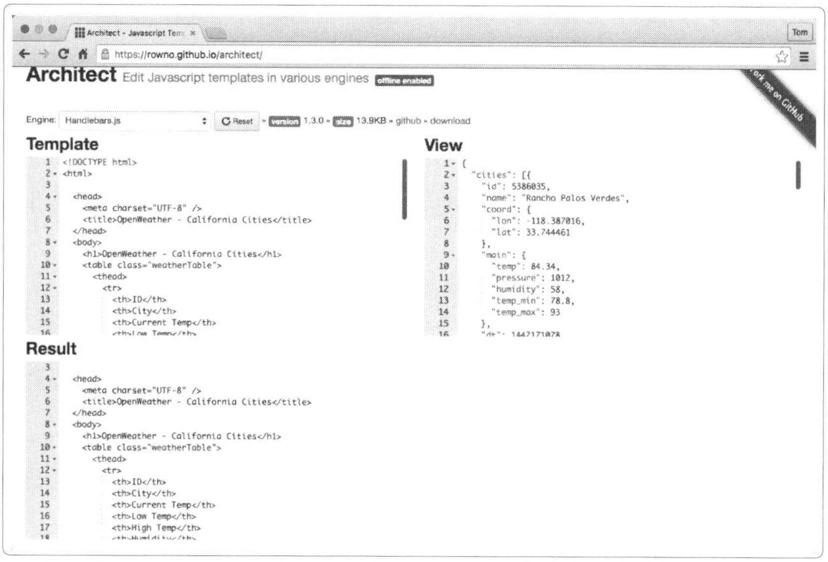

그림 7.3 Architect template editor에서 Handlebars로 JSON을 HTML로 변환하는 화면

명령행에서 Handlebars 사용하기

Handlebars 역시 명령행에서 사용할 수 있다. Node.js가 설치된 상태에서 다음과 같은 명령으로 hb-interpolate 모듈(*https://github.com/jimlloyd/hb-interpolate*)을 전역설치 한 다음 이 모듈을 실행하면 된다.

```
npm install -g hb-interpolate

cd chapter-7

hb-interpolate -j ./data/cities-weather-short.json \
  -t ./templates/transform-html.hbs > output.html
```

Handlebars가 지원하는 플랫폼

Handlebars는 다음과 같은 플랫폼을 지원하는 멀티 플랫폼 템플릿 엔진이다.

· Node.js (*https://www.npmjs.com/package/handlebars*)
· Ruby on Rails (*https://github.com/cowboyd/handlebars-rails*)
· Java (*https://github.com/jknack/handlebars.java*)

Handlebars 총평

표 7-2는 앞서 언급한 기준을 따라 Handlebars를 평가한 결과이다.

공감대	Y
개발자 커뮤니티	Y
플랫폼	JavaScript, Node.js, Java, Ruby on Rails
직관성	Y
표준	N

표 7.2 Handlebars 평가 결과

Handlebars 역시 널리 사용되는 훌륭한 템플릿 엔진이다. Mustache와 마찬가지로 Handlebars도 표준으로 제정되지는 않았지만, 잘 정의된 규격을 갖추고 있으며 여러 플랫폼을 지원한다.

JSON-HTML 변환에 대한 평가: 결론

JSON을 HTML로 변환하는 작업에는 Mustache와 Handlebars 어느 쪽을 사용하여도 무방하다.

지금까지 JSON을 HTML로 변환하는 방법에 대해 알아보았다. 이번에는 JSON의 구조를 변경하는 방법을 알아보자.

7.5 JSON의 구조를 변경하기

업무에서 조금이라도 API를 다뤄본 적이 있다면, API에서 항상 원하는 결과를 내주지는 않는다는 것을 알 것이다. API 설계에서 JSON 응답 구조는 가장 간과되기 쉬운 부분이므로 API가 제공한 데이터 역시 그대로 사용하기 어려운 경우가 흔하다. 데이터가 세심하게 설계되었다고 하더라도, (API를 사용하게 될) 애플리케이션에서 사용하기 적합하게 JSON의 구조를 바꾸고 싶거나 그중 일부만 사용하고 싶은 경우도 있을 것이다.

6장에서 보았듯, 다음과 같은 경우를 생각해 볼 수 있다.

· API로부터 온 JSON 데이터를 파싱하여 딕셔너리 구조를 프로그램으로 변경하기
· 입력 JSON 문서와 또 다른 구조 간에 상호변환하는 코드 작성하기

그러나 이러한 방법은 번거롭고 힘이 든다. 이러한 업무를 대신 해줄 라이브러리가 있기 때문에 이런 코드를 직접 작성할 필요가 없다.

문제점

JSON 문서의 구조를 변경하는 과정에서 경험했던 가장 큰 문제점은 ('사실상'을 포함) 이렇다할 표준이 없다는 점이다. 지금까지 보았던 내용에서는 JSONPath 마저도 공식 표준은 아니지만 사실상 표준의 입지를 가지고 있었다. 다시 말해 JSONPath는 주요 플랫폼에서 구현되어 널리 쓰이는 개념이자 쿼리 언어이다. 그러나 JSON의 구조를 변환하는 라이브러리에서는 이러한 입지를 다지고 있는 단일한 언어 혹은 여러 플랫폼에 걸친 구현체를 찾기 어렵다. 각 플랫폼을 초월 하여 좀 더 일반적인 용도로 인식되는 라이브러리를 찾으려고 해보았지만, 모든 걸 해결할 수 있는 단일 라이브러리보다는 여러 가지를 용도에 따라 사용하는 것이 낫다는 결론을 얻었다. 이들 라이브러리가 독자 여러분의 용도에도 부합하 기를 바란다.

JSON 구조를 변경하기 위한 라이브러리

JSON 문서 구조를 변경하기 위한 몇 가지 라이브러리(애플리케이션에서 사용 할 수 있는)가 있으나, 여기서는 다음 라이브러리에 대해 알아볼 것이다.

- JSON Patch
- JSON-T
- Mustache
- Handlebars

업무 적용이 시급한 상황이라면 JSON 구조 변경에는 Handlebars가 가장 좋은 선택이 될 것이다. 223쪽의 "Handlebars" 항목 및 225쪽의 "JSON 구조 변경 라 이브러리 평가: 결론" 항목을 참조하라). 여유가 있는 상황이라면 다양한 JSON 구조 변경 라이브러리를 검토해 보고 필요에 따라 선택하도록 한다.

그 외 고려해 볼 만한 도구

JSON 구조를 변경하기 위한 라이브러리가 여러 가지 있으나, 이 책에서 이들 모 두를 다루기는 어렵다. 그 외에 고려해 볼 만한 도구로 다음 라이브러리를 추천 한다.

Jolt (*http://bazaarvoice.github.io/jolt/*)
   Jolt는 Java 환경에서만 사용할 수 있다.

Json2Json (*https://github.com/joelvh/json2json*)

Json2Json은 Node.js 환경에서만 사용할 수 있다.

jsonapter (*https://github.com/amida-tech/jsonapter*)

jsonapter는 선언적인 방식으로 변환 규칙을 기술한 외부 템플릿을 통해 JSON 데이터를 변환하는 라이브러리이다. 이 템플릿은 XSL과 비슷해 보이지만, 유사점은 외관뿐이다. XSL은 자신만의 템플릿 언어를 따로 가지고 있지만 jsonapter와 여기서 사용하는 템플릿의 규칙은 순수 JavaScript로 되어 있다. jsonapter는 아쉽게도 JavaScript와 Node.js에서만 사용할 수 있다.

목표하는 JSON 구조

이 장 서두에 보았던 "테스트 데이터" 항목을 참조하라. cities 배열은 요소가 3개뿐이지만, 우리가 사용하기엔 지나치게 필드가 많다. 이들 필드를 다음과 같이 줄이도록 한다.

· cities 배열에서 id와 name 필드는 유지한다.

· 모든 필드가 단순 값인 새로운 객체 필드 weather를 추가한다.

· 날씨와 관련된 다음 필드를 weather 아래로 옮긴다.

   - main.temp, main.humidity, main.temp_min, main.temp_max

   - wind.speed

   - weather.0.main과 weather.0.description

이렇게 변환을 거치고 나면 예제 7-7과 같은 결과를 얻을 수 있다.

예제 7-7 **data/cities-weather-short-transformed.json**

```
{
  "cities":[
    {
      "id":"5386035",
      "name":"Rancho Palos Verdes",
      "weather":{
        "currentTemp":84.34,
        "lowTemp":78.8,
        "hiTemp":93,
        "humidity":58,
        "windSpeed":4.1,
        "summary":"Clear",
        "description":"Sky is Clear"
      }
    },
```

```
{
  "id":"5392528",
  "name":"San Pedro",
  "weather":{
    "currentTemp":84.02,
    "lowTemp":78.8,
    "hiTemp":91,
    "humidity":58,
    "windSpeed":4.1,
    "summary":"Clear",
    "description":"Sky is Clear"
  }
},
{
  "id":"3988392",
  "name":"Rosarito",
  "weather":{
    "currentTemp":82.47,
    "lowTemp":78.8,
    "hiTemp":86,
    "humidity":61,
    "windSpeed":4.6,
    "summary":"Clouds",
    "description":"scattered clouds"
  }
}
]
}
```

조금 전에 본 입력 데이터를 얼마나 편하게 원하는 구조로 바꿀 수 있느냐를 기준으로 JSON 구조 변환 라이브러리를 지금부터 평가해 보겠다.

JSON Patch

JSON Patch는 단일 정보원으로부터 얻은 정보를 변형하는 처리과정을 정의하기 위한 IETF 표준(*https://tools.ietf.org/html/rfc6902*)이다. JSON Patch는 HTTP PATCH(*https://tools.ietf.org/html/rfc5789*)와 함께 사용되는데, HTTP PATCH의 목적은 API로부터 얻은 자원을 변경하는 것이다. 다시 말해, HTTP PATCH의 역할은 해당 리소스의 '일부'를 수정하는 것인데 비해 HTTP PUT은 리소스 '전체'를 수정하기 위한 것이라고 할 수 있다.

JSON Patch는 HTTP 요청에 쓰이기 위해 만들어진 것이지, HTTP 응답을 처리하기 위한 것이 아니다. 다시 말해, API 제공 측을 위한 기술이라고 할 수 있다. 하지만 이 장에서는 API 사용 측의 관점에서 HTTP 응답에 포함된 데이터를 변형하는 데 JSON Patch를 사용해 볼 것이다.

JSON Patch 문법

표 7-3은 OpenWeatherMap 데이터의 구조를 변환할 때 쓰이는 주요 JSON Patch 연산을 정리한 것이다.

JSON Patch 연산	설명
Add — { "op": "add", "path": "/wind", "value": { "direction": "W" } }	기존의 배열 혹은 객체에 값을 추가한다. 완전히 새로운 객체를 추가하지는 못한다.
Remove — { "op": "remove", "path": "/main" }	cmain 객체를 제거한다.
Replace — { "op": "replace", "path": "/weather/0/main", "value": "Rain" }	값 하나를 교체한다. remove 다음에 add를 실행한 것과 결과가 같다.
Copy — { "op": "copy", "from": "/main/temp", "path": "/weather/0/temp" }	필드의 값을 다른 필드로 복사한다.
Move — { "op": "move", "from": "/main/temp", "path": "/weather/0/temp" }	키-값 쌍 temp fmf main 객체에서 weather 배열로 옮긴다.

표 7.3 JSON Patch 주요 연산

JSON Patch의 모든 연산에 대한 설명은 공식 사이트(*http://jsonpatch.com/*)를 참조하기 바란다. path 필드 및 from 필드의 값은 JSON Pointer이다(6장 참조).

JSON Patch 단위 테스트

예제 7-8에 실린 단위 테스트는 JSON 구조 변환의 실제 예이다. 이 코드에서는 JSON Patch Node.js 모듈(*https://www.npmjs.com/package/json-patch*)을 사용한다. 모듈의 깃허브 저장소는 *https://github.com/bruth/jsonpatch-js*이다.

이들 단위 테스트는 도시별 날씨 데이터의 JSON 구조를 목표하는 구조로 바꾸는 과정을 다루고 있다.

예제 7-8 **cities-weather-transform-test/test/json-patch-spec.json**

```
'use strict'

/*  참고사항 : OpenWeatherMap API([http://openweathermap.org])가 제공하는
    날씨 데이터는 Creative Commons Share A Like 라이선스
    (https://creativecommons.org/licenses/by-sa/4.0)를 따릅니다.
    이 데이터에 대한 수정은 json-server를 사용하기 위한 것으로, 사용권자에
    의한 것이 아닙니다.

    이 코드에 대한 재배포 역시 Creative Commons Share A Like 라이선스를 따릅니다.
*/

var expect = require('chai').expect;
```

```
var jsonfile = require('jsonfile');
var jsonpatch = require('json-patch');

var citiesTemplate = [
  {
    op: 'remove',
    path: '/coord'
  },
  {
    op: 'remove',
    path: '/dt'
  },
  {
    op: 'remove',
    path: '/clouds'
  },
  {
    op: 'remove',
    path: '/weather/0/id'
  },
  {
    op: 'remove',
    path: '/weather/0/icon'
  },
  {
    op: 'move',
    from: '/main/temp',
    path: '/weather/0/currentTemp'
  },
  {
    op: 'move',
    from: '/main/temp_min',
    path: '/weather/0/lowTemp'
  },
  {
    op: 'move',
    from: '/main/temp_max',
    path: '/weather/0/hiTemp'
  },
  {
    op: 'move',
    from: '/main/humidity',
    path: '/weather/0/humidity'
  },
  {
    op: 'move',
    from: '/weather/0/main',
    path: '/weather/0/summary'
  },
  {
    op: 'move',
    from: '/wind/speed',
    path: '/weather/0/windSpeed'
  },
  {
    op: 'remove',
    path: '/main'
```

```
    },
    {
      op: 'remove',
      path: '/wind'
    }
];

describe('cities-json-patch', function() {
  var jsonFileName = null;
  var jsonCitiesFileName = null;

  beforeEach(function() {
    var baseDir = __dirname + '/../../data';

    jsonCitiesFileName = baseDir + '/cities-weather-short.json';
  });

  it('should patch all cities - fail', function(done) {
    jsonfile.readFile(jsonCitiesFileName, function(fileReadError,
      jsonObj) {
      if (!fileReadError) {
        try {
          var output = jsonpatch.apply(jsonObj, citiesTemplate);

          console.log('\n\n\n\Original JSON');
          console.log(jsonObj);
          console.log('\n\n\n\Patched JSON');
          console.log(JSON.stringify(output, null, 2));
          done();
        } catch (transformError) {
          console.error(transformError);
          done(transformError);
        }
      } else {
        console.error(fileReadError);
        done(fileReadError);
      }
    });
  });
  ...
});
```

이 테스트 코드는 일련의 JSON Patch 변환을 수행한다. 이 단위 테스트를 수행하려면 명령행에서 다음 명령을 입력한다.

```
cd cities-weather-transform-test

npm test
```

테스트 이름에서 알 수 있듯, should patch all cities - fail는 다음과 같은 메시지와 함께 실패한다.

```
cities-json-patch
{ [PatchConflictError: Value at coord does not exist]
message: 'Value at coord does not exist',
name: 'PatchConflictError' }
  1) should patch all cities - fail
```

이 테스트는 경로 /coord를 찾지 못했기 때문에 실패한 것인데, 그 이유는 JSON Pointer가 단일 객체 안에서만 동작하고 객체의 컬렉션에 대해서는 동작하지 않기 때문이다.

예제 7-9는 '거의' 성공할 뻔한 두 번째 시도이다.

예제 7-9 **cities-weather-transform-test/test/json-patch-spec.json**

```
...

describe('cities-json-patch', function() {
  var jsonFileName = null;
  var jsonCitiesFileName = null;

  beforeEach(function() {
    var baseDir = __dirname + '/../../data';

    jsonCitiesFileName = baseDir + '/cities-weather-short.json';
  });

  ...

  it('should patch all cities - success (kind of)', function(done) {
    jsonfile.readFile(jsonCitiesFileName, function(fileReadError,
      jsonObj) {
      if (!fileReadError) {
        try {
          console.log('\n\n\nOriginal JSON');
          console.log(jsonObj);
          var output = [];

          for (var i in jsonObj['cities']) {
            output.push(jsonpatch.apply(jsonObj['cities'][i],
              citiesTemplate));
          }

          console.log('\n\n\nPatched JSON');
          console.log(JSON.stringify(output, null, 2));
          done();
        } catch (transformError) {
          console.error(transformError);
          done(transformError);
        }
      } else {
        console.error(fileReadError);
        done(fileReadError);
      }
```

```
    });
  });

});
```

should patch all cities — success (kind of) 테스트는 실행은 되지만, 다음과 같은 이유로 예상대로 동작하지 않는다.

- 원래 의도는 기존 배열을 사용하는 것이 아니라 weather 객체를 새로이 만드는 것이었으나 이는 불가능하다.
- 이 코드는 cities 배열의 요소에 대해 반복적으로 변환을 적용한 다음, 그 결과를 모아 output 배열로 내놓는다. JSON Patch는 단일 자원(객체)만을 변환할 수 있기 때문에 이러한 과정이 꼭 필요하다.

JSON Patch를 사용할 수 있는 플랫폼

JSON Patch는 표준으로 제정되어 있기 때문에 Node.js 외에도 다음과 같은 플랫폼에서 사용할 수 있다.

- Java (*https://github.com/java-json-tools/json-patch*)
- Ruby (*https://github.com/guillec/json-patch*)

그 외의 지원 플랫폼 및 구현 라이브러리를 확인하고 싶다면 *http://jsonpatch.com/#libraries*를 참조하기 바란다.

JSON Patch 총평

표 7-4는 이 장 서두에서 언급한 평가 기준으로 JSON Patch를 평가해 본 결과이다.

공감대	Y
개발자 커뮤니티	Y
플랫폼	JavaScript, Node.js, Java, Ruby on Rails
직관성	N
표준	Y - RFC 6902

표 7.4 JSON Patch의 평가 결과

JSON Patch의 제한점

JSON Patch에는 다음과 같은 제한점이 있다.

- 기존 구조와 데이터를 수정할 수만 있을 뿐 완전히 새로운 데이터 구조를 추가할 수 없다.
- JSON Patch는 배열이 아니라 단일 객체만을 수정할 수 있도록 설계됐다. 이는 JSON Patch가 내부적으로 단일 필드 값만을 리턴할 수 있는 JSON Pointer를 사용하여 데이터를 검색하기 때문이다.

JSON Patch는 API의 HTTP 응답에 포함된 JSON 데이터 수정을 상정하여 만들어진 것은 아니지만, 한번 시도해볼 만한 가치는 있었다. JSON Patch의 진짜 목적은 웹 자원의 일부를 HTTP 요청을 통해 수정하는 HTTP PATCH 요청을 위한 것이다. HTTP PATCH 요청을 구현하는 것이 목적이라면 JSON Patch가 딱 맞는 선택이 될 것이다.

그러나 JSON의 구조를 변경하기 위한 목적이라면 이보다 더 나은 라이브러리가 있다. 이제 JSON-T를 알아보도록 하자.

JSON-T

JSON-T는 2006년 스테판 괴스너(JSONPath를 만든 그 사람이다)가 개발한 것으로, JSON 변환 라이브러리 중에서는 초기에 만들어진 라이브러리이다. JSON-T는 XML에서 XSLT가 하는 역할과 비슷한 역할을 하며, 변환 규칙을 담은 템플릿을 사용한다.

JSON-T 문법

JSON-T는 각각의 규칙이 키-값 쌍과 대응하는 JavaScript 객체 리터럴 형태로 변환 규칙을 정의한다. 이 변환 규칙은 다음과 같은 형식을 취한다.

```
var transformRules = {
  'ruleName': 'transformationRule',
  'ruleName': function

  ...

}
```

변환 규칙을 정의하는 방법은 다음과 같다.

- 각각의 ruleName 혹은 transformationRule은 홑따옴표(' ') 혹은 쌍따옴표(" ")로 감싸야 한다.

- 각각의 transformationRule은 중괄호({})로 감싼 하나 이상의 변환 표현식을 갖는다. 예: {cities}.
- 변환 표현식은 다른 ruleName이나 JSON 문서 안에 존재하는 필드(배열, 객체, 키-값 쌍)에 대해 평가될 수 있다.

아래 코드는 OpenWeatherMap 데이터를 변환하는 JSON-T 변환 규칙의 예이다.

```
var transformRules = {
  'self': '{ "cities": [{cities}] }',
  'cities[*]': '{ "id": "{$.id}", "name": "{$.name}", ' +
  '"weather": { "currentTemp": {$.main.temp}, "lowTemp": {$.main.temp_min}, ' +
  '"hiTemp": {$.main.temp_max}, "humidity": {$.main.humidity}, ' +
  '"windSpeed": {$.wind.speed}, "summary": "{$.weather[0].main}", ' +
  '"description": "{$.weather[0].description}" } },'
};
```

위에 정의된 변환 규칙은 다음과 같이 해석한다.

- self는 새로운 문서의 형식을 지정하는 최상위 규칙이다. 여기서 {cities}는 cities[*]를 의미한다.
- cities[*]는 배열 cities를 어떤 형식으로 할지를 결정한다.
  - cities[*]에 쓰인 별 문법은 이 변환 규칙이 cities 배열의 요소에 적용된 다는 것을 의미한다.
  - *는 배열의 각 인덱스를 가리킨다.
  - {$.}는 축약표기법이다. {$.name}은 cities 배열의 각 요소에서 name 필드 의 값을 가져오라는 의미이다. 이를 원래대로 표기하면 cities[*].name에 해당한다.

변환 규칙에 대한 더 자세한 내용은 JSON-T 웹 사이트(*http://goessner.net/articles/jsont/*)의 "Basic Rules" 항목을 참조하기 바란다.

JSON-T 단위 테스트

예제 7-10은 jsont Node.js 모듈을 사용하여 JSON-T의 사용법을 나타낸 것이다.

예제 7-10 **cities-weather-transform-test/test/jsont-spec.js**

```
'use strict';

/*  참고사항 : OpenWeatherMap API([http://openweathermap.org])가 제공하는
    날씨 데이터는 Creative Commons Share A Like 라이선스
    (https://creativecommons.org/licenses/by-sa/4.0)를 따릅니다.
```

이 데이터에 대한 수정은 json-server를 사용하기 위한 것으로, 사용권자에
의한 것이 아닙니다.

이 코드에 대한 재배포 역시 Creative Commons Share A Like 라이선스를 따릅니다.
*/

```javascript
var expect = require('chai').expect;
var jsonfile = require('jsonfile');
var jsonT = require('../lib/jsont').jsonT;

describe('cities-jsont', function() {
  var jsonCitiesFileName = null;

  var transformRules = {
    'self': '{ "cities": [{cities}] }',
    'cities[*]': '{ "id": "{$.id}", "name": "{$.name}", ' +
      '"weather": { "currentTemp": {$.main.temp}, "lowTemp": {$.main.temp_min}, ' +
      '"hiTemp": {$.main.temp_max}, "humidity": {$.main.humidity}, ' +
      '"windSpeed": {$.wind.speed}, "summary": "{$.weather[0].main}", ' +
      '"description": "{$.weather[0].description}" } },'
  };

  ...

  beforeEach(function() {
    var baseDir = __dirname + '/../../data';
    jsonCitiesFileName = baseDir + '/cities-weather-short.json';
  });

  it('should transform cities JSON data', function(done) {
    jsonfile.readFile(jsonCitiesFileName, function(readFileError,
      jsonObj) {
      if (!readFileError) {
        var jsonStr = jsonT(jsonObj, transformRules);

        jsonStr = repairJson(jsonStr);
        console.log(JSON.stringify(JSON.parse(jsonStr), null, 2));
        done();
      } else {
        done(readFileError);
      }
    });
  });
});
```

위의 테스트 코드에서 유효한 JSON 문서를 만들기 위해 다음과 같이 정의되는

repairJson() 함수를 사용한다.

```javascript
function repairJson(jsonStr) {
  var repairedJsonStr = jsonStr;

  var repairs = [
    [/,\s*}/gi, ' }'],
    [/,\s*\]/gi, ' ]']
```

```
];

for (var i = 0, len = repairs.length; i < len; ++i) {
    repairedJsonStr = repairedJsonStr.replace(repairs[i][0], repairs[i][1]);
}

return repairedJsonStr;
}
```

// json 구조를 아래 내용과 같이 변경한다.

...

```
jsonStr = repairJson(jsonStr);
console.log(JSON.stringify(JSON.parse(jsonStr), null, 2));
```

...

결과에 아무 수정을 가하지 않으면, JSON-T는 마지막 요소 끝에도 콤마가 붙은 채로 cities 배열을 만들게 된다. 그러므로 '이대로는' 이 JSON 문서가 유효하지 않다. 이 점을 수정하기 위해 repairJson() 함수는 정규표현식(Regex)을 사용하여 중괄호 혹은 대괄호가 닫히는(} 나]) 앞에 위치한 콤마를 제거한다. 대부분의 프로그래밍 언어는 정규 표현식과 관련된 기능을 갖추고 있긴 하지만, 이를 직접 코드를 작성하여 수정하는 것은 좋은 선택이 아니다.

Node.js 외의 플랫폼에서 JSON-T 사용하기
JSON-T는 Node.js 외에도 다음과 같은 플랫폼을 지원한다.

웹브라우저

　　JavaScript 파일 형태(jsont.js(*http://goessner.net/download/prj/jsont/jsont.js*))로 동작한다.

Ruby

　　순수 Ruby로 된 구현체(*https://rubygems.org/gems/jsont/versions/0.1.3*)가 있다.

JSON-T의 순수 Java 구현체는 아직 찾지 못했다.

JSON-T 총평
표 7-5는 앞서 언급한 기준을 따라 JSON-T를 평가한 결과이다.

공감대	Y
개발자 커뮤니티	Y
플랫폼	JavaScript, Node.js, Ruby on Rails
직관성	N
표준	N

표 7.5 JSON-T 평가 결과

JSON-T의 제한점

JSON-T에는 다음과 같은 제한점이 있다.

- 지나치게 복잡한 문법
- Java 구현체가 없음
- 이스케이프 문자로 된 문자열 안의 문자열을 다룰 수 없음. 예를 들면 `"escapedString": "I have a \"string within\" a string"`이라는 키-값 쌍을 변환하면 다음과 같은 유효하지 않은 문자열이 된다. `"escapedString": "I have a "string within " a string"` 이 오류 역시 정규 표현식을 이용하여 우회할 수 있다.
- 배열 혹은 객체의 마지막 요소를 다룰 수 없다.

JSON-T는 JSON 문서 전체를 다룰 수 있다는 점에서 JSON Patch에 비해 약간 개선됐다고 할 수 있다. 그러나 JSON-T도 제대로 사용하기 위해서는 코드를 추가로 작성해야 한다. JSON-T는 분명히 개선되기는 했지만 실제 개발환경에 적용하려면 문제가 있다. JSON 문서를 HTML로 변환하는 데는 적합하지만, JSON 문서의 구조를 변경하는 데는 그리 적합하지 않다.

이번에는 Mustache를 살펴보도록 하겠다.

Mustache

이전 장에서 Mustache로 JSON 문서를 HTML로 간단히 변환해 보았다. 이번에는 Mustache를 사용하여 도시별 날씨 데이터를 원하는 구조의 JSON 문서로 변환하는 방법을 알아보겠다.

예제 7-11은 JSON 구조를 변환하기 위한 Mustache 템플릿이다(Mustache 템플릿에 대한 내용은 JSON-HTML 변환에 대한 부분을 참조하기 바란다).

예제 7-11 **templates/transform-json.mustache**

```
{
  "cities": [
    {{#cities}}
      {
      "id": "{{id}}",
      "name": "{{name}}",
      "weather": {
      {{#main}}
      "currentTemp": {{temp}},
      "lowTemp": {{temp_min}},
      "hiTemp": {{temp_max}},
      "humidity": {{humidity}},
      {{/main}}
      "windSpeed": {{wind.speed}},
      {{#weather.0}}
      "summary": "{{main}}"
      "description": "{{description}}"
      {{/weather.0}}
      }
    },
    {{/cities}}
  ]
}
```

Architect template editor에서 이 템플릿을 테스트해 보자. "Engine" 드롭다
운 메뉴에서 *Mustache.js*를 선택한 다음, 템플릿 코드와 입력 JSON 문서를 각각
Template과 View 텍스트 박스에 붙여 넣는다. 그러면 그림 7-4와 같은 결과를
확인할 수 있다.

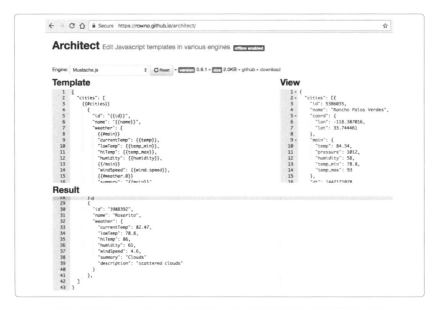

그림 7.4 Architect template editor에서 Mustache로 JSON을 다른 구조로 변환하는 화면

결과로 얻은 JSON 문서의 41행을 보면, 마지막 요소의 끝에도 콤마가 붙어있는 것을 볼 수 있다. 이 문서를 JSONLint로 유효성 검사를 해보면 역시 유효하지 않다는 결과가 나온다.

Results

```
Error: Parse error on line 11:
...ummary": "Clear"              "description": "Sky
----------------------^
Expecting 'EOF', '}', ':', ',', ']', got 'STRING'
```

Mustache의 제한점

Mustache는 JSON의 구조를 변경하는 데는 적합지 않다. 왜냐하면 (JSON-T와 마찬가지로) 입력 JSON 문서에서 배열 혹은 객체의 마지막 요소에 도달하였는지를 판단하지 못하기 때문이다.

이번에는 Handlebars를 시도해 보자.

Handlebars

앞서 보았다시피, Handlebars는 JSON을 HTML로 바꾸는 데 매우 유용하였다. 예제 7-13의 템플릿은 도시별 날씨 데이터를 원하는 구조의 JSON으로 바꾸기 위한 Handlebars 템플릿이다.

예제 7-12 **templates/transform-json.hbs**

```
{
  "cities": [
    {{#each cities}}
      {
        "id": "{{id}}",
        "name": "{{name}}",
        "weather": {
          {{#main}}
          "currentTemp": {{temp}},
          "lowTemp": {{temp_min}},
          "hiTemp": {{temp_max}},
          "humidity": {{humidity}},
          {{/main}}
          "windSpeed": {{wind.speed}},
          {{#each weather}}
          "summary": "{{main}}",
          "description": "{{description}}"
          {{/each}}
      }
    }{{#unless @last}},{{/unless}}
    {{/each}}
  ]
}
```

이 템플릿은 JSON-HTML 변환에서 보았던 Handlebars 템플릿과 비슷하지만, 중요한 차이점이 하나 있다. 아래의 코드 한 줄이 우리가 필요한 일, 즉 마지막 요소에 뒤에는 콤마를 추가하지 않게 해준다.

```
{{#unless @last}},{{/unless}}
```

이 줄의 의미는 다음과 같다.

- {{#unless}}는 Handlebars의 내장 헬퍼로, 조건식이 거짓일 때만 태그 안의 내용을 결과물에 추가시킨다.
- @last는 Handlebars의 내장 변수로, 해당 요소가 배열의 마지막 요소이면 false를 값으로 갖고 그렇지 않으면 true를 값으로 갖는다.

{{#unless}}와 @last에 대한 더 자세한 정보는 Handlebars의 공식 사이트(*http://handlebarsjs.com/builtin_helpers.html*)를 참조하기 바란다.

이제 Architect template editor에서 이 템플릿을 시험해 보자. "Engine" 드롭박스 메뉴에서 *Handlebars.js*를 선택한 다음, 템플릿과 입력 JSON 파일을 각각 Template과 View 텍스트 박스에 붙여 넣는다. 그러면 그림 7-5와 같은 결과를 확인할 수 있다.

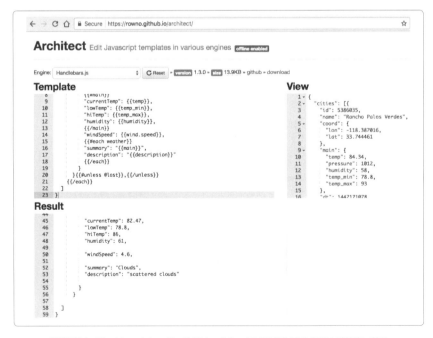

그림 7.5 Architect template editor에서 Handlebars로 JSON을 다른 구조로 변환하는 화면

결과로 나온 JSON 문서의 56행(Result 텍스트 박스)를 보면 마지막 요소 뒤에 더 이상 콤마가 붙지 않음을 알 수 있다. JSONLint로 확인해 보아도 역시 그림 7-6과 같이 유효한 문서라는 결과가 나온다.

그림 7.6 JSONLint를 사용하여 Handlebars로 변환한 JSON의 유효성을 검사

이제 원하는 결과를 얻었다. 앞서 언급했듯, Handlebars는 JSON의 구조 변경을 제대로 처리할 수 있을 정도의 조건논리를 갖추었다는 점이 Mustache와의 차이점이다.

JSON 구조 변경 라이브러리 평가: 결론

우리가 채용한 평가 기준 및 전반적인 사용성에 따르면, JSON 구조를 변경하는 용도로는 Handlebars가 압도적으로 뛰어난 평가를 받았다. 그 이유는 다음과 같다.

· 조건논리 기능 덕에 따로 더 손을 보지 않고도 쓸 수 있는 유일한 선택지이다.
· 탄탄한 멀티 플랫폼 지원.
· JSON 구조를 변경하기에 충분한 기능을 갖춘 템플릿 언어를 사용한다.
· 선언적으로 작성하지만, 필요에 따라 커스텀 헬퍼를 통해 논리를 도입할 수 있다.

- 개발을 돕기 위한 온라인 도구가 잘 갖춰져 있다.

지금까지 JSON 문서 구조 변경에 대해 알아보았다. 이번에는 JSON-XML 변환을 살펴보겠다.

7.6 JSON-XML 변환

개발을 하다 보면 아직 XML을 사용하고 있는 기존 시스템과 통합이 필요한 경우가 종종 있다. 관심사의 분리를 깔끔하게 유지하려면 새 시스템과의 경계선상에 XML과 JSON의 번역을 담당하는 간단한 어댑터를 두어야 한다.

JSON-XML에서 자주 쓰이는 스타일

XML 요소(element)(예: `<weather>`)를 JSON으로 변환하는 것은 그리 어려운 일이 아니다. 그러나 XML 속성(attribute)과 JSON을 상호 변환하는 것은 이보다 어렵다. 이러한 유형의 변환에는 정보 손실이 따르기 때문이다. 다시 말하면, JSON에는 속성을 나타내는 표준적인 방법이 없기 때문에 본래의 XML을 복원하지 못하는 경우가 생긴다. JSON의 핵심 구조는 객체, 배열, 키-값 쌍 뿐이라는 것을 다시 한번 상기하기 바란다.

예를 들어, 요소를 수식하기 위한 메타데이터를 나타내는 다음과 같은 XML 속성이 있다고 하자.

```
<weather temp="84.34" pressure="1012" humidity="58"
         temp_min="78.8" temp_max="93" />
```

이 XML 코드 조각을 보면, `temp`, `pressure`, `humidity`, `temp_min`, `temp_max` 속성이 `weather` 요소를 수식하고 있다. XML이 한창 인기 있던 시절(대략 1998~2008년)을 돌아보면, 상당수 XML 스키마에서 XML 속성을 다음과 같은 용도로 사용했었다.

- 전송되는 메시지의 양을 줄이기 위한 목적
- XML과 네이티브 플랫폼(예: Java, JavaScript, Ruby, C#) 간의 변환을 간단하게 하기 위한 목적

지금부터 XML과 JSON을 서로 직접 변환하는 방법과 여기에 자주 쓰이는 몇 가지 스타일을 알아보도록 하겠다.

- Badgerfish
- Parker
- JsonML
- Spark
- GData
- Abdera

이번 장에서는 이 중 널리 알려진 Badgerfish와 Parker를 주로 다룰 것이다. XML-JSON 변환 스타일에 대한 더 자세한 논의는 이 책의 주제를 벗어나므로 다루지 않지만, Open311 wiki(*http://wiki.open311.org/JSON_and_XML_Conversion/*)에서 확인할 수 있다.

Badgerfish 스타일과 Parker 스타일을 비교하기 위해, OpenWeatherMap 데이터로 만든 간단한 XML 샘플 문서를 사용하기로 한다. 그 다음, 두 가지 스타일이 변환 과정에 어떤 차이가 있는지 비교해 보기로 하겠다. 예제 7-13은 이 입력 XML 파일이다.

예제 7-13 **data/cities-weather-short.xml**

```xml
<?xml version="1.0" encoding="UTF-8"?>
<cities>
  <city>
    <id>5386035</id>
    <name>Rancho Palos Verdes</name>
    <coord>
      <lon>-118.387016</lon>
      <lat>33.744461</lat>
    </coord>
    <main temp="84.34" pressure="1012" humidity="58" temp_min="78.8" temp_max="93" />
    <dt>1442171078</dt>
    <wind>
      <speed>4.1</speed>
      <deg>300</deg>
    </wind>
    <clouds>
      <all>5</all>
    </clouds>
    <weather>
      <id>800</id>
      <main>Clear</main>
      <description>Sky is Clear</description>
      <icon>02d</icon>
    </weather>
  </city>
  <city>
    <id>5392528</id>
    <name>San Pedro</name>
```

```xml
      <coord>
        <lon>-118.29229</lon>
        <lat>33.735851</lat>
      </coord>
      <main temp="84.02" pressure="1012" humidity="58" temp_min="78.8" temp_max="91" />
      <dt>1442171080</dt>
      <wind>
        <speed>4.1</speed>
        <deg>300</deg>
      </wind>
      <clouds>
        <all>5</all>
      </clouds>
      <weather>
        <id>800</id>
        <main>Clear</main>
        <description>Sky is Clear</description>
        <icon>02d</icon>
      </weather>
    </city>
    <city>
      <id>3988392</id>
      <name>Rosarito</name>
      <coord>
        <lon>-117.033333</lon>
        <lat>32.333328</lat>
      </coord>
      <main temp="82.47" pressure="1012" humidity="61" temp_min="78.8" temp_max="86" />
      <dt>1442170905</dt>
      <wind>
        <speed>4.6</speed>
        <deg>240</deg>
      </wind>
      <clouds>
        <all>32</all>
      </clouds>
      <weather>
        <id>802</id>
        <main>Clouds</main>
        <description>scattered clouds</description>
        <icon>03d</icon>
      </weather>
    </city>
</cities>
```

Badgerfish

Badgerfish 스타일을 따라 입력 XML을 JSON으로 만들어 주는 온라인 테스터가
갖춰져 있다. 그림 7-7은 이 Badgerfish Online Tester(*http://dropbox.ashlock.us/
open311/json−xml/*)의 화면이다.

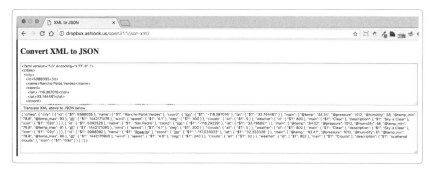

그림 7.7 Badgerfish online tester : XML을 JSON로 변환하는 화면

입력할 XML 파일을 "Convert XML to JSON" 레이블 바로 아래에 있는 텍스트 박스에 붙여 넣은 다음, "Translate XML avobe to JSON below" 버튼을 누르면 아래에 있는 텍스트 박스에 간결한 JSON이 생성된 것을 볼 수 있다. 이 JSON을 JSONLint 혹은 자주 사용하는 에디터로 정리해 보면 예제 7-14에 나온 내용을 얻게 된다.

예제 7-14 **data/cities-weather-short-badgerfish.json**

```
{
  "cities":{
    "city":[
      {
        "id":{
          "$1":5386035
        },
        "name":{
          "$1":"Rancho Palos Verdes"
        },
        "coord":{
          "lon":{
            "$1":"-118.387016"
          },
          "lat":{
            "$1":"33.744461"
          }
        },
        "main":{
          "@temp":"84.34",
          "@pressure":1012,
          "@humidity":58,
          "@temp_min":"78.8",
          "@temp_max":93
        },
        "dt":{
          "$1":1442171078
        },
        "wind":{
```

```
        "speed":{
          "$1":"4.1"
        },
        "deg":{
          "$1":300
        }
      },
      "clouds":{
        "all":{
          "$1":5
        }
      },
      "weather":{
        "id":{
          "$1":800
        },
        "main":{
          "$1":"Clear"
        },
        "description":{
          "$1":"Sky is Clear"
        },
        "icon":{
          "$1":"02d"
        }
      }
    },
    {
      "id":{
        "$1":5392528
      },
      "name":{
        "$1":"San Pedro"
      },
      "coord":{
        "lon":{
          "$1":"-118.29229"
        },
        "lat":{
          "$1":"33.735851"
        }
      },
      "main":{
        "@temp":"84.02",
        "@pressure":1012,
        "@humidity":58,
        "@temp_min":"78.8",
        "@temp_max":91
      },
      "dt":{
        "$1":1442171080
      },
      "wind":{
        "speed":{
          "$1":"4.1"
        },
        "deg":{
```

```
        "$1":300
      }
    },
    "clouds":{
      "all":{
        "$1":5
      }
    },
    "weather":{
      "id":{
        "$1":800
      },
      "main":{
        "$1":"Clear"
      },
      "description":{
        "$1":"Sky is Clear"
      },
      "icon":{
        "$1":"02d"
      }
    }
  },
  {
    "id":{
      "$1":3988392
    },
    "name":{
      "$1":"Rosarito"
    },
    "coord":{
      "lon":{
        "$1":"-117.033333"
      },
      "lat":{
        "$1":"32.333328"
      }
    },
    "main":{
      "@temp":"82.47",
      "@pressure":1012,
      "@humidity":61,
      "@temp_min":"78.8",
      "@temp_max":86
    },
    "dt":{
      "$1":1442170905
    },
    "wind":{
      "speed":{
        "$1":"4.6"
      },
      "deg":{
        "$1":240
      }
    },
    "clouds":{
```

```
          "all":{
            "$1":32
          }
        },
        "weather":{
          "id":{
            "$1":802
          },
          "main":{
            "$1":"Clouds"
          },
          "description":{
            "$1":"scattered clouds"
          },
          "icon":{
            "$1":"03d"
          }
        }
      }
    ]
  }
}
```

Badgerfish 스타일의 핵심적인 규칙은 다음과 같다.

- 요소명은 객체의 프로퍼티명으로 번역한다.
- 요소 안의 텍스트 콘텐트는 같은 이름으로 객체 안의 $ 프로퍼티로 옮긴다. 예를 들면, `<name>Rancho Palos Verdes</name>`은 `"name": { "$1": "Rancho Palos Verdes" }`가 된다.
- 중첩된 요소는 중첩 프로퍼티로 번역한다. 예를 들면 다음과 같은 XML은

```
<wind>
  <speed>4.1</speed>
  <deg>300</deg>
</wind>
```

이와 같이 번역한다.

```
"wind": {
  "speed": {
    "$1": "4.1"
  },
  "deg": {
    "$1": "300"
  }
}
```

- 같은 이름의 요소가 같은 수준에 하나 이상 있는 경우에는 배열의 요소로 옮긴다. 이를테면, 다음 XML은

```
<city>
</city>
<city>
</city>
```

이와 같이 번역한다.

```
"city": [ { ... } ]
```

- 속성(Attribute)은 이름 앞에 "@"를 붙여 프로퍼티 안으로 넣는다. 예를 들면 다음 XML은

```
<main temp="84.02" pressure="1012" humidity="58"
     temp_min="78.8" temp_max="91 />
```

이와 같이 번역한다.

```
"main": {
  "@temp": "84.34",
  "@pressure": "1012",
  "@humidity": "58",
  "@temp_min": "78.8",
  "@temp_max": "93"
}
```

이 외에도 세부적인 규칙이 많으므로 자세한 것은 다음 문서를 참조하도록 한다.

- Badgerfish 공식 사이트 (*http://badgerfish.ning.com/*)
- Badgerfish 참고 문서 (*http://www.sklar.com/badgerfish/*)
- Badgerfish 온라인 테스터 (*http://dropbox.ashlock.us/open311/json-xml/*)

Parker

Parker는 간단한 변환 규칙을 가지고 있지만 XML 속성을 변환하지 않는다. 따라서 JSON으로 변환하게 될 경우 속성에 대한 데이터를 유실하게 된다. Parker 스타일을 적용하여 변환한 JSON 문서를 예제 7-15에 실었다(입력 XML은 동일).

예제 7-15 **data/cities-weather-short-parker.json**

```
{
  "cities":[
    {
      "id":5386035,
      "name":"Rancho Palos Verdes",
      "coord":{
        "lon":-118.387016,
```

```
        "lat":33.744461
      },
      "main":null,
      "dt":1442171078,
      "wind":{
        "speed":4.1,
        "deg":300
      },
      "clouds":{
        "all":5
      },
      "weather":[
        {
          "id":800,
          "main":"Clear",
          "description":"Sky is Clear",
          "icon":"02d"
        }
      ]
    },
    {
      "id":5392528,
      "name":"San Pedro",
      "coord":{
        "lon":-118.29229,
        "lat":33.735851
      },
      "main":null,
      "dt":1442171080,
      "wind":{
        "speed":4.1,
        "deg":300
      },
      "clouds":{
        "all":5
      },
      "weather":[
        {
          "id":800,
          "main":"Clear",
          "description":"Sky is Clear",
          "icon":"02d"
        }
      ]
    },
    {
      "id":3988392,
      "name":"Rosarito",
      "coord":{
        "lon":-117.033333,
        "lat":32.333328
      },
      "main":null,
      "dt":1442170905,
      "wind":{
        "speed":4.6,
```

```
      "deg":240
    },
    "clouds":{
      "all":32
    },
    "weather":[
      {
        "id":802,
        "main":"Clouds",
        "description":"scattered clouds",
        "icon":"03d"
      }
    ]
  }
 ]
}
```

Parker 스타일의 핵심적인 변환 규칙은 다음과 같다.

· 요소명은 객체의 프로퍼티로 옮긴다.
· 속성은 무시한다.
· 중첩된 요소는 마찬가지로 중첩된 프로퍼티로 옮긴다.

Parker 스타일은 간단하다는 장점이 있으나, 다음과 같은 문제점도 갖고 있다.

· XML 속성을 무시하고 JSON으로 변환하기 때문에, 정보 손실이 생긴다.
· 지원 도구 및 문서화가 빈약하다.

JSON과 XML의 상호 변환 스타일에 대한 문제점

지금까지 살펴본 XML-JSON 변환 스타일은 다음과 같은 문제점을 안고 있다.

· 사실상 표준으로 인정받는 스타일이 없다.
· 멀티 플랫폼 구현이 없으며, 완전히 구현된 것도 아니다.
· 문서화가 충분하지 않다.
· 데이터 변환 중 정보 손실이 생기기도 한다(Parker).
· 데이터 변환을 거치면서 구조에 변화가 생긴다(Badgerfish).

XML-JSON 변환 평가: 결론

다음과 같은 결점을 고려했을 때, 우리가 살펴본 두 가지 스타일 모두를 추천하지 않는다.

XML을 JSON으로 변환

잘 알려진 라이브러리로 XML을 파싱(비직렬화)하여 사용 중인 플랫폼의 객체나 딕셔너리로 만든다(여기서는 Node.js 플랫폼이므로 xml2js). 그 다음 이렇게 얻은 객체 혹은 딕셔너리를 JSON으로 변환한다(JavaScript를 사용한다면 `JSON.stringify()`를 사용). 3장과 4장에서 배운 방법으로 Ruby, Java 객체를 JSON으로 변환한다.

JSON을 XML로 변환

사용 중인 플랫폼의 라이브러리를 사용하여 JSON을 데이터 구조로 파싱한다. JavaScript라면 `JSON.parse()`를 추천할 만하다. 3장과 4장에서 배운 방법으로 JSON을 Ruby 혹은 Java객체로 변환하면 된다. 그 다음, 이들 객체를 다시 XML로 변환(직렬화)한다. 여기서도 역시 Node.js 기반 Mocha/Chai 테스트에서 xml2js을 사용하는 형태를 취한다.

어떤 특정한 변환 스타일에 구애받는 것을 피하고, 다음과 같은 사항에 신경을 써야 한다.

- 자신에게 가장 잘 맞는 방법을 사용할 것
- 이미 잘 알고 손에 익은 라이브러리를 사용할 것
- 정보 손실이 있지는 않은지 변환 결과를 테스트할 것
- 단순한 방법을 택할 것
- 결정한 방법을 잘 캡슐화한 뒤, 적용하려는 애플리케이션 아키텍처와 적합한지 확인할 것

한마디로 말하자면, 사용하려는 플랫폼에서 가장 좋은 라이브러리를 선택하되, 제한점은 우회하도록 한다.

XML 파싱 및 생성 라이브러리

XML은 오랫동안 사용되어 온 만큼 거의 모든 플랫폼에 구현체가 갖춰져 있다. 그중 다음과 같은 것을 들 수 있다.

Node.js

여기서는 xml2js(*https://www.npmjs.com/package/xml2js*)를 사용한다.

Ruby

좋은 라이브러리가 몇 가지 있으나, LibXML(*https://xml4r.github.io/libxml-ruby/*)과 Nokogiri(*http://www.nokogiri.org/*)가 가장 추천할 만하다.

Java

JAXB(Java Architecture for XML Binding, *https://github.com/javaee/jaxb-v2*)가 가장 오랫동안 주력으로 사용되었다.

JSON-XML 변환 단위 테스트

예제 7-16에 나온 단위 테스트는 JSON의 JSON 변환과 JSON의 XML 변환을 테스트하기 위한 메서드를 갖추고 있다. 그리고 이 테스트는 다음과 같은 기술을 사용한다.

xml2js

XML과 JavaScript 데이터 구조를 상호 변환하는 데 xml2js를 사용할 수 있다. 깃허브 저장소(*https://github.com/Leonidas-from-XIV/node-xml2js*)에서 다운 받을 수 있다.

JSON.parse()/JSON.stringify()

JSON과 JavaScript 데이터 구조를 상호 변환하는데 사용한다. 3장 및 MDN (*https://mzl.la/2s8UCRU*)을 참조하여 JSON.parse()와 JSON.stringify에 대한 자세한 사항을 확인하기 바란다.

예제 7-16 **cities-weather-transform-test/test/json-xml-spec.js**

```
'use strict';

/*  참고사항 : OpenWeatherMap API([http://openweathermap.org])가 제공하는
    날씨 데이터는 Creative Commons Share A Like 라이선스
    (https://creativecommons.org/licenses/by-sa/4.0)를 따릅니다.
    이 데이터에 대한 수정은 json-server를 사용하기 위한 것으로, 사용권자에
    의한 것이 아닙니다.

    이 코드에 대한 재배포 역시 Creative Commons Share A Like 라이선스를 따릅니다.
*/

var expect = require('chai').expect;
var jsonfile = require('jsonfile');
var fs = require('fs');
```

```
var xml2js = require('xml2js');

describe('json-xml', function() {
  var jsonCitiesFileName = null;
  var xmlCitiesFileName = null;

  beforeEach(function() {
    var baseDir = __dirname + '/../..';

    jsonCitiesFileName = baseDir + '/data/cities-weather-short.json';
    xmlCitiesFileName = baseDir +
      '/data/cities-weather-short.xml';
  });

  it('should transform cities JSON data to XML', function(done) {
    jsonfile.readFile(jsonCitiesFileName, function(readJsonFileError,
      jsonObj) {
      if (!readJsonFileError) {
        var builder = new xml2js.Builder();
        var xml = builder.buildObject(jsonObj);
        console.log('\n\n\nXML Output:\n' + xml);
        done();
      } else {
        done(readJsonFileError);
      }
    });
  });

  it('should transform cities XML data to JSON', function(done) {
    fs.readFile(xmlCitiesFileName, 'utf8', function(
      readXmlFileError, xmlData) {
      if (!readXmlFileError) {
        var parser = new xml2js.Parser();
        parser.parseString(xmlData, function(error, xmlObj) {
          if (!error) {
            console.log('\n\n\nJSON Output:\n' +
              JSON.stringify(xmlObj, null, 2));

            done();
          } else {
            done(error);
          }
        });
      } else {
        done(readXmlFileError);
      }
    });
  });
});
```

이 테스트 코드의 내용은 다음과 같다.

- beforeEach() 메서드가 각 테스트 케이스를 실행하기 위한 준비를 한다. 여기
  서는, 입력 JSON 파일 및 출력 XML 파일의 이름을 만드는 역할을 한다.

- 'should transform cities JSON data to XML' 테스트 케이스는 다음과 같이 동작한다.
  - jsonfile.readFile()로 입력 JSON 파일을 읽어들여 JavaScript 객체 (jsonObj)로 만든다.
  - xml2js.Builder()를 호출하여 JSON을 XML로 변환할 객체를 만든다.
  - builder.buildObject(jsonObj)와 같이 (입력 JSON 파일로부터 만든) JavaScript 객체를 XML 문자열로 변환한다.
- 'should transform cities XML data to JSON' 테스트 케이스는 다음과 같이 동작한다.
  - fs.readFile()로 XML 파일을 읽어 문자열로 만든다.
  - xml2js.Parser()를 호출하여 XML 파서 객체를 만든다.
  - parser.parseString()를 호출하여 (입력 XML 파일로부터 만든) XML 문자열을 JavaScript 객체(xmlObj)로 만든다.
  - JSON.stringify()로 JavaScript 객체 xmlObj를 JSON 문자열로 만든다.

7.7 이번 장에서 배운 내용

지금까지 JSON 변환 라이브러리에 대해 살펴보며 다음 내용을 배웠다.

- JSON을 HTML로 변환
  - Mustache와 JSON 어느 것을 사용해도 잘 동작한다.
- JSON을 좀더 명확한 구조로 변환
  - Handlebars를 사용하라.
- XML과 JSON을 상호 변환
  - XML/JSON 변환 스타일은 잊어 버려라.
  - 사용하는 플랫폼에서 많이 쓰이는 XML 라이브러리를 사용하라.
- 웹 API로부터 가져온 JSON 문서의 내용을 변환하는 단위 테스트 작성하기.

이들 JSON 변환 기법을 사용하여 외부 API로부터 얻은 JSON 데이터를 기존 애플리케이션에 호환되는 데이터 포맷으로 변환하도록 한다.

7.8 다음 장에서 배울 내용

지금까지는 JSON 생태계(스키마, 검색, 변환)에 대하여 살펴보았다. 그 다음 3

부는 엔터프라이즈 애플리케이션에서 JSON이 어떻게 사용되는지 알아보도록 한다. 3부는 다음과 같은 내용을 다룬다.

- 하이퍼미디어
- MongoDB (NoSQL)
- 카프카를 이용한 JSON 메시징

8장에서는 API와 상호작용하기 위해 JSON으로 하이퍼미디어를 다루는 법을 알아보겠다.

3부

엔터프라이즈 애플리케이션과 JSON

8장

JSON과 하이퍼미디어

웹브라우저에서 사용하는 웹 애플리케이션 개발을 생각해보자. 우리가 입력 폼, 링크, 버튼을 HTML로 추가하면 웹브라우저를 새로 배포하지 않아도 사용자는 새로운 화면을 볼 수 있다. 그러나 '옛날'에는 조금 상황이 달랐다. 서버 사이드 애플리케이션에 새로운 기능을 추가한 버전을 출시할 때에도 이에 맞춰 클라이언트 역시 새로운 버전을 출시해야 하는 경우가 많았다. 이런 상황을 크게 바꾸어준 것이 웹브라우저다.

이제 개인 단말기 속 '리치(rich) 클라이언트'의 세상이 다시 돌아오고 있다. 스마트폰으로 그저 웹 페이지만 열어보는 경우도 있겠지만, 이러저런 이유로 인해 갖고 있는 단말기에서 아이콘을 눌러 띄울 수 있는 네이티브 앱을 원하는 경우가 늘어나는 중이다. 그렇다면 네이티브 앱을 사용하면서도 브라우저와 같은 범용 클라이언트의 이점을 계속 누릴 방법은 없을까? 답은 하이퍼미디어다. 데이터와 함께, 사용자가 데이터에 대해 할 수 있는 액션과 이 액션이 가능함을 사용자에게 알리는 표현을 함께 보내는 것이다.

지금까지 이 책에서 본 RESTful API 호출과 JSON 응답은 완전히 독립적(다른 호출과도 아무 상관이 없는)인 것이었다. 연사 정보 API의 JSON 응답은 해당 연사에 대한 정보만을 포함하고 있었을 뿐, 관련 정보나 사용자 액션에 대한 정보는 전혀 가지고 있지 않았다.

하이퍼미디어는 REST API로 하여금 그 사용 측에 다음과 같은 정보를 전달할 수 있게 해준다.

· 관련 정보에 대한 링크(예: 다른 API)를 제공한다. 예를 들어, 콘퍼런스 API는

관련 정보로 예약이나 연사, 숙소 API에 대한 링크를 제공하여 API 사용 측이 콘퍼런스 행사 및 연사에 대해 더 많은 정보를 얻고 행사에 참여하도록 할 수 있다.

- API가 제공하는 데이터의 의미. 이런 메타데이터는 JSON 응답에 실린 데이터에 대한 문서로, 이들 데이터 요소의 의미를 정의한다.
- API가 노출시키고 있는 현재 리소스에 대해 취할 수 있는 액션에 대한 정보. 예를 들어, 연사 정보 API가 단순 CRUD 연산 이상의 기능을 제공하게 하기 위해 발표 신청 프로세스로 이어지는 일련의 링크를 추가하는 것을 생각해 볼 수 있다.

하이퍼미디어는 여러 리소스를 한데 묶고 사용자가 비즈니스적으로 의미 있는 결과를 얻을 수 있도록 인도한다. 하이퍼미디어를 고객을 구매 단계까지 인도하는 인터넷 쇼핑몰의 장바구니로 생각해보자. 하이퍼미디어 포맷은 API 사용 측이 API 응답에 포함된 데이터를 어떻게 해석하고 처리해야 하는지를 전달하기 위한 표준적인 방법이다.

이번 장에서는 잘 알려진 JSON 기반 하이퍼미디어 포맷 몇 가지를 살펴볼 것이다.

- Siren
- JSON-LD
- Collection+JSON
- json:api
- HAL

8.1 하이퍼미디어 포맷의 비교

하이퍼미디어 포맷을 살펴보기 위한 샘플 데이터로 이전 장에서도 사용했던 연사 정보 데이터를 사용할 것이다. 가상의 콘퍼런스 myconference의 연사 API를 호출하여 다음과 같은 응답을 받았다고 하자.

```
GET http://myconference.api.com/speakers/123456

{
  "id":"123456",
  "firstName":"Larson",
  "lastName":"Richard",
```

```
    "email":"larson.richard@myconference.com",
    "tags":[
      "JavaScript",
      "AngularJS",
      "Yeoman"
    ],
    "age":39,
    "registered":true
}
```

연사 한 명이 맡은 발표의 목록을 보고 싶다면, 다른 API를 호출해야 한다.

```
GET http://myconference.api.com/speakers/123456/presentations
```

```
[
  {
    "id":"1123",
    "speakerId":"123456",
    "title":"Enterprise Node",
    "abstract":"Many developers just see Node as a way to build web APIs ...",
    "audience":[
      "Architects",
      "Developers"
    ]
  },
  {
    "id":"2123",
    "speakerId":"123456",
    "title":"How to Design and Build Great APIs",
    "abstract":"Companies now leverage APIs as part of their online ...",
    "audience":[
      "Managers",
      "Architects",
      "Developers"
    ]
  }
]
```

몇 가지 하이퍼미디어 포맷을 통해 연사 정보 및 발표 정보 API를 어떻게 나타
내는지 알아보도록 하자.

핵심 용어 정의하기

다음 내용을 진행하기 전에, REST에 대한 몇 가지 핵심 용어를 정의하고 넘어가
도록 하자.

리소스(Resource)

데이터를 지닌 모든 것 - 객체, 문서, 서비스(예: 주가 정보). 리소스는 다른 리
소스와 관계를 맺을 수 있다. 리소스는 URI를 갖는 엔드포인트이다.

표현(Representation)

JSON 혹은 XML로 나타낸 리소스의 현재 상태.

하이퍼미디어에 대한 필자의 의견

아키텍트 혹은 개발자는 모두 특정 기술에 대해 자신만의 평가를 내리게 마련이다. 하이퍼미디어 포맷을 살펴보기 전에, 먼저 필자가 생각하는 하이퍼미디어에 대한 의견을 피력하고자 한다. 하이퍼미디어는 API가 제공하는 데이터에 대한 풍부한 메타데이터를 제공하는 강력한 수단이지만, 논란의 대상이기도 하다. 하이퍼미디어를 선호하는 사람이 있는가 하면, 그렇지 않은 사람도 있다. 필자의 개인적인 입장은 그 두 입장 사이에 있다.

REST와 하이퍼미디어와 관련된 커뮤니티를 보면 JSON이 전달하는 데이터에 이들 데이터에 대한 연산이나 의미적 정의를 함께 실어 보내는 것이 유용하다고 생각하는 사람이 많다. 이들의 의견도 존중하지만, 개인적인 생각은 다음과 같은 세 가지 이유로 다른 리소스에 대한 링크만이 유용하다고 본다.

- API의 문서화가 제대로 되어있다면 연산이나 데이터 정의에 대한 추가 정보는 애초에 불필요하다. API 호출에 매번 이런 정보를 추가해야 할 필요는 없다. 다음과 같은 상황을 생각해보면 불필요하게 일을 복잡하게 만들 뿐이다.
  - OpenAPI(*https://www.openapis.org/*), RAML(*https://raml.org/*), API Blueprint(*https://apiblueprint.org/*)를 사용하여도 이들 정보를 제공할 수 있다.
  - JSON 데이터 형식을 기술하기 위한 JSON 스키마를 제공할 수 있다.
- 하이퍼미디어는 API가 리턴하는 JSON의 구조를 복잡하게 한다. 하이퍼미디어 포맷이 제공하는 기능이 많아질수록 다음과 같은 일이 일어난다.
  - 본래의 데이터 표현이 바뀌면서 이를 해석하기 어려워진다. 이번 장에서 보게 될 대부분의 포맷은 리소스의 본래 데이터 표현과 구조가 바뀌게 된다. 이 때문에 API 사용 측에서 처리하기가 어려워지는 경우도 있다.
  - API 사용법을 설명하기 위해 수고를 들여야 한다. 그래도 사용자는 좀 더 간단한 API를 찾아 떠날 것이다.
  - API 응답의 크기가 커지면서 네트워크 대역폭을 더 많이 차지한다.
- 관련된 다른 리소스에 대한 단순 링크는 본래 JSON 데이터 표현에 대한 변경 없이도 API 사용 과정에서 사용 측이 안내를 받을 수 있으므로 유용하다.

Siren

Siren(Structured Interface for Representing Entities)는 웹 API의 데이터를 표현하기 위한 것으로 JSON과 XML을 모두 지원한다. Siren의 IANA 미디어 타입은 application/vnd.siren+json이며, 깃허브 저장소(*https://github.com/kevinswiber/siren*)에서 스키마를 다운 받을 수 있다.

Siren의 핵심적인 개념은 다음과 같다.

엔티티

엔티티는 URI를 통해 접근할 수 있는 리소스를 말한다. 엔티티는 프로퍼티와 액션을 갖는다.

액션

엔티티는 액션을 취할 수 있다.

링크

다른 엔티티로 이어지는 연결이다.

예제 8-1은 연사 정보 데이터를 다음 HTTP 요청에 대해 Siren 포맷으로 나타낸 것이다.

```
GET http://myconference.api.com/speakers/123456
Accept: application/vnd.siren+json
```

예제 8-1 **data/speaker-siren.json**

```
{
  "class":[
    "speaker"
  ],
  "properties":{
    "id":"123456",
    "firstName":"Larson",
    "lastName":"Richard",
    "email":"larson.richard@myconference.com",
    "tags":[
      "JavaScript",
      "AngularJS",
      "Yeoman"
    ],
    "age":39,
    "registered":true
  },
  "actions":[
    {
      "name":"add-presentation",
      "title":"Add Presentation",
```

```
      "method":"POST",
      "href":"http://myconference.api.com/speakers/123456/presentations",
      "type":"application/x-www-form-urlencoded",
      "fields":[
        {
          "name":"title",
          "type":"text"
        },
        {
          "name":"abstract",
          "type":"text"
        },
        {
          "name":"audience",
          "type":"text"
        }
      ]
    }
  ],
  "links":[
    {
      "rel":[
        "self"
      ],
      "href":"http://myconference.api.com/speakers/123456"
    },
    {
      "rel":[
        "presentations"
      ],
      "href":"http://myconference.api.com/speakers/123456/presentations"
    }
  ]
}
```

이 예제에서 speaker 엔티티는 다음과 같이 정의되었다.

- class는 리소스의 클래스가 무엇인지를 나타낸다(여기서는 speaker).
- properties는 리소스에 대한 표현을 담고 있는 객체이다. 여기에 실제 API 응답 내용이 담긴다.
- actions는 speaker에 대해 취할 수 있는 액션을 기술한다. 여기서는 speaker에 presentation을 추가할 수 있음을 알려주고 있다.
- links는 self(현재 리소스)와 해당 연사의 발표 목록을 알려주는 URI인 presentation을 제공한다.

Siren이 제공하는 메타데이터는 엔티티(리소스)에 대해 취할 수 있는 액션을 기술하기에 적합하다. 또한 Siren에는 데이터를 기술할 클래스(타입)도 정의되어 있다. 하지만 JSON-LD처럼 데이터의 의미적 정의를 제공하지는 않는다.

JSON-LD

JavaScript Object Notation for Linking Data(JSON-LD, *https://www.w3.org/TR/json-ld-api*)는 2014년에 W3C 표준으로 제정되었다. 이 표준은 REST API에서 데이터 링킹을 목적으로 사용하기 위해 제정된 것으로, MongoDB나 CouchDB 같은 NoSQL 데이터베이스와 함께 사용된다. 더 자세한 내용은 깃허브 저장소(*https://github.com/json-ld/json-ld.org*)와 공식 사이트(*https://github.com/json-ld/json-ld.org*)를 참조하기 바란다. JSON-LD의 미디어 타입은 `application/ld+json`이며, 확장자는 .jsonld가 많이 사용된다. 또한 W3C에서의 위상이 높기 때문에 커뮤니티 및 워킹그룹의 활동이 활발하다.

예제 8-2는 다음과 같은 HTTP 요청으로 받은 JSON-LD 형식의 연사 정보 데이터이다.

```
GET http://myconference.api.com/speakers/123456
Accept: application/vnd.ld+json
```

예제 8-2 **data/speaker.jsonld**

```
{
  "@context":{
    "@vocab":"http://schema.org/Person",
    "firstName":"givenName",
    "lastName":"familyName",
    "email":"email",
    "tags":"http://myconference.schema.com/Speaker/tags",
    "age":"age",
    "registered":"http://myconference.schema.com/Speaker/registered"
  },
  "@id":"http://myconference.api.com/speakers/123456",
  "id":"123456",
  "firstName":"Larson",
  "lastName":"Richard",
  "email":"larson.richard@myconference.com",
  "tags":[
    "JavaScript",
    "AngularJS",
    "Yeoman"
  ],
  "age":39,
  "registered":true,
  "presentations":"http://myconference.api.com/speakers/123456/presentations"
}
```

이 예제에서 볼 수 있는 @context 객체는 연사 정보 데이터에 대한 전반적인 콘텍스트를 제공하는 역할을 한다. 여기서는 각각의 필드를 그저 열거하는 역할뿐만 아니라, @context(@vocab과 함께) speaker 객체를 구성하는 각 데이터 요소의 의미에 모호함이 없도록 한다. 다음은 이에 대한 자세한 내용이다.

- Schema.org(*http://schema.org/*) 사이트에서 age 혹은 Person(*http://schema.org/Person*)처럼 자주 사용되는 요소에 대한 의미를 명확한 정의를 제공한다.
- @vocab은 Person에 기본적인 타입을 결정하며 필요한 경우 speaker 객체에 적용된 다른 필드(tags, registered 등)를 통해 이 타입을 확장할 수 있게 해 준다.
- @id는 기본적으로 URI이며, 특정한 speaker에 접근하기 위한 유일 식별자이다.

speaker 객체에 대한 코어 JSON 표현이 바뀌지는 않았다는데 주의하기 바란다. 이 점은 기존 API가 있을 때 큰 장점이 된다. 이런 방법을 통해 기존 API의 사용 측을 수정하지 않고도 JSON-LD를 점진적으로 도입할 수 있다. 지금 사용하는 JSON 표현을 변경하지 않으면서도 데이터 표현에 차츰 의미를 추가해 나갈 수 있다.

그리고 *http://myconference.schema.com*은 실제로는 존재하지 않으며 예제를 위한 것이다. Schema.org상에 없는 새로운 정의가 필요하다면, 새로운 도메인에 대해 정의를 추가해도 된다. 다만 이들 정의에 대해 충분히 자세한 문서를 작성하기만 하면 된다.

예제 8-3은 아래의 HTTP 요청에 대해 받은 JSON-LD 형식의 연사 정보 데이터이다.

```
GET http://myconference.api.com/speakers/123456/presentations
Accept: application/vnd.ld+json
```

예제 8-3 **data/presentations.jsonld**

```
{
  "@context":{
    "@vocab":"http://myconference.schema.com/",
    "presentations":{
      "@type":"@id",
      "id":"id",
      "speakerId":"speakerId",
      "title":"title",
      "abstract":"abstract",
      "audience":"audience"
    }
  },
  "presentations":[
    {
      "@id":"http://myconference.api.com/speakers/123456/presentations/1123",
      "id":"1123",
```

```
    "speakerId":"123456",
    "title":"Enterprise Node",
    "abstract":"Many developers just see Node as a way to build web APIs or ...",
    "audience":[
      "Architects",
      "Developers"
    ]
  },
  {
    "@id":"http://myconference.api.com/speakers/123456/presentations/2123",
    "id":"2123",
    "speakerId":"123456",
    "title":"How to Design and Build Great APIs",
    "abstract":"Companies now leverage APIs as part of their online strategy ...",
    "audience":[
      "Managers",
      "Architects",
      "Developers"
    ]
  }
 ]
}
```

이 예제에 사용된 @context는 모든 데이터가 presentations와 관계된 개념이라는 것을 나타낸다. 이 예제에 쓰인 http://myconference.schema.com/presentations 객체가 존재하지 않기 때문에 presentations를 직접 인라인으로 정의하고 있다. 만약 이 객체가 이미 정의되어 있었다면 다음과 같이 @context를 작성했을 것이다.

```
"@context": "http://myconference.schema.com/presentations"
```

JSON-LD Playground(*https://json-ld.org/playground/*)에서 조금 전의 예제를 따라해 볼 수 있다. 이 도구는 JSON-LD 형식으로 된 문서의 유효성을 검사해 주는 온라인 테스터이다. API에 포함될 코드를 작성하기 전에 데이터 포맷을 미리 검증해두기 바란다.

JSON-LD 자체만으로는 연산에 대한 정보나 데이터 표현에 대한 의미를 제공할 수 없다. HYDRA는 JSON-LD에 클라이언트와 서버 간 통신 내용을 지정하는 어휘를 추가로 정의하는 규격(add-on)이다.

HYDRA에 대한 자세한 내용은 다음에서 확인할 수 있다.

· 공식 사이트 (*http://www.markus-lanthaler.com/hydra/*)
· W3C 커뮤니티 (*https://www.w3.org/community/hydra/*)

예제 8-4는 HYDRA 규격에 따라 연산을 추가 정의한 발표 목록이다.

```
GET http://myconference.api.com/speakers/123456/presentations
Accept: application/vnd.ld+json
```

예제 8-4 **data/presentations-operations.jsonld**

```
{
  "@context":[
    "http://www.w3.org/ns/hydra/core",
    {
      "@vocab":"http://myconference.schema.com/",
      "presentations":{
        "@type":"@id",
        "id":"id",
        "speakerId":"speakerId",
        "title":"title",
        "abstract":"abstract",
        "audience":"audience"
      }
    }
  ],
  "presentations":[
    {
      "@id":"http://myconference.api.com/speakers/123456/presentations/1123",
      "id":"1123",
      "speakerId":"123456",
      "title":"Enterprise Node",
      "abstract":"Many developers just see Node as a way to build web APIs or ...",
      "audience":[
        "Architects",
        "Developers"
      ]
    },
    {
      "@id":"http://myconference.api.com/speakers/123456/presentations/2123",
      "id":"2123",
      "speakerId":"123456",
      "title":"How to Design and Build Great APIs",
      "abstract":"Companies now leverage APIs as part of their online strategy ...",
      "audience":[
        "Managers",
        "Architects",
        "Developers"
      ]
    }
  ],
  "operation":{
    "@type":"AddPresentation",
    "method":"POST",
    "expects":{
      "@id":"http://schema.org/id",
      "supportedProperty":[
        {
          "property":"title",
```

```
        "range":"Text"
      },
      {
        "property":"abstract",
        "range":"Text"
      }
    ]
  }
 }
}
```

다음과 같은 부분에 주목해서 이 예제를 보기 바란다.

· operation는 POST 요청을 통해 발표를 추가할 수 있다는 것을 보여준다.
· @context는 operation 키워드를 추가할 HYDRA 도메인을 가리킨다.
· @vocab은 *http://myconference.schema.com/* 도메인과 presentation에 대한 정의
  를 추가해 준다.

기존 데이터 표현을 수정하지 않고도 다른 연관된 자원과 연결을 추가할 수 있다는 점만으로도 JSON-LD는 나름의 가치가 있다. 이를 바꿔 말하면, 기존 API 사용 측에 수정을 강요하지 않을 수 있다는 말이 된다. 간단한 방법을 원한다면, HYDRA는 제외하고 JSON-LD만을 적용하면 된다.

Collection+JSON

Collection+JSON은 컬렉션을 구성하는 데이터 요소를 다루기 위해 2011년에 만들어졌다. 그리고 Atom Publication/Syndication 형식과 유사한 점이 많다. 더 자세한 내용은 공식 사이트(*http://amundsen.com/media-types/collection/*)와 깃허브 저장소(*https://github.com/collection-json/spec*)를 참조하기 바란다. Collection+JSON의 미디어 타입은 application/vnd.collection+json이다.

유효한 Collection+JSON 응답은 다음과 같은 내용을 반드시 포함해야 한다.

· version
· self(요청이 이루어진 원래 자원)를 가리키는 URI 값을 가진 href

예제 8-5는 다음 HTTP 요청에 대한 Collection+JSON 형식으로 된 연사 정보 데이터이다.

```
GET http://myconference.api.com/speakers/123456
Accept: application/vnd.collection+json
```

예제 8-5 **data/speaker-collection-json-links.json**

```json
{
  "collection":{
    "version":"1.0",
    "href":"http://myconference.api.com/speakers",
    "items":[
      {
        "href":"http://myconference.api.com/speakers/123456",
        "data":[
          { "name":"id", "value":"123456" },
          { "name":"firstName", "value":"Larson" },
          { "name":"lastName", "value":"Richard" },
          { "name":"email", "value":"larson.richard@myconference.com" },
          { "name":"age", "value":"39" },
          { "name":"registered", "value":"true" }
        ],
        "links":[
          {
            "rel":"presentations",
            "href":"http://myconference.api.com/speakers/123456/presentations",
            "prompt":"presentations"
          }
        ]
      }
    ]
  }
}
```

다음과 같은 부분에 주목해서 이 예제를 보기 바란다.

- collection 객체에 연사 정보 데이터를 담고 있다.
- 배열 items는 연사 정보 컬렉션의 모든 객체를 담고 있다. 이 예제에서는 ID 로 조회하였기 때문에, 객체가 하나만 조회되었다.
- 배열 data는 연사 정보를 구성하는 각 요소에 대한 이름-값 쌍을 담고 있다.
- 배열 links은 해당 연사와 관련된 자원에 대한 링크를 제공한다. 각각의 링크 는 다음과 같이 구성되어 있다.
  - rel은 관계를 지정한다.
  - href는 이 연사의 presentations에 대한 하이퍼링크를 제공한다.
  - prompt는 HTML 폼에서 연사 정보 컬렉션을 참조하기 위해 사용된다.

Collection+JSON은 이 외에도, 컬렉션에 대해 구성 요소를 읽고, 수정하고, 조 회하는 기능을 갖는다. 다만 이 기능을 모두 다 설명하는 것은 이 책의 주제를 벗어나므로, *http://amundsen.com/media-types/collection/examples/*의 예제와 *http://amundsen.com/media-types/tutorials/collection/tutorial-01.html*의 튜터리얼을 참조 하기 바란다.

Collection+JSON은 관련 자원에 대한 링크를 제공할 수 있게 해주지만, data 배열 안의 데이터를 모두 키-값 쌍으로 변환하기 때문에 원래의 데이터 구조가 완전히 바뀌게 된다.

json:api

json:api는 API에서 사용되는 JSON 요청 및 응답 포맷을 표준화하기 위해 2013년 제정되었다. json:api의 주 대상은 API의 요청 및 응답이지만 하이퍼미디어도 대상에 추가되었다. 자세한 사항은 공식 사이트(*http://jsonapi.org/*) 및 깃허브 저장소(*https://github.com/json-api/json-api*)를 참조하기 바란다. json:api의 미디어 타입은 application/vnd.api+json이다.

json:api 문서는 다음 중 하나를 최상위 요소로 가져야 한다.

data

자원에 대한 데이터 표현. 이 요소는 자원 객체를 담는데, 이들 객체는 type 필드 (데이터 타입을 지정)와 id 필드(자원의 유일 식별자)를 반드시 갖추어야 한다.

errors

오류 객체의 배열로, 이들 오류 객체는 API로부터 받은 오류 코드와 메시지를 담고 있다.

meta

비표준 메타데이터를 담기 위한 요소이다(예: 저작권 표시 등).

필수는 아니지만 추가할 수 있는 최상위 요소는 다음과 같다.

links

주 콘텐츠와 관련된 자원에 대한 링크를 담고 있는 객체이다.

included

주 콘텐츠와 관련된 자원을 직접 담고 있는 객체이다.

예제 8-6은 다음 HTTP 요청에 대해 json:api 형식으로 나타낸 연사 정보의 목록이다.

```
GET http://myconference.api.com/speakers
Accept: application/vnd.api+json
```

예제 8-6 **data/speakers-jsonapi-links.json**

```json
{
  "links":{
    "self":"http://myconference.api.com/speakers",
    "next":"http://myconference.api.com/speakers?limit=25&offset=25"
  },
  "data":[
    {
      "type":"speakers",
      "id":"123456",
      "attributes":{
        "firstName":"Larson",
        "lastName":"Richard",
        "email":"larson.richard@myconference.com",
        "tags":[
          "JavaScript",
          "AngularJS",
          "Yeoman"
        ],
        "age":39,
        "registered":true
      }
    },
    {
      "type":"speakers",
      "id":"223456",
      "attributes":{
        "firstName":"Ester",
        "lastName":"Clements",
        "email":"ester.clements@myconference.com",
        "tags":[
          "REST",
          "Ruby on Rails",
          "APIs"
        ],
        "age":29,
        "registered":true
      }
    },

    ...

  ]
}
```

이 예제는 다음과 같이

- 배열 links는 연사와 관련된 자원에 대한 링크를 제공한다. 여기서는 각 요소
  가 관련 자원에 대한 URI를 담고 있다. 링크의 이름에 대해서는 어떠한 제약
  사항이나 조건이 없다. 다만, 관습적으로 self는 현재 자원을 가리키며 next
  는 (현재 자원의) 다음 부분을 가리킨다.

- 배열 data는 일련의 자원 객체를 포함한다. 이들 자원은 json:api 형식의 정의에 따라 type(예: speakers 및 id 필드를 갖추어야 한다. attributes 객체는 각각의 speaker 객체를 구성하는 키-값 쌍을 담는다.

예제 8-7은 json:api 형식에 따라 하나의 speaker 객체에 presentation 객체를 모두 포함시킨 예이다.

```
GET http://myconference.api.com/speakers/123456
Accept: application/vnd.api+json
```

예제 8-7 **data/speaker-jsonapi-embed-presentations.json**

```
{
  "links":{
    "self":"http://myconference.api.com/speakers/123456"
  },
  "data":[
    {
      "type":"speaker",
      "id":"123456",
      "attributes":{
        "firstName":"Larson",
        "lastName":"Richard",
        "email":"larson.richard@myconference.com",
        "tags":[
          "JavaScript",
          "AngularJS",
          "Yeoman"
        ],
        "age":39,
        "registered":true
      }
    }
  ],
  "included":[
    {
      "type":"presentations",
      "id":"1123",
      "speakerId":"123456",
      "title":"Enterprise Node",
      "abstract":"Many developers just see Node as a way to build web APIs or ...",
      "audience":[
        "Architects",
        "Developers"
      ]
    },
    {
      "type":"presentations",
      "id":"2123",
      "speakerId":"123456",
      "title":"How to Design and Build Great APIs",
      "abstract":"Companies now leverage APIs as part of their online ...",
      "audience":[
```

```
            "Managers",
            "Architects",
            "Developers"
        ]
    }
  ]
}
```

이 예제를 보면, 배열 included(json:api 규격의 일부임) 안에 해당 speaker에 대한 presentations 객체가 포함되어 있음을 알 수 있다. 자원을 직접 포함시키면 API 호출 수를 줄일 수 있다는 장점이 있지만, speaker 객체가 presentation 데이터의 형식과 내용에 대해서 알아야 한다는 데서 비롯되는 불필요한 결합도가 발생하게 된다.

예제 8-8은 자원과 links 간의 관계를 더 잘 나타낸 예이다.

```
GET http://myconference.api.com/speakers/123456
Accept: application/vnd.api+json
```

예제 8-8 **data/speaker-jsonapi-link-presentations.json**

```
{
  "links":{
    "self":"http://myconference.api.com/speakers/123456",
    "presentations":"http://myconference.api.com/speakers/123456/
presentations"
  },
  "data":[
    {
      "type":"speaker",
      "id":"123456",
      "attributes":{
        "firstName":"Larson",
        "lastName":"Richard",
        "email":"larson.richard@myconference.com",
        "tags":[
          "JavaScript",
          "AngularJS",
          "Yeoman"
        ],
        "age":39,
        "registered":true
      }
    }
  ]
}
```

이 예제에서는 배열 links에 해당 speaker와 연관된 presentations가 있다는 것과 이들에 대한 URI를 알려준다. 하지만 speaker 자원(및 API)는 presentation 자원이 포함하는 데이터에 대해 알지 못한다. 그리고 API 사용 측에서도 더 적은 데이터만 처리해도 된다. 이러한 느슨한 결합을 통해 연사 정보 API에 아무런 영향 없이 presentation에 대한 데이터를 변경할 수 있다.

json:api는 표준화된 오류 메시지, 페이지네이션, 콘텐츠 네고시에이션, 자원을 추가/수정/삭제하기 위한 정책 등 풍부한 기능을 제공한다. 개인적으로 이전에는 API의 스타일 가이드를 작성하기 위해 json:api 규격의 일부를 빌려다 쓰곤 했었다. 여기다 대부분의 주요 플랫폼을 지원(*http://jsonapi.org/implementations/*)하는 것도 장점이다. data 배열과 여기 포함된 자원 객체(type과 id 객체를 반드시 갖춰야 하는)를 사용하면 JSON 데이터 표현이 바뀌기는 하지만 객체의 구조 자체는 그대로 유지된다. json:api에 대한 더 자세한 사항은 이 책의 주제를 벗어나므로 예제 페이지(*http://jsonapi.org/implementations/*)와 규격 문서(*http://jsonapi.org/format/*)를 참조하기 바란다.

HAL

HAL(Hypertext Application Language)는 2012년에 제정된 IETF 표준이다. 하이퍼링크를 사용하여 자원 간의 링크를 제공하기 위해 만들어졌으며 JSON과 XML 모두에서 사용 가능하다. 자세한 내용은 웹상에 공개된 표준 문서 초안(*https://tools.ietf.org/html/draft-kelly-json-hal-08*)과 깃허브 저장소(*https://github.com/mikekelly/hal_specification*)를 참조하기 바란다. HAL의 미디어 타입은 application/hal+json과 application/hal+xml 두 가지가 사용되고 있다.

HAL은 간단하고 가독성이 뛰어나며 본래 데이터 표현을 변경하지 않는다. 또한 HAL은 다음과 같은 이유로 많이 사용된다.

자원 객체

링크(_links 객체)나 다른 자원을 임베딩하는 자원은 _embedded 객체 안에 저장된다.

링크

링크는 그 외 외부 자원으로 연결되는 URI를 제공한다.

_embedded와 _links 모두를 갖출 필요는 없지만, 적어도 둘 중 하나는 최상위 요소에 포함되어 있어야 유효한 HAL 문서가 된다.

예제 8-9는 다음 HTTP 요청에 대한 연사 정보를 HAL 형식으로 나타낸 것이다.

```
GET http://myconference.api.com/speakers/123456
Accept: application/vnd.hal+json
```

예제 8-9 **data/speaker-hal.json**

```json
{
  "_links":{
    "self":{
      "href":"http://myconference.api.com/speakers/123456"
    },
    "presentations":{
      "href":"http://myconference.api.com/speakers/123456/presentations"
    }
  },
  "id":"123456",
  "firstName":"Larson",
  "lastName":"Richard",
  "email":"larson.richard@myconference.com",
  "tags":[
    "JavaScript",
    "AngularJS",
    "Yeoman"
  ],
  "age":39,
  "registered":true
}
```

이 예제에서 주목하여야 할 부분은 다음과 같다.

- _links 객체는 연결관계를 나타내는 링크 및 각각의 연결관계의 의미를 담고 있다.
  - 링크는 href라는 키-값 쌍으로 나타내야 한다. 또한 href의 값은 유효한 URI(RFC 3986에 준함) 혹은 URI 템플릿(RFC 6570에 준함)이어야 한다.
- 연결관계에는 다음과 같은 것이 있다.
  - self는 현재 speaker 자원(self)에 대한 연결이다.
  - presentations는 현재 speaker가 진행할 발표이다. 이 예제의 경우, presentations 객체가 현재 자원과 하이퍼링크 http://myconference.api. com/speakers/123456/presentations와의 관계를 나타내고 있다(href 키를 통해 알 수 있음).
  - next와 find는 HAL에서 사용하는 예약어가 아니다. HAL에서는 링크 객체에 원하는 이름을 사용할 수 있다.

예제 8-10과 같이 speaker 객체를 여럿 포함한 목록을 통해 더 흥미로운 예를 살펴보도록 하자.

```
GET http://myconference.api.com/speakers
Accept: application/vnd.hal+json
```

예제 8-10 **data/speaker-hal-links.json**

```
{
  "_links":{
    "self":{
      "href":"http://myconference.api.com/speakers"
    },
    "next":{
      "href":"http://myconference.api.com/speakers?limit=25&offset=25"
    },
    "find":{
      "href":"http://myconference.api.com/speakers{?id}",
      "templated":true
    }
  },
  "speakers":[
    {
      "id":"123456",
      "firstName":"Larson",
      "lastName":"Richard",
      "email":"larson.richard@myconference.com",
      "tags":[
        "JavaScript",
        "AngularJS",
        "Yeoman"
      ],
      "age":39,
      "registered":true
    },
    {
      "id":"223456",
      "firstName":"Ester",
      "lastName":"Clements",
      "email":"ester.clements@myconference.com",
      "tags":[
        "REST",
        "Ruby on Rails",
        "APIs"
      ],
      "age":29,
      "registered":true
    },

    ...

  ]
}
```

이 예제에서 중요한 부분은 다음과 같다.

- self 외에 다음과 같은 연결관계가 추가되었다.

  – next는 그 다음 speaker 자원을 가리킨다. 다시 말해, API에서 페이지네이

션을 지원한다고 볼 수 있다. 여기서는 `limit` 파라미터에서 API 호출마다 25개의 speaker 객체가 리턴된다는 것을 알려주고 있으며, `offset` 파라미터로 현재 26번째 객체를 보고 있음을 알 수 있다. 페이스북의 페이지네이션과 비슷하다고 보면 된다.

- `find`는 각각의 speaker에 접근하기 위한 링크의 템플릿을 담고 있다. `find`의 값에서 접근하려는 speaker 객체의 id로 `{?id}` 부분을 치환하면 된다. `templated`의 값으로 이것이 링크의 템플릿임을 알 수 있다.

· JSON 데이터 표현에는 변화가 없었다.

첫 번째 예제로 돌아가서, speaker의 모든 presentation 객체를 임베딩하도록 하자. 그 결과는 예제 8-11과 같다.

```
GET http://myconference.api.com/speakers/123456
Accept: application/vnd.hal+json
```

예제 8-11 **/data/speaker-hal-embed-presentations.json**

```
{
  "_links":{
    "self":{
      "href":"http://myconference.api.com/speakers/123456"
    },
    "presentations":{
      "href":"http://myconference.api.com/speakers/123456/presentations"
    }
  },
  "_embedded":{
    "presentations":[
      {
        "_links":{
          "self":{
            "href":"http://myconference.api.com/speakers/123456/presentations/1123"
          }
        },
        "id":"1123",
        "title":"Enterprise Node",
        "abstract":"Many developers just see Node as a way to build web APIs ...",
        "audience":[
          "Architects",
          "Developers"
        ]
      },
      {
        "_links":{
          "self":{
            "href":"http://myconference.api.com/speakers/123456/presentations/2123"
          }
        },
        "id":"2123",
        "title":"How to Design and Build Great APIs",
```

```
        "abstract":"Companies now leverage APIs as part of their online ...",
        "audience":[
          "Managers",
          "Architects",
          "Developers"
          ]
      }
    ]
  },
  "id":"123456",
  "firstName":"Larson",
  "lastName":"Richard",
  "email":"larson.richard@myconference.com",
  "tags":[
    "JavaScript",
    "AngularJS",
    "Yeoman"
  ],
  "age":39,
  "registered":true
}
```

이 예제에서는 presentations으로 정의된 연결관계 대신, _embedded라는 이름으로 presentation 객체를 speaker 객체 안에 임베딩하였다. 대신 각각의 presentation 객체가 _links로 연결관계를 갖고 있다.

언뜻 생각하면 관련 자원을 직접 임베딩하는 것도 나쁘지 않아 보인다. 하지만 필자는 다음과 같은 이유로 연결관계를 두는 쪽을 선호한다.

- 관련 자원을 임베딩하면 주고받아야 할 정보의 크기가 커진다.
- _embedded 객체로 인해 데이터 표현이 변경된다.
- 관련 자원을 임베딩하면서 연사 정보 API와 발표 정보 API의 결합도가 증가한다. 연사 정보 API에서 발표 정보의 구조를 알고 있어야 하기 때문이다. 그러나 임베딩 대신 간단히 representations 연결관계를 추가한다면, 연사 정보 API에서는 관련된 API의 존재만 알고 있으면 된다.

HAL(관련 자원의 임베딩을 제외한)은 데이터 표현을 변경하지 않고도 다른 자원에 대한 링크를 제공할 수 있다.

8.2 하이퍼미디어: 결론

하이퍼미디어를 사용하면서 가장 중요한 점은 '간결함을 잃지 말라'는 것이다. 자원의 표현 형식을 원래대로 유지하고, API를 설계하면서 이 API를 분명하게 문서화하면 하이퍼미디어를 필요로 하는 대부분의 경우를 잘 처리할 수 있을 것이다. 필자의 경험상 하이퍼미디어는 다른 자원에 대한 링크로서 가장 유용했다. 하이퍼미디어의 모든 점을 잘 활용하고 있는 사람이라면 이 의견에 크게 반발할 수 있겠으나, 내가 그렇게 생각하는 이유는 다음과 같다.

- 사용하기 어려운 API는 잘 쓰이지 않을 것이다.
- 가장 중요한 것은 원래 JSON 표현을 유지하는 것이다. 하이퍼미디어 정보를 포함하는 정도의 목적으로 원래의 표현 구조를 변경해서는 안 된다.

위에 열거한 내용을 따라, 필자는 하이퍼미디어를 위해 HAL 구조를 최소한으로 적용하는 것(다른 자원을 임베딩하지 않으며, 링크만 포함하는)을 원칙으로 삼았다. HAL은 다음과 같은 이유로 이 원칙에 적합하다.

- 원하는 목적을 달성하는 가장 간단한 방법이다.
- 표준으로 제정되어 있다.
- 개발 커뮤니티에서 널리 지지받는다.
- 여러 플랫폼에 잘 만들어진 라이브러리가 있다.
- 기존 JSON 데이터 표현을 수정하지 않아도 된다.
- 데이터에 부여할 의미 및 연산에 제약이 없다.
- 더도 말고 덜도 말고 딱 원하는 만큼의 기능.

필자의 두 번째 선택은 (관련 자원을 링크만 한) json:api이다. 이를 선택한 이유는 하이퍼미디어 기능을 제공한다는 것 외에도, 기존 JSON 표현과 여기 담긴 의도를 망가뜨리지 않으면서 JSON 요청과 응답을 표준화할 수 있다는 점이다. JSON 데이터 표현을 망가뜨리지 않는다는 점을 빼면, json:api에는 썩 매력적인 점이 남지 않는다. 지원하는 플랫폼이 많기 때문에 이미 제공되는 라이브러리를 사용하여 개발 기간 및 과정을 간단히 할 수 있다. 그러므로 하이퍼미디어를 적용하는 것 외에도 조직 내에서 사용되는 API의 요청 및 응답을 표준화하고 싶다면 json:api를 진지하게 고려해볼 만하다(API 설계 자체는 이 책의 주제에서 벗어난다).

세 번째로는 JSON-LD(HYDRA 미적용)을 선택하였다. 이를 선택한 이유는 간단하며 기존 JSON 표현을 망가뜨리지 않는다는 점이다. 데이터의 의미를 기존 API에 추가하는 일이 크게 어렵지는 않지만, 개인적으로는 이럴 필요가 없다고 생각한다. 왜냐하면, JSON 스키마와 잘 작성된 API 문서가 제거된다면 더 나은 효과를 거둘 수 있기 때문이다.

8.3 하이퍼미디어 관련 작업에 대한 추천사항

하이퍼미디어에 대한 필자의 개인적인 의견에 동의하지 않을지도 모르겠다. 그러나 당신이 아키텍트 혹은 개발팀장의 입장에서 여러분이 이끄는 팀에 하이퍼미디어의 모든 면을 활용하는 API를 개발하도록 지시하였다고 해보자. 당신의 팀원들은 하이퍼미디어에 대해서 어떻게 생각할 것 같은가? 유용하다고 볼 수도 있고, 불필요한 부담이라 볼 수도 있을 것이다. 익스트림 프로그래밍(XP)의 교훈에 귀 기울여, 유용한 방안 중 가장 간단한 것을 택하도록 한다. 하려는 일에 적합한 도구와 기법을 택하되 다음과 같은 접근법을 취한다.

- OpenAPI/Swagger 혹은 RAML로 API를 적절히 문서화한다.
- JSON 스키마로 데이터 구성을 정의한다.
- 하이퍼미디어 형식으로 HAL이나 `json:api` 혹은 JSON-LD를 택하고, 관련 자원에 대한 단순 링크부터 제공한다.
- 개발 과정이 잘 진행되고 있는지 다음과 같은 기준으로 평가한다.
    - 개발 진척 속도는 어떠한가?
    - API의 테스트 편의성은 어떠한가?
- API 사용 측에 다음과 같은 기준으로 평가를 받는다.
    - 데이터 표현을 쉽게 이해할 수 있는가?
    - 데이터를 읽어 들여 사용할 수 있는가?
- 위의 평가를 자주 반복한다.

위의 절차를 따라보면, 데이터의 연산과 데이터 정의를 추가해야 하는지 알 수 있다. 그리고 대개의 경우는 그럴 필요가 없다.

8.4 하이퍼미디어와 관련된 실무 이슈

API에 하이퍼미디어를 적용할지를 결정할 때 다음과 같은 사항을 고려해 보라.

- 커뮤니티 내에서 하이퍼미디어에 대한 이해도가 그리 높지 않다. 필자가 하이퍼미디어에 대해 이야기를 하면, 상당수의 개발자가 이를 아예 처음 듣거나, 이름만 들어보았거나 어디에 쓰는지 모르고 있었다. 가장 간단한 하이퍼미디어 형식을 적용하는 데도 어느 정도는 사전 교육이 필요하다.
- 표준화가 부족하다. 이 책에서는 가장 널리 알려진 5가지 형식을 다루었는데,

이들이 전부가 아니기 때문이다. 이 중 2가지(HAL과 JSON-LD)만이 표준으로 제정되어 있다. 이 때문에 커뮤니티 내에서 합의가 이루어져 있지 않다.

- 하이퍼미디어(형식을 막론하고)를 사용하려면 API 사용 측과 제공 측에 모두 추가적인 직렬화 및 역직렬화 과정이 필요하다. 그러므로 여러 플랫폼에 라이브러리가 잘 갖추어져 있는 하이퍼미디어 형식을 적용해야 한다. 개발자의 삶이 많이 편해질 것이다. 이 점에 대해서는 다음 절에서 HAL을 이용한 테스트를 통해 더 자세히 다룰 것이다.

8.5 HAL로 연사 정보 API 테스트하기

지난 장에서와 마찬가지로, 따로 코드를 작성할 필요 없는 스텁 API(JSON 형식 응답)에 대해 테스트를 진행할 것이다.

테스트 데이터

스텁 API에서 사용할 테스트 데이터는 이전 장과 같은 연사 정보 데이터이다. 이 데이터는 깃허브(*https://github.com/tmarrs/json-at-work-examples/tree/master/chapter-8/data*)에서 내려 받을 수 있으며, 이 데이터를 RESTful API로 배포하도록 한다. 이를 위해 이번에도 *speakers.json* 파일을 Node.js의 json-server 모듈을 사용하여 웹 API로 띄우게 된다. json-server를 설치하려면 부록 A의 "npm 모듈 설치하기" 부분을 참조하기 바란다.

로컬 컴퓨터의 포트 5000에 json-server를 실행하려면 다음과 같은 명령을 입력한다.

```
cd chapter-8/data

json-server -p 5000 ./speakers-hal-server-next-rel.json
```

그 다음 Postman(이전 장의 설명 참조)에서 *http://localhost:5000/speakers*에 HTTP GET 요청을 골라 "Send" 버튼을 눌러보면, 스텁 API의 응답이 그림 8-1과 같이 나타난다.

이 URI는 웹브라우저로도 접근해 볼 수 있다.

이 예제를 json-server로 동작시키려면 약간의 조작이 필요하다. 예제 8-12는 HAL을 적용하기 위해 수정된 구조를 나타낸 것이다.

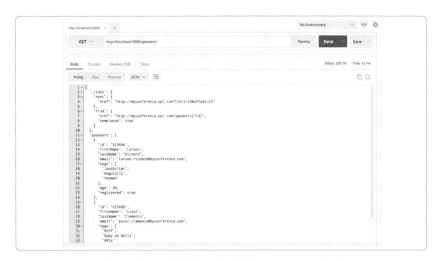

그림 8.1 연사 정보 데이터에 HAL을 적용하여 json-server로 배포하고
Postman을 통해서 응답 내용을 확인하는 화면

예제 8-12 **data/speakers-hal-server-next-rel.json**

```json
{
  "speakers":{
    "_links":{
      "self":{
        "href":"http://myconference.api.com/speakers"
      },
      "next":{
        "href":"http://myconference.api.com?limit=25&offset=25"
      },
      "find":{
        "href":"http://myconference.api.com/speakers{?id}",
        "templated":true
      }
    },
    "speakers":[
      {
        "id":"123456",
        "firstName":"Larson",
        "lastName":"Richard",
        "email":"larson.richard@myconference.com",
        "tags":[
          "JavaScript",
          "AngularJS",
          "Yeoman"
        ],
        "age":39,
        "registered":true
      },
      {
        "id":"223456",
        "firstName":"Ester",
        "lastName":"Clements",
        "email":"ester.clements@myconference.com",
        "tags":[
```

```
            "REST",
            "Ruby on Rails",
            "APIs"
        ],
        "age":29,
        "registered":true
      }
    ]
  }
}
```

json-server가 이 파일로부터 API를 제공하려면 가장 바깥쪽에 speakers 객체가 필요하다. 이 부분을 제외한 나머지는 그대로이다.

HAL 단위 테스트하기

이제 API가 준비되었으니, 단위 테스트를 작성해보자. 이전 장과 마찬가지로 단위 테스트를 위해 (Node.js의) Mocha/Chai를 이용할 것이다. 다음 내용을 진행하기 전에, 테스트 환경이 잘 갖추어졌는지 확인해 보도록 한다. Node.js를 아직 설치하지 않았다면, 부록 A의 "Node.js 설치하기", "npm 모듈 설치하기"를 참조하도록 한다. 예제 코드에 제공되는 Node.js 프로젝트를 사용하고 싶다면 *chapter-8/myconference* 디렉터리로 이동하여 다음 명령을 실행하면 프로젝트에 필요한 의존 라이브러리가 설치된다.

```
npm install
```

직접 생성한 Node.js 프로젝트를 사용하고 싶다면, 이 책의 깃허브 저장소 (*https://github.com/tmarrs/json-at-work-examples/blob/master/chapter-8/Project-Setup.md*)의 설명을 참조하기 바란다.

이 단위 테스트에서는 다음과 같은 npm 모듈이 사용된다.

Unirest

RESTful API를 호출하기 위해 이전 장에서도 사용했다.

halfred

HAL 파서로, *https://www.npmjs.com/package/halfred*에서 다운 받을 수 있다. 깃허브 저장소의 주소는 *https://github.com/traverson/halfred*이다.

아래의 단위 테스트는 연사 정보 (스텁) API로부터 얻은 HAL 형식의 응답을 검증하는 내용을 담고 있다.

예제 8-13 **speakers-hal-test/test/hal-spec.js**

```javascript
'use strict';

var expect = require('chai').expect;
var unirest = require('unirest');
var halfred = require('halfred');

describe('speakers-hal', function() {
  var req;

  beforeEach(function() {
    halfred.enableValidation();
    req = unirest.get('http://localhost:5000/speakers')
      .header('Accept', 'application/json');
  });

  it('should return a 200 response', function(done) {
    req.end(function(res) {
      expect(res.statusCode).to.eql(200);
      expect(res.headers['content-type']).to.eql(
        'application/json; charset=utf-8');
      done();
    });
  });

  it('should return a valid HAL response validated by halfred', function(
    done) {
    req.end(function(res) {
      var speakersHALResponse = res.body;

      var resource = halfred.parse(speakersHALResponse);
      var speakers = resource.speakers;
      var speaker1 = null;

      console.log('\nValidation Issues: ');
      console.log(resource.validationIssues());
      expect(resource.validationIssues()).to.be.empty;
      console.log(resource);
      expect(speakers).to.not.be.null;
      expect(speakers).to.not.be.empty;
      speaker1 = speakers[0];
      expect(speaker1.firstName).to.not.be.null;
      expect(speaker1.firstName).to.eql('Larson');
      done();
    });
  });
});
```

이 단위 테스트는 다음과 같은 흐름으로 진행된다.

· beforeEach(function())가 각각의 테스트 앞에 실행되어 다음과 같은 역할을
  한다.

  − HAL의 유효성 검사를 위해 halfred.enableValidation()를 호출하여

halfred 라이브러리를 설정한다.

- 다음 URI에 위치한 스텁 API를 호출한다(*http://localhost:5000/speakers*).

· 테스트 케이스 'should return a 200 response'는 스텁 API로부터 HTTP 응답을 성공적으로 받았는지 확인한다.

· 테스트 케이스 'should return a valid HAL response validated by halfred'가 핵심 테스트 케이스이며 다음과 같은 내용을 수행한다.

- halfred.parse()를 호출하여 스텁 API로부터 받은 HAL 응답을 파싱한다. 이 호출의 결과로 HAL 형식의 링크와 나머지 JSON 메시지를 담은 halfred 응답 객체가 리턴된다. 더 자세한 내용은 halfred 참조문서를 확인하기 바란다.

- resource.validationIssues()를 호출하여 HAL 응답의 유효성을 검사하기 위해 chai를 사용한다. 이 뒤에 나올 유효하지 않은 데이터에 대한 단위 테스트에서 이 메서드의 호출 과정을 좀 더 자세히 살펴볼 것이다.

- chai를 사용하여 응답 객체가 원래 구조와 같은 speakers 배열을 포함하고 있는지 확인한다.

npm test 명령으로 이 단위 테스트를 실행하면, 스텁 API는 유효한 HAL 데이터를 생성하고 테스트가 통과하게 된다. 이때 다음과 같은 화면을 보게 될 것이다.

```
> mocha test


  speakers-hal
    ✓ should return a 200 response

Validation Issues:
[]
Resource {
_links: { self: [ [Object] ], next: [ [Object] ], find: [ [Object] ] },
_curiesMap: {},
_curies: [],
_resolvedCuriesMap: {},
_embedded: {},
_validation: [],
speakers:
 [ { id: '123456',
     firstName: 'Larson',
     lastName: 'Richard',
     email: 'larson.richard@myconference.com',
     tags: [Object],
     age: 39,
     registered: true },
   { id: '223456',
     firstName: 'Ester',
     lastName: 'Clements',
     email: 'ester.clements@myconference.com',
     tags: [Object],
     age: 29,
     registered: true } ],
_original:
 { _links: { self: [Object], next: [Object], find: [Object] },
   speakers: [ [Object], [Object] ] } }
    ✓ should return a valid HAL response validated by halfred


  2 passing (62ms)
```

지금까지 HAL 데이터의 유효성을 검사하는 방법을 알아보았다. 이번에는 스텁 API가 제공하는 데이터를 수정하여 유효하지 않은 HAL 데이터로 만들어 보겠다. _link 객체에서 self에 해당하는 링크를 제거하여 예제 8-14와 같은 상태로 만들자.

예제 8-14 **data/speakers-hal-server-next-rel-invalid.json**

```
{
  "speakers":{
    "_links":{
      "next":{
        "href":"http://myconference.api.com?limit=25&offset=25"
      },
      "find":{
        "href":"http://myconference.api.com/speakers{?id}",
        "templated":true
      }
    },

    ...

  }
}
```

HAL의 규격에 따르면 _links 객체는 자기 자신(self)에 대한 링크를 반드시 포함해야 한다. 이렇게 만든 유효하지 않은 HAL 데이터로 json-server를 다음과 같이 재시작한다.

```
cd chapter-8/data

json-server -p 5000 ./speakers-hal-server-next-rel-invalid.json
```

단위 테스트를 다시 한번 실행해 보면 halfred가 HAL의 유효성에 문제가 있음을 발견하고 테스트가 실패함을 확인할 수 있다.

```
> mocha test


  speakers-hal
    ✓ should return a 200 response

Validation Issues:
[ { path: '$._links',
    message: 'Resource does not have a self link' } ]
    1) should return a valid HAL response validated by halfred


  1 passing (64ms)
  1 failing

  1) speakers-hal should return a valid HAL response validated by halfred:
     Uncaught AssertionError: expected [ Array(1) ] to be empty
      at test/hal-spec.js:36:48
      at Request.handleRequestResponse [as _callback] (node_modules/unirest/index.js:463:26)
      at Request.self.callback (node_modules/request/request.js:187:22)
      at Request.<anonymous> (node_modules/request/request.js:1044:10)
      at IncomingMessage.<anonymous> (node_modules/request/request.js:965:12)
      at endReadableNT (_stream_readable.js:905:12)

npm ERR! Test failed.  See above for more details.
```

8.6 서버 사이드에서 사용되는 HAL

지금까지는 클라이언트 사이드에서 단위 테스트를 수행하는데 HAL을 사용하는 방법을 알아보았다. 그러나 서버 사이드에서는 스텁 API(json-server와 HAL 규격을 준수하는 JSON 파일을 사용한)를 사용하였다. 이 책 전반에 걸쳐 JSON에 초점을 맞추기 위해 서버 사이드를 다루지 않는다. 하지만 여기서는 우리가 만들 RESTful API가 HAL의 규격을 준수하는 응답을 만들 수 있도록 몇 가지 서버 사이드 라이브러리를 살펴볼 것이다.

Java

Spring HATEOS를 사용하여 Java로 작성된 Spring 기반 RESTful API가 HAL을 지원하도록 할 수 있다. Spring 참조문서(*https://spring.io/guides/gs/rest-hateoas/*)에 포함된 튜터리얼을 참조하도록 한다.

Ruby on Rails

roar 젬(*https://github.com/trailblazer/roar*)을 사용하면 Ruby on Rails에서 HAL을 지원하도록 할 수 있다.

JavaScript / NodeJS

express-hal(*https://www.npmajs.com/package/express-hal*)을 사용하여 Express에 기반한 NodeJS RESTful API가 HAL을 지원하도록 할 수 있다.

어떤 개발 플랫폼 혹은 하이퍼미디어 형식을 선택하든, 이를 실제 코드에 적용하기 전에 테스트를 위한 별도의 구현을 만들어 보는 것을 잊지 않도록 한다. 적용하려는 라이브러리가 사용성이 뛰어난지, 작업을 번거롭게 하지는 않는지 등을 확인해 두는 것도 매우 중요하다.

8.7 하이퍼미디어에 대한 읽을거리

이번 장에서는 하이퍼미디어에 살짝 발을 담가 보았다. 더 심화된 내용을 알고 싶다면, 다음과 같은 읽을거리를 참조하기 바란다.

- *RESTful Web APIs*, Reonard Richardson 외 저 (O'Reilly).
- *REST in Practice: Hypermedia and Systems Architecture*, Jim Webber 외 저 (O'Reilly).

8.8 이번 장에서 배운 내용

다음과 같은 내용을 통해 JSON에 하이퍼미디어를 적용하는 방법을 배웠다.

- 주요 JSON 기반 하이퍼미디어 형식을 비교해 보았다.
- API에 하이퍼미디어를 적용할 때 고려할 사항을 알아보았다.
- 연사 정보 API에 HAL을 적용하고 이를 테스트하는 방법을 알아보았다.

8.9 다음 장에서 배울 내용

이번 장에서는 JSON에 하이퍼미디어를 적용하는 방법을 알아보았다. 9장에서는 MongoDB와 함께 JSON을 사용하는 방법을 알아볼 것이다.

9장

JSON과 MongoDB

MongoDB는 데이터를 문서와 같은 형식으로 저장하는 NoSQL 데이터베이스이다. 문서 형식으로 데이터베이스를 저장하는 MongoDB의 방식이, 마찬가지로 문서 지향적인 성격을 갖는 JSON에 적합하다. MongoDB는 계층적인 데이터 모형을 가지며, 우리가 지금까지 본 JSON 문서에 포함되었던 다양한 데이터 타입을 지원한다. 문서 형식 자체가 객체와 유사하기 때문에, JSON 문서와 마찬가지로 MongoDB 문서도 여러 가지 객체지향 플랫폼과 잘 통합되어 있다. 따라서 데이터베이스의 데이터를 읽거나 쓰기 위해 필드 매핑 로직을 작성할 필요가 거의 없기 때문에 데이터베이스에 접근하기 위한 개발 리소스를 줄일 수 있다.

이번 장에서는 다음과 같은 내용을 다룬다.

· MongoDB에 JSON 문서를 임포트하기
· MongoDB로 기본적인 CRUD 수행하기
· MongoDB의 데이터를 JSON 문서로 익스포트하기
· MongoDB를 목업/스텁 RESTful API로 사용하기

이번 장의 목적은 MongoDB와 JSON을 함께 사용하기 위해 필요한 만큼의 정보를 제공하는 것이다. 그러므로 MongoDB를 사용하는 애플리케이션을 작성하는 데 대한 내용은 다루지 않는다. MongoDB가 제공하는 방대한 기능을 파악하고 싶다면, 카일 뱅커(Kyle Banker)가 쓴 *MongoDB in Action*(Manning)을 읽어보기를 추천하겠다.

9.1 BSON은 어떨까?

MongoDB의 참조문서에서 Binary JSON에 대한 항목을 본 적이 있을 것이다. BSON은 MongoDB 내부적으로 JSON 문서를 직렬화하기 위해 사용하는 이진 데이터 형식이다. 더 자세한 내용은 다음을 참조하기 바란다.

· BSON specification (*http://bsonspec.org/*)
· MongoDB 공식 사이트 (*https://www.mongodb.com/json-and-bson*)

BSON은 JSON에 더 다양한 데이터 타입을 추가하기 위한 목적으로도 사용할 수 있다.

그러나 이 장에서는 다음과 같은 내용을 가정한다.

· 데이터베이스에 접근하는 데는 JSON만을 사용한다.
· MongoDB의 외부 인터페이스는 JSON으로, BSON은 MongoDB 내부적으로만 사용한다.

9.2 MongoDB 설치하기

먼저 MongoDB를 설치해보도록 하자. 부록 A의 "MongoDB 설치하기" 항목을 참조하라. MongoDB를 설치하고 나면 이 장의 예제코드를 빌드하고 실행시킬 수 있을 것이다.

9.3 MongoDB 서버 및 도구

MongoDB는 다음과 같은 구성요소로 이루어져 있다.

· MongoDB 서버인 mongod
· JavaScript로 작성된 명령 셸
· 작업 중인 플랫폼에서 MongoDB에 접근할 수 있게 해주는 드라이버. MongoDB는 Java, Ruby, JavaScript, Node.js, C++, C#/.net 등 다양한 언어를 지원한다. MongoDB 공식 사이트에서 공식적으로 지원되는 드라이버 목록을 확인할 수 있다.
· 명령형 도구
  – 백업 및 복원 도구인 mongodump와 mongorestore

- MongoDB에서 CSV, TSV, JSON 형식으로 데이터 익스포트/임포트를 지원하는 `mongoexport`, `mongoimport`
- 성능 모니터링(예: 커넥션 수, 메모리 사용량 등)을 위한 `mongostat`

9.4 MongoDB 서버

`mongodb` 프로세스는 여타 데이터베이스 서버와 비슷한 점이 많다. 외부로부터 연결을 받고, 데이터 추가/읽기/수정/삭제(CRUD) 등을 수행한다. (맥 혹은 리눅스의) 명령행에서 `mongodb`를 실행해 보도록 하자.

```
mongod &
```

MongoDB가 정상적으로 설치되어 있다면, 다음과 같은 초기 시동 로그를 볼 수 있을 것이다.

```
2016-06-29T11:05:37.960-0600 I CONTROL  [initandlisten] MongoDB starting : pid...
2016-06-29T11:05:37.961-0600 I CONTROL  [initandlisten] db version v3.2.4
2016-06-29T11:05:37.961-0600 I CONTROL  [initandlisten] git version: e2ee9ffcf...
2016-06-29T11:05:37.961-0600 I CONTROL  [initandlisten] allocator: system
2016-06-29T11:05:37.961-0600 I CONTROL  [initandlisten] modules: none
2016-06-29T11:05:37.961-0600 I CONTROL  [initandlisten] build environment:
2016-06-29T11:05:37.961-0600 I CONTROL  [initandlisten]   distarch: x86_64
2016-06-29T11:05:37.961-0600 I CONTROL  [initandlisten]   target_arch: x86_64
2016-06-29T11:05:37.961-0600 I CONTROL  [initandlisten] options: { config: "/u...
2016-06-29T11:05:37.962-0600 I -        [initandlisten] Detected data files in...
2016-06-29T11:05:37.963-0600 W -        [initandlisten] Detected unclean shutd...
2016-06-29T11:05:37.973-0600 I JOURNAL  [initandlisten] journal dir=/usr/local...
2016-06-29T11:05:37.973-0600 I JOURNAL  [initandlisten] recover begin
2016-06-29T11:05:37.973-0600 I JOURNAL  [initandlisten] info no lsn file in jo...
2016-06-29T11:05:37.973-0600 I JOURNAL  [initandlisten] recover lsn: 0
2016-06-29T11:05:37.973-0600 I JOURNAL  [initandlisten] recover /usr/local/var...
2016-06-29T11:05:37.974-0600 I JOURNAL  [initandlisten] recover applying initi...
2016-06-29T11:05:37.976-0600 I JOURNAL  [initandlisten] recover cleaning up
2016-06-29T11:05:37.976-0600 I JOURNAL  [initandlisten] removeJournalFiles
2016-06-29T11:05:37.977-0600 I JOURNAL  [initandlisten] recover done
2016-06-29T11:05:37.996-0600 I JOURNAL  [durability] Durability thread started
2016-06-29T11:05:37.996-0600 I JOURNAL  [journal writer] Journal writer thread...
2016-06-29T11:05:38.329-0600 I NETWORK  [HostnameCanonicalizationWorker] Start...
2016-06-29T11:05:38.330-0600 I FTDC     [initandlisten] Initializing full-time...
2016-06-29T11:05:38.330-0600 I NETWORK  [initandlisten] waiting for connection...
2016-06-29T11:05:39.023-0600 I FTDC     [ftdc] Unclean full-time diagnostic da...
```

초기 설정 상태에서, `mongod`에 접근하려면 27017 포트를 사용해야 한다. 이 설정은 다음과 같이 바꿀 수 있다.

```
mongod --port <원하는·포트·번호>
```

서버를 중지하려면 명령행에 다음 명령을 입력한다.

```
kill <pid>
```

여기서 `<pid>`는 mongod 프로세스의 프로세스 ID(PID)를 말한다. `kill -9` 옵션을 사용하면 데이터베이스가 손상되므로 주의가 필요하다.

9.5 MongoDB에 JSON 임포트하기

이제 서버를 동작시켰으니 연사 정보 데이터를 데이터베이스에 임포트해 보겠다. MongoDB에 *speakers.json* 파일을 업로드하려면 `mongoimport` 도구를 사용한다. 지금까지는 이 파일의 내용을 그대로 사용해왔으나 이번에는 가장 바깥쪽의 괄호와 배열의 이름을 제거해야 한다.

```
{
  "speakers": [
  ]
}
```

이렇게 수정하고 나면 `speakers.json` 파일은 예제 9-1과 같게 된다.

예제 9-1 **speakers.json**

```
[
  {
    "fullName":"Larson Richard",
    "tags":[
      "JavaScript",
      "AngularJS",
      "Yeoman"
    ],
    "age":39,
    "registered":true
  },
  {
    "fullName":"Ester Clements",
    "tags":[
      "REST",
      "Ruby on Rails",
      "APIs"
    ],
    "age":29,
    "registered":true
  },
  {
    "fullName":"Christensen Fisher",
    "tags":[
      "Java",
```

```
      "Spring",
      "Maven",
      "REST"
    ],
    "age":45,
    "registered":false
  }
]
```

파일을 이렇게 수정하지 않으면 JSON 파일 전체가 하나의 문서로 업로드되어서, speakers 객체의 배열 하나가 데이터베이스에 들어있게 된다. 우리가 하려는 일은 낱낱의 speaker 문서를 이에 대응하는 speaker 객체로 저장하는 것이다.

명령행에서 mongoimport를 실행하면 다음과 같은 화면을 볼 수 있다.

```
json-at-work => mongoimport --db=jsaw --collection=speakers --upsert --jsonArray --file=speakers.json
2016-06-30T10:33:50.202-0600    connected to: localhost
2016-06-30T10:33:50.207-0600    imported 3 documents
json-at-work => mongo
MongoDB shell version: 3.2.4
connecting to: test
> use jsaw
switched to db jsaw
> db.speakers.find()
{ "_id" : ObjectId("577549ee061561f7f9be9725"), "fullName" : "Larson Richard", "tags" : [ "JavaScript", "AngularJS", "Ye
oman" ], "age" : 39, "registered" : true }
{ "_id" : ObjectId("577549ee061561f7f9be9726"), "fullName" : "Ester Clements", "tags" : [ "REST", "Ruby on Rails", "APIs
" ], "age" : 29, "registered" : true }
{ "_id" : ObjectId("577549ee061561f7f9be9727"), "fullName" : "Christensen Fisher", "tags" : [ "Java", "Spring", "Maven",
"REST" ], "age" : 45, "registered" : false }
>
```

지금까지 우리가 사용한 도구는 다음과 같다.

- mongoimport를 사용하여 speakers JSON 파일을 jsaw 데이터베이스에 위치한 컬렉션 speakers에 임포트하였다.
- mongo를 사용하여 MongoDB에 접근하고, 컬렉션 speakers에 포함된 모든 문서를 열람하였다. 더 자세한 내용은 다음 절을 참조하도록 한다.

표 9-1은 관계형 데이터베이스의 개념과 MongoDB의 주요 개념을 대응시킨 것이다.

MongoDB	RDB
데이터베이스	데이터베이스
컬렉션	테이블
문서	행

표 9.1 MongoDB와 관계형 데이터베이스

9.6 MongoDB 명령 셸

데이터가 포함된 동작하는 MongoDB 서버를 갖게 되었다. 이번에는 데이터베이스에 접근하여 저장된 연사 정보 데이터를 사용해 볼 것이다. mongo 셸(앞서본 예제에서 사용했던)을 사용하면 명령행에서 MongoDB에 접근할 수 있다. mongo를 다음과 같이 실행한다.

```
json-at-work => mongo
MongoDB shell version: 3.2.4
connecting to: test
>
```

mongo를 실행하면 기본적으로 test 데이터베이스에 접근한다. 여기서는 jsaw (JSON at Work)라는 별도의 데이터베이스에 연사 정보 데이터를 저장할 것이다.

```
json-at-work => mongo
MongoDB shell version: 3.2.4
connecting to: test
> use jsaw
switched to db jsaw
>
```

use 명령을 사용하면 그 이후 입력하는 모든 명령의 대상이 jsaw 데이터베이스로 바뀐다. 하지만 이 jsaw 데이터베이스는 어떻게 만들어졌을까? 이를 만드는 방법은 두 가지다.

- mongoimport를 사용할 때 명령행에서 --db=jsaw와 --collection=speakers 옵션을 입력하면 데이터를 임포트하면서 speaker 컬렉션과 jsaw 데이터베이스가 생성된다.
- mongo 셸에서 문서를 추가하면서 데이터베이스 및 컬렉션을 생성하는 방법. 이 방법에 대해서는 다음 절에서 알아볼 것이다.

프롬프트에서 exit를 입력하면 셸 세션을 종료하고 명령행으로 나간다.

mongo를 이용한 기본적인 CRUD

지금까지 mongo 셸을 이용하여 간단한 작업을 해보았다. 이번에는 임포트된 연사 정보 데이터를 수정하기 위해 CRUD 작업을 해볼 것이다. 이를 위해 JSON 기반 문서를 쉽게 다룰 수 있게 해주는 MongoDB 쿼리 언어(JavaScript 기반이다)

를 사용할 것이다.

문서 조회하기

speakers 컬렉션(MongoDB에 지금 막 임포트된 상태의)에 포함된 모든 문서를
조회하는 방법은 다음과 같다.

```
json-at-work => mongo jsaw
MongoDB shell version: 3.2.4
connecting to: jsaw
> db.speakers.find()
{ "_id" : ObjectId("577549ee061561f7f9be9725"), "fullName" : "Larson Richard", "tags" : [ "JavaScript", "AngularJS", "Yeoman" ]
, "age" : 39, "registered" : true }
{ "_id" : ObjectId("577549ee061561f7f9be9726"), "fullName" : "Ester Clements", "tags" : [ "REST", "Ruby on Rails", "APIs" ], "a
ge" : 29, "registered" : true }
{ "_id" : ObjectId("577549ee061561f7f9be9727"), "fullName" : "Christensen Fisher", "tags" : [ "Java", "Spring", "Maven", "REST"
], "age" : 45, "registered" : false }
>
```

여기 쓰인 셸 명령(db.speakers.find())의 의미는 다음과 같다.

- 셸 명령은 db로 시작한다.
- speakers는 컬렉션의 이름이다.
- find()를 파라미터 없이 호출하면 speakers 컬렉션의 모든 문서를 조회한다.

그 다음 셸에서 출력된 내용을 보도록 하자. 이 데이터는 JSON과 매우 '비슷
한' 외관을 갖고 있다. 출력 내용을 복사해 JSONLint(*https://jsonlint.com/*)에 붙
여 넣어 보자. "Validate JSON" 버튼을 누르면 _id 필드에 대해 오류가 나는 것
을 알 수 있다. mongoimport로 JSON에 담긴 연사 정보 데이터를 임포트할 때,
MongoDB에서 _id라는 필드(RDB의 기본 키 역할을 하는 객체 식별자이다)를
추가한다. 따라서 아래와 같은 이유로 MongoDB 셸에서 출력된 내용은 유효한
JSON이 되지 못한다.

- 배열을 나타내는 각괄호([])로 감싸져 있지 않다.
- ObjectId(...)는 유효한 JSON 값이 아니다. 이들 값이 유효하려면 숫자, 불
  (boolean) 값이거나, 혹은 쌍따옴표(" ")로 감싼 문자열이어야 한다.
- 각각의 speaker 문서를 구분하기 위한 콤마가 빠져있다.

CRUD 연산 방법을 마저 살펴본 후에 MongoDB의 컬렉션을 유효한 JSON 문서
로 익스포트하는 방법도 살펴볼 것이다.

연사 정보 중에서 REST를 주제로 발표할 연사에 대한 정보만을 보고 싶다면
다음과 같이 find() 메서드에 쿼리를 추가하면 된다.

```
json-at-work => mongo jsaw
MongoDB shell version: 3.2.4
connecting to: jsaw
> db.speakers.find({tags:'REST'})
{ "_id" : ObjectId("577549ee061561f7f9be9726"), "fullName" : "Ester Clements", "tags" : [ "REST", "Ruby on Rails", "APIs" ], "a
ge" : 29, "registered" : true }
{ "_id" : ObjectId("577549ee061561f7f9be9727"), "fullName" : "Christensen Fisher", "tags" : [ "Java", "Spring", "Maven", "REST"
], "age" : 45, "registered" : false }
>
```

이 예제에서는 {tags: 'REST'}라는 쿼리를 추가하였다. 그러므로 tags 배열에 REST라는 값이 포함된 speaker 문서만 리턴하게 된다. MongoDB의 쿼리 문법은 JavaScript 객체 리터럴 문법에 기반한 것이다. JavaScript 객체에 대해 더 자세히 알고 싶다면 데이빗 플래너건이 쓴 *JavaScript: The Definitive Guide 6th ed.*(O'Reilly)를 읽어보기 바란다.

다음 명령을 사용하면 speakers 컬렉션에 포함된 문서의 수를 확인할 수 있다.

```
> db.speakers.count()
3
```

문서 만들기

아래의 예제는 speakers 컬렉션에 새로운 문서를 추가하는 예제이다.

```
json-at-work => mongo jsaw
MongoDB shell version: 3.2.4
connecting to: jsaw
> db.speakers.insert({
...     fullName: 'Carl ClojureDev',
...     tags: ['Clojure', 'Functional Programming'],
...     age: 45,
...     registered: false
... })
WriteResult({ "nInserted" : 1 })
> db.speakers.find()
{ "_id" : ObjectId("577549ee061561f7f9be9725"), "fullName" : "Larson Richard", "tags" : [ "JavaScript", "AngularJS", "Yeoman" ]
, "age" : 39, "registered" : true }
{ "_id" : ObjectId("577549ee061561f7f9be9726"), "fullName" : "Ester Clements", "tags" : [ "REST", "Ruby on Rails", "APIs" ], "a
ge" : 29, "registered" : true }
{ "_id" : ObjectId("577549ee061561f7f9be9727"), "fullName" : "Christensen Fisher", "tags" : [ "Java", "Spring", "Maven", "REST"
], "age" : 45, "registered" : false }
{ "_id" : ObjectId("57758432 7a0be85396f1daed"), "fullName" : "Carl ClojureDev", "tags" : [ "Clojure", "Functional Programming"
], "age" : 45, "registered" : false }
>
```

이 예제에서는 insert() 함수에 키-값 쌍으로 구성된 JavaScript 객체 리터럴을 넘겨 새로운 speaker 문서를 추가하는 것을 알 수 있다.

문서 수정하기

새로 추가된 연사인 Carl ClojureDev가 사용하는 기술로 Scala를 추가하려고 한다. 배열 tags에 이 값을 추가하려면 다음과 같이 하면 된다.

이 예제에서 update() 함수를 다음과 같이 사용하였다.

· {fullName: 'Carl ClojureDev'} 쿼리로 수정할 speaker 문서를 찾는다.

- $push 연산자는 배열 tags에 새로운 값 'Scala'를 추가한다. JavaScript에서 push() 함수를 사용하는 것과 비슷하다.

```
json-at-work => mongo jsaw
MongoDB shell version: 3.2.4
connecting to: jsaw
> db.speakers.find({fullName: 'Carl ClojureDev'})
{ "_id" : ObjectId("577584327a0be85396f1daed"), "fullName" : "Carl ClojureDev", "tags" : [ "Clojure" ], "age" : 45, "registered
" : false }
> db.speakers.update({fullName: 'Carl ClojureDev'},
... { $push:
... { tags: 'Scala' }
... })
WriteResult({ "nMatched" : 1, "nUpserted" : 0, "nModified" : 1 })
> db.speakers.find({fullName: 'Carl ClojureDev'})
{ "_id" : ObjectId("577584327a0be85396f1daed"), "fullName" : "Carl ClojureDev", "tags" : [ "Clojure", "Scala" ], "age" : 45, "r
egistered" : false }
>
```

$set 등 update() 함수를 지원하는 연산자가 더 있지만, 이들 연산자는 필드의 값을 완전히 바꾸어버리기 때문에 사용에 주의가 필요하다.

문서 삭제하기

마지막으로 컬렉션에서 *Carl ClojureDev*를 삭제해보도록 하겠다.

```
json-at-work => mongo jsaw
MongoDB shell version: 3.2.4
connecting to: jsaw
> db.speakers.find({fullName: 'Carl ClojureDev'})
{ "_id" : ObjectId("5775906647776536ff96a2fc"), "fullName" : "Carl ClojureDev", "tags" : [ "Clojure", "Scala", "Functional Prog
ramming" ], "age" : 45, "registered" : false }
> db.speakers.remove({fullName: 'Carl ClojureDev'})
WriteResult({ "nRemoved" : 1 })
> db.speakers.find({fullName: 'Carl ClojureDev'})
> db.speakers.find()
{ "_id" : ObjectId("577549ee061561f7f9be9725"), "fullName" : "Larson Richard", "tags" : [ "JavaScript", "AngularJS", "Yeoman" ]
, "age" : 39, "registered" : true }
{ "_id" : ObjectId("577549ee061561f7f9be9726"), "fullName" : "Ester Clements", "tags" : [ "REST", "Ruby on Rails", "APIs" ], "a
ge" : 29, "registered" : true }
{ "_id" : ObjectId("577549ee061561f7f9be9727"), "fullName" : "Christensen Fisher", "tags" : [ "Java", "Spring", "Maven", "REST"
], "age" : 45, "registered" : false }
>
```

여기서는 remove() 함수와 {fullName: 'Carl ClojureDev'} 쿼리를 사용하여 하나의 문서만을 삭제한다. 이어서 호출한 find() 함수의 결과를 통해 speakers 컬렉션의 다른 문서는 그대로 있고 목표한 문서만 삭제되었음을 확인할 수 있다.

9.7 MongoDB의 데이터를 JSON 문서로 익스포트하기

MongoDB 서버와 셸에 조금 익숙해졌다면 이번에는 MongoDB의 데이터를 유효한 JSON 문서로 익스포트 해보도록 하겠다. mongoexport 도구를 사용하면 아래와 같은 결과를 볼 수 있다.

```
json-at-work => mongoexport --db=jsaw --collection=speakers --pretty --jsonArray
2016-06-30T12:58:32.270-0600 connected to: localhost
[{
        "_id":{
```

```
                           "$oid":"577549ee061561f7f9be9725"
                   },
                   "fullName":"Larson Richard",
                   "tags":[
                           "JavaScript",
                           "AngularJS",
                           "Yeoman"
                   ],
                   "age":39,
                   "registered":true
           },
           {
                   "_id":{
                           "$oid":"577549ee061561f7f9be9726"
                   },
                   "fullName":"Ester Clements",
                   "tags":[
                           "REST",
                           "Ruby on Rails",
                           "APIs"
                   ],
                   "age":29,
                   "registered":true
           },
           {
                   "_id":{
                           "$oid":"577549ee061561f7f9be9727"
                   },
                   "fullName":"Christensen Fisher",
                   "tags":[
                           "Java",
                           "Spring",
                           "Maven",
                           "REST"
                   ],
                   "age":45,
                   "registered":false
           }]
```

2016-06-30T12:58:32.271-0600 exported 3 records

위 예제에 나온 mongoexport 명령은 jsaw 데이터베이스의 speakers 컬렉션에 들어있는 데이터로부터 잘 정리된 JSON 배열을 만들어 표준 출력으로 출력하는 역할을 한다. 이렇게 얻은 결과도 나쁘지 않지만, MongoDB 객체 식별자(_id)를 따로 제거해 주어야 유효한 JSON을 얻을 수 있다. mongoexport를 사용한 결과에는 항상 _id 필드가 포함되어 있기 때문에 이를 제거하기 위한 별도의 도구가 필요하다.

mongoexport와 다른 도구를 함께 사용하는 방법도 있지만, jq를 사용하면 하나의 도구로 원하는 결과를 얻을 수 있다. 6장에서 보았듯이, jq는 JSON의 검색과 필터링을 모두 할 수 있는 훌륭한 도구이다. (7장에서 보았던) Handlebars처럼

JSON 형태를 완전히 바꾸는 것은 불가능하지만, 여기서는 이 기능만으로도 충분하다. mongoexport의 출력을 jq로 파이프하면 다음과 같은 결과를 얻게 된다.

```
json-at-work => mongoexport --db=jsaw --collection=speakers --pretty --jsonArray | jq '[.[] | del(._id)]'
2016-06-30T13:09:56.236-0600    connected to: localhost
2016-06-30T13:09:56.237-0600    exported 3 records
[
  {
    "fullName": "Larson Richard",
    "tags": [
      "JavaScript",
      "AngularJS",
      "Yeoman"
    ],
    "age": 39,
    "registered": true
  },
  {
    "fullName": "Ester Clements",
    "tags": [
      "REST",
      "Ruby on Rails",
      "APIs"
    ],
    "age": 29,
    "registered": true
  },
  {
    "fullName": "Christensen Fisher",
    "tags": [
      "Java",
      "Spring",
      "Maven",
      "REST"
    ],
    "age": 45,
    "registered": false
  }
]
json-at-work =>
```

이렇게 얻은 결과는 우리가 원하는 그대로 -- speaker 객체의 유효한 JSON 배열이되 MongoDB 객체 식별자는 빠진 -- 임을 알 수 있다. 지금 입력한 명령의 의미는 다음과 같다.

- mongoexport 명령의 옵션은 다음과 같다.
  - --db=jsaw --collection=speakers는 jsaw 데이터베이스의 speakers 컬렉션을 대상으로 지정한다.
  - --pretty --jsonArray 옵션은 출력이 잘 정리된 JSON 배열이 되도록 한다.
- 이렇게 출력된 mongoexport 출력 내용은 표준입력에서 jq로 파이프된다.
- jq에 쓰인 표현식 [.[] | del(._id)]의 의미는 다음과 같다.
  - 바깥쪽 각괄호([])는 JSON 배열, 객체, 필드 등을 최종 출력까지 보존한다.
  - .[] 부분은 전체 배열을 대상으로 보도록 한다.
  - 파이프 기호와 del(._id)는 출력에서 _id 필드를 제거하라는 뜻이다.
- jq의 출력은 표준 출력으로 전달되는데, 표준 출력은 나중에 별도의 파일로 연결할 수 있다.

이 예제는 jq의 강력한 기능을 잘 보여주는 예라고 할 수 있다. jq는 간단한 문법에 비해 강력한 기능을 제공한다. jq에 대해 더 자세히 알고 싶다면 6장을 참조하기 바란다. jq의 사용 설명서를 참조해도 좋다.

9.8 스키마는 어쩌지?

MongoDB에는 스키마가 없다. 다시 말해, 데이터를 저장하는데 스키마를 필요로 하지도 않으며 저장된 데이터의 유효성을 검사할 수도 없다. 그러나 이 데이터를 사용하는 애플리케이션은 컬렉션과 문서를 제대로 사용하기 위해 모종의 구조를 필요로 한다. 이를 위해, 객체-문서 매퍼(ODM)는 다음과 같은 기능을 MongoDB에 추가해 준다.

· 데이터의 유효성을 정의하고 공통 데이터 구조를 제공하는 스키마
· 객체 모델링
· 객체 기반 데이터 접근

MongoDB의 ODM 중 하나 이상의 플랫폼에서 사용 가능한 것은 없으며, 플랫폼마다 별도의 라이브러리가 있다. Node.js 개발자라면 일반적으로 Mongoose (*http://mongoosejs.com/index.html*)를 사용할 것이다. 아래는 speaker 객체에 대한 스키마를 정의하고, 모델을 만들어 speaker 객체 하나를 데이터베이스에 저장하는 예제이다.

```
var mongoose = require('mongoose');
var Schema = mongoose.Schema;
mongoose.connect('mongodb://localhost/jsaw');

// Speaker 객체의 스키마

var speakerSchema = new Schema({
  fullName: String,
  tags: [String],
  age: Number,
  registered: Boolean
});

// Speaker 객체의 모델

var Speaker = mongoose.model('Speaker', speakerSchema);

var speaker = new Speaker({
  fullName: 'Carl ClojureDev',
  tags: ['Clojure', 'Functional Programming'],
```

```
  age: 45,
  registered: false
});

speaker.save(function(err) {
  if (err) {
    console.log(err);
  } else {
    console.log('Created Speaker: ' + speaker.fullName);
  }
});
```

Mongoose의 모델은 JSON 스키마를 기반으로 하는 생성자로, MongoDB 컬렉션에 접근하기 위한 구현 세부사항을 담아 캡슐화한다. Mongoose 문서는 모델의 인스턴스에 해당하며, MongoDB 문서에 접근할 수 있게 해준다. Mongoose의 스키마는 JSON 스키마와는 다르다. Node.js 모듈 json-schema-to-mongoose 모듈을 사용하면 JSON 스키마를 그와 동등한 Mongoose 스키마로 변환할 수 있다. 이 부분은 독자 여러분을 위한 연습문제로 남겨놓도록 하겠다. Mongoose는 문서를 만드는 기능 외에도, 문서를 읽거나(find()), 수정(save(), update()) 혹은 삭제(remove())하는 기능도 갖고 있다.

Node.js 외의 플랫폼도 MongoDB를 사용하기 위해 별도의 라이브러리를 갖추고 있다.

Java

Spring을 사용한다면 Spring Data(*http://projects.spring.io/spring-data-mongodb/*)를 사용할 수 있다. Spring Data는 POJO와 MongoDB 간의 매핑을 만들어준다. Hibernate OGM은 NoSQL 데이터베이스(MongoDB를 포함하여)를 위한 JPA(Java Persistence API)를 지원한다.

Ruby

Mongoid(*https://docs.mongodb.com/mongoid/master/#ruby-mongoid-tutorial*)는 Ruby를 위한 MongoDB 공식 ODM이다.

9.9 MongoDB를 사용하여 RESTful API 테스트하기

MEAN 스택은 이 책의 주제를 벗어나므로 여기서는 JSON에 집중하기로 하겠다. 이번에는 MongoDB를 목업/스텁 RESTful API로 사용해보기로 하겠다. 목업/스텁 RESTful API는 다음과 같은 장점을 가지고 있다.

- 코드를 작성할 필요가 없으므로 개발자가 테스트용 인프라를 개발하거나 유지보수할 필요가 없다. 그 대신 좀 더 많은 가치를 낳을 수 있는 비즈니스 로직에 집중할 수 있다.
- API 개발팀이 코드 작성을 시작하기도 전에 API의 초기 설계를 만들 수 있다. 이를 'API 우선' 설계라고 한다. 이런 방법을 통하면 인터페이스를 먼저 설계(스텁 API는 구현을 갖지 않는다)하는 효과가 있으며 따라서 도메인 객체 및 데이터베이스 구현의 세부사항을 더 적게 노출시킬 수 있다.
- API 사용 측에서는 실제 API가 완성될 때까지 기다릴 필요 없이 스텁 API를 바로 사용할 수 있다.
- API 개발팀은 사용 측에 서둘러 실제 API를 제공할 필요 없이 충분한 시간을 들여 개발을 진행할 수 있다.
- API 개발팀은 API 사용 측으로부터 개발 초기 단계에 설계에 대한 피드백을 받을 수 있으므로 점진적으로 설계 및 구현을 발전시켜 갈 수 있다.

테스트 입력 데이터

테스트 데이터로 앞서 임포트해 두었던 데이터를 사용할 것이다.

MongoDB에서 사용할 수 있는 RESTful 래퍼

MongoDB 참조문서(*https://docs.mongodb.com/ecosystem/tools/http-interfaces/*)에 따르면, 몇 가지 신뢰성 있는 REST 인터페이스(MongoDB 앞단에서 별도의 서버로 동작하는)가 있다. 그 예로 다음과 같은 것을 들 수 있다.

Crest

Node.js 기반인 Crest는 CRUD 연산(HTTP GET, PUT, POST, DELETE를 통해)을 모두 지원한다. 깃허브 저장소(*https://github.com/cordazar/crest*)에서 자세한 내용을 확인할 수 있다.

RESTHeart

RESTHeart는 Java 기반으로, CRUD 연산을 모두 지원한다. 자세한 내용은 공식 사이트(*http://restheart.org/*)를 참조하기 바란다.

DrowsyDromedary

Ruby 기반이며, 역시 CRUD 연산을 모두 지원한다. 깃허브 저장소(*https://github.com/zuk/DrowsyDromedary*)에서 다운 받을 수 있다.

Simple REST API

> MongoDB와 함께 배포되지만, HTTP `GET` 기능만 제공하며 나머지 CRUD 연산(`PUT`, `POST`, `DELETE`)은 지원하지 않는다. 더 자세한 내용은 공식 사이트의 관련 항목(*https://docs.mongodb.com/ecosystem/tools/http-interfaces/#simple-rest-api*)을 참조하기 바란다.

Crest, RESTHeart, DrowsyDromedary 모두 CRUD에 해당하는 HTTP Verb를 다 처리할 수 있지만, 여기서는 설정과정이 간단한 Crest를 사용하기로 하겠다. 부록 A를 참조하여 Crest를 설치한다("npm 모듈 설치하기" 항목 참조). 그 다음, 로컬 컴퓨터의 *crest* 디렉터리로 이동하여 명령행에서 `node server`를 입력하여 Crest 서버를 시작한다. 그럼 다음과 같은 출력 내용을 볼 수 있다.

```
node server

DEBUG: util.js is loaded
DEBUG: rest.js is loaded
crest listening at http://:::3500
```

그러고 나면 웹브라우저에서 *http://localhost:3500/jsaw/speakers*에 접근한다. 이 과정을 통해 Crest는 MongoDB의 `jsaw` 데이터베이스에 포함된 컬렉션 `speakers`에 대해 `GET` 요청을 수행하도록 한다. 그 결과로 그림 9-1과 같은 화면을 볼 수 있다.

그림 9.1 MongoDB와 Crest로 배포한 스텁 API를 웹브라우저로 호출한 화면

여기까지는 좋았지만, 웹브라우저로 모든 것을 테스트해 볼 수는 없다. 왜냐하면 웹브라우저는 HTTP **GET** 요청밖에 보낼 수가 없기 때문이다. 앞서 살펴본 Postman을 사용하여 Crest와 MongoDB를 이용해 만든 연사 정보 API의 모든 기능을 사용해 보기로 하자. *http://localhost:3500/jsaw/speakers* URL을 입력하고 HTTP verb로 **GET**을 선택한 뒤 Send 버튼을 누른다. 그러면 그림 9-2와 같은 결과를 보게 될 것이다.

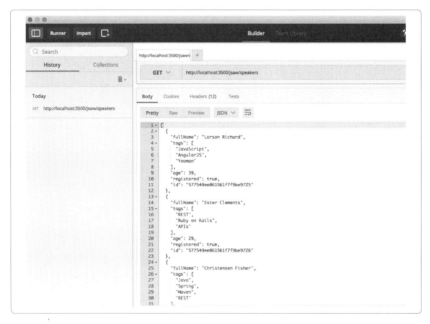

그림 9.2 MongoDB와 Crest로 배포한 스텁 API를 Postman을 이용해 호출한 결과 화면

내용은 웹브라우저에서 본 것과 같다. 하지만, 이번에는 API가 제공하는 데이터를 수정할 수 있다는 점이 다르다. speaker 객체 중 하나를 지워보자. 먼저 speaker 객체 중 하나의 id 값을 복사한다. 그 다음 *http://localhost:3500/jsaw/speakers/id*(id 부분을 복사해둔 값으로 바꾼다)을 입력하고 HTTP verb는 **DELETE**를 선택한 다음 Send 버튼을 누른다. 그러면 아래 내용과 같은 HTTP 응답을 볼 수 있을 것이다.

```
{
  "ok": 1
}
```

다시 한번 *http://localhost:3500/jsaw/speakers*에 **GET** 요청을 보내보면 조금 전 골랐던 speaker 객체 하나가 삭제되었음을 볼 수 있다.

이렇게 해서 MongoDB를 통해 JSON 출력을 생성하며 완전한 기능을 갖춘 스텁 REST API를 갖게 되었다. 여기까지 오는데 어떠한 인프라 설정 작업도, 코드 작성도 필요하지 않았다. 이런 방법으로 API 설계 및 테스트를 연속적으로 진행하게 된다면 극적으로 향상된 생산성을 체험하게 될 것이다.

9.10 이번 장에서 배운 내용

이번 장에서는 JSON과 MongoDB를 함께 사용하기 위해 다음과 같은 내용을 배웠다.

- JSON 문서를 MongoDB에 임포트하기
- MongoDB에서 기본적인 CRUD 연산 수행하기
- MongoDB의 데이터를 JSON 문서로 익스포트하기
- MongoDB를 (코드 작성 없이) 목업/스텁 RESTful API로 사용하기

9.11 다음 장에서 배울 내용

JSON과 MongoDB를 함께 사용함으로써 얻을 수 있는 시너지 효과를 경험해 보았다. 이제 엔터프라이즈 애플리케이션에 JSON을 적용하기 위한 여정의 마지막 단계로서 지금까지 배운 모든 내용을 적용하고 이를 아파치 카프카와 연동하도록 하는 내용을 10장에서 다뤄보도록 하겠다.

10장

카프카를 이용한 JSON 메시징

아파치 카프카는 널리 쓰이는 분산 메시징 시스템으로, 서로 다른 플랫폼의 애플리케이션끼리 비동기적으로 메시지를 주고받을 수 있게 해준다. 카프카는 본래 링크트인이 시스템을 대규모로 재설계하면서 만들게 된 시스템이다. 링크트인 서비스가 거대한 일체식(monolithic) 구조로부터 탈피하여 마이크로서비스 형태로 재구성된 뒤 링크트인 개발팀은 재개편된 마이크로서비스와 애플리케이션 간의 통합을 위해 필요한 방대한 양의 메시지를 전달하기 위한 단일 창구로써 기능할 수 있도록 카프카를 개발하였다. 2011년 링크트인은 카프카를 오픈 소스로 아파치 재단에 기부하였다. 오늘날에는 많은 수의 기업에서 카프카를 엔터프라이즈 아키텍처의 중추가 되는 메시징 플랫폼으로 사용하고 있다. 카프카에 대한 더 자세한 내용은 아파치 카프카 공식 사이트(*http://Kafka.apache.org/*)를 참조하기 바란다.

카프카가 여타 메시징 시스템(예: JMS(Java Message System))과 다른 점은 특정 플랫폼에 종속되어 있지 않다는 점이다. 카프카는 자바로 개발되긴 했지만 메시지 송신 측과 수신 측은 어떤 언어로든 개발할 수 있다. 앞으로 Node.js와 본 셸(Bourne Shell)로 작성한 두 가지 메시지 수신 측 애플리케이션을 만들어 보면서 이 점을 확인하게 될 것이다.

카프카는 이진 형태와 텍스트 형태 메시지를 모두 지원한다. 가장 많이 쓰이는 텍스트 형식은 일반(plain) 텍스트, JSON, 아파치 Avro이다. 카프카의 API(송수신 측 모두)는 TCP상에서 동작한다. 이번 장에서는 카프카를 JSON 기반 메시지를 주고받는 기본적인 메시징 시스템으로 사용하여 다음과 같은 내용을 알아볼 것이다.

- 명령행에서 카프카를 통해 JSON 메시지를 송신하고 수신하기
- JSON으로 카프카를 이용하는 소규모 예제를 설계부터 구현까지 모두 만들어 보기

10.1 카프카 사용 유형

카프카의 사용 유형은 주로 다음과 같다.

일반 메시징

애플리케이션이 다른 애플리케이션에서 사용할 메시지를 전달하는 구조. 카프카는 비동기(예: 송신 측에서 응답을 기다리지 않음) 발행/구독(pub/sub) 메시징 모형을 적용하기 때문에 송신 측과 발송 측의 결합도를 낮게 유지할 수 있다.

메시징 통계 및 스트림 프로세싱

애플리케이션이 실시간 사용 정보(예: 클릭, 방문자, 세션, 페이지 뷰, 구매 등)를 카프카 토픽에 전달하는 구조. 그 다음 아파치 스파크 혹은 스파크 스트리밍(Spark Streaming) 같은 스트리밍 애플리케이션이 여러 토픽으로부터 원 정보를 읽어 들인 뒤 데이터를 가공(예: 맵/리듀스 처리)하거나, (플룸 (Flume)을 통해) 하둡(Hadoop) 등의 데이터 저장소로 보내게 된다. 이 데이터 저장소에 분석 툴(예: 데이터 시각화 등)을 추가할 수도 있다.

운영 및 애플리케이션 성능 지표

성능이나 사용량 등을 모니터링하기 위해 운영상의 통계치(예: 메시지 수, 트랜잭션 수, 응답 시간, HTTP 상태 코드 및 횟수)를 전달하는 경우.

로그 수집

조직 전체에 걸쳐 사용되는 다양한 애플리케이션이 로그를 카프카 토픽에 전달하면, 로그 관리 애플리케이션(예: ELK(Elastic Search, Logstash, Kibana) 스택)이 이를 처리하는 구조. 카프카는 로그스태시(Logstash) 등의 앞에 위치하여 로그 메시지를 손실 없이 유지해줌으로써 로그 관리 애플리케이션이 본연의 목적을 달성할 수 있도록 해준다.

10.2 카프카에서 쓰이는 개념 및 용어

다음은 카프카의 아키텍처를 이해하기 위해 필요한 핵심 개념이다.

송신자

토픽으로 메시지를 전달하는 주체.

수신자

토픽에 등록 혹은 토픽을 구독함으로써 메시지가 전달되면 메시지를 읽는 주체.

토픽

이름이 붙은 메시지 채널로, 특정 유형의 메시지를 발송하기도 하고 수신 여부를 확인하는 데도 쓰인다. 우리가 앞으로 볼 예제에서는 `new-proposals-recvd` 토픽이 MyConference에서 발표할 새로운 발표 세션에 대한 메시지를 담고 있다. 쉽게 말해 비즈니스적 이벤트(예: 주문이나 반품 등)를 전달하는 스트림이라고 볼 수 있다. 토픽은 하나 이상의 파티션으로 구성된다.

브로커

하나 이상의 토픽을 다루는 카프카 서버.

클러스터

하나 이상의 브로커로 구성된다.

파티션

분산 환경에서 토픽은 하나 이상의 파티션에 걸쳐 복본(replication)이 있을 수 있다(이들 각각은 서로 다른 브로커가 관리한다).

오프셋

파티션에 들어있는 메시지에 대한 유일 식별자. 카프카에서 메시지의 순서를 유지하는 데 사용된다.

이번 장에서 다룰 JSON 메시지 송수신을 위해서는 이 정도의 개념만 알고 있으면 된다. 내용을 간결하게 유지하면서도 초점을 잃지 않기 위해 수신의 내구성(durability), 수신자 그룹, 전달 보장 및 복본 등 생략된 중요한 개념이 많다. 카프카는 따로 책이 한 권 나와야 할 만큼 방대한 주제이므로 더 자세한 내용을 원한다면 네하 나키드(Neha Narkhede)가 쓴 *Kafka: The Definitive Guide*(O'Reilly)를 읽어보기 바란다.

앞으로 볼 예제는 단일 브로커(카프카 서버)와 토픽 역시 단일 파티션으로 된 상황을 다룬다.

10.3 카프카의 생태계: 관련 프로젝트

카프카는 범용 메시징 시스템으로 다른 메시징 시스템과 결합하여 더 강력하고 규모가 큰 메시징 시스템을 구성할 수 있다. 카프카의 생태계는 주로 다음과 같은 구성요소로 이루어져 있다.

아파치 스파크 및 스파크 스트리밍

스트림 처리("카프카 사용 유형" 항목 참조)에 사용된다.

하이브카(HiveKa)

하이브(Hive)와 통합하여 카프카 토픽에 대해 SQL 스타일의 인터페이스를 제공한다.

일래스틱서치(ElasticSearch)

카프카 토픽으로부터 메시지를 받는 별도의 독립적 수신자이다.

카프카 매니저

카프카 클러스터, 토픽, 수신자 등을 관리할 수 있게 해주는 관리 콘솔을 제공한다.

플룸

메시지 채널(카프카 토픽 등)로부터 대량의 데이터를 하둡 분산 파일시스템(HDFS)으로 옮기는 데 쓰인다.

Avro

간단하면서도 좀 더 다양한 데이터 구조를 가질 수 있어서 데이터 직렬화에서 JSON의 대안으로 사용된다. Avro는 표준은 아니지만, JSON 형식으로 작성하는 별도의 스키마(JSON 스키마와는 무관)를 갖는다. 애초에는 하둡 프로젝트의 일부였으나 별도의 프로젝트로 독립하였다.

이들 시스템은 카프카와 함께 쓰이는 시스템의 극히 일부 예에 지나지 않는다. 카프카 생태계를 구성하는 좀 더 많은 종류의 시스템을 보고 싶다면 카프카의 생태계에 대한 문서(*https://cwiki.apache.org/confluence/display/KAFKA/Ecosystem*)를 참조하기 바란다.

10.4 카프카 환경 만들기

명령행 인터페이스를 손대기 전에, 먼저 카프카와 아파치 주키퍼(Zookeeper)를 설치하고 실행해서 이번 장의 예제를 동작시킬 환경을 만들도록 한다. 부록 A의 "아파치 카프카 설치하기" 항목을 참조하여 카프카와 주키퍼를 설치한다.

그 다음, 카프카의 설정을 바꾸어 토픽을 삭제할 수 있도록 한다(기본 설정 값에서 이 설정은 꺼져있다). *KAFKA-INSTALL_DIR/KAFKA_VERSION/libexec/config/server.properties* 파일(*KAFKA-INSTALL-DIR*은 카프카를 설치한 경로이며, KAFKA_VERSION은 설치한 카프카의 버전이다)을 다음과 같이 수정한다.

```
# Switch to enable topic deletion or not, default value is false
delete.topic.enable=true
```

주키퍼는 어디에 쓰나?

왜 주키퍼를 또 설치해야 하는지 궁금한 독자도 있을 것이다. 결론만 간단하게 말하자면 카프카를 실행하려면 주키퍼가 필요하기 때문이다. 달리 말하면 (분산 환경에서는) 카프카 자체가 주키퍼 환경에서 실행하도록 되어 있다. 주키퍼는 분산 프로세스에 대해 이름, 상태 정보, 설정, 위치 정보, 동기화, 장애 조치 등을 맡아주는 서버이다. 이름 관리 레지스트리는 파일 시스템과 유사한 계층적 네임 스페이스를 사용한다.

주키퍼는 카프카를 비롯해 스톰(Storm), 하둡 맵리듀스, Solr(클라우드 에디션) 등 여러 유명 프로젝트에서 사용되고 있다. 더 자세한 내용은 주키퍼 공식 사이트(*https://zookeeper.apache.org/*)를 참조하기 바란다.

10.5 카프카 명령행 인터페이스(CLI)

카프카는 내장 명령행 인터페이스를 갖추고 있다. 지금부터 카프카를 실행하고, JSON 메시지를 보낸 다음 카프카를 종료하는 과정을 살펴볼 것이다.

명령행에서 일일이 명령을 입력하는 수고를 줄이기 위해, (예제 코드에서) *chapter-10/scripts/* 디렉터리에 있는 스크립트에 다음과 같이 파일 권한을 조정하여 실행할 수 있도록 해 둔다.

```
chmod +x *.sh
```

명령행에서 JSON 메시지 발송하기

카프카를 실행하여 메시지를 송신/수신하는 절차는 다음과 같다.

1. 주키퍼를 실행한다.

2. 카프카 서버를 실행한다.

3. 토픽을 생성한다.

4. 수신자를 실행한다.

5. 토픽에 메시지를 송신한다.

6. 메시지를 수신한다.

7. 정리 작업 후 카프카를 종료한다.

   · 수신자를 종료한다.

   · 토픽을 삭제한다.

   · 카프카를 종료한다.

   · 주키퍼를 종료한다.

주키퍼 실행하기

앞서 설명했듯, 카프카를 실행하기 위해서는 주키퍼가 필요하다. 주키퍼를 실행하려면 터미널 새 세션을 열어 다음 명령을 실행한다.

```
./start-zookeeper.sh
```

예제 10-1은 이 스크립트의 내용을 나타낸 것이다.

예제 10-1 **scripts/start-zookeeper.sh**

```
zkServer start
```

정상적으로 실행되었다면 다음과 같은 화면을 볼 수 있다.

```
json-at-work => ./start-zookeeper.sh
ZooKeeper JMX enabled by default
Using config: /usr/local/etc/zookeeper/zoo.cfg
Starting zookeeper ... STARTED
```

카프카 실행하기

이번에는 (역시 새 터미널 세션에서) 카프카 서버를 실행할 차례이다.

```
./start-kafka.sh
```

이 스크립트의 내용은 예제 10-2와 같다.

예제 10-2 scripts/start-kafka.sh

```
kafka-server-start /usr/local/etc/kafka/server.properties
```

위에서 언급한 *server.properties* 파일은 카프카의 설정 파일이다. 조금 전에 토픽을 삭제할 수 있도록 이 파일을 수정했었다.

모든 것이 잘 되었다면 카프카 서버가 실행 중일 것이다. 위의 명령을 입력하면 꽤 많은 양의 로그 메시지가 출력되는데, 서버가 정상적으로 시작되었다면 아래와 같은 메시지를 볼 수 있을 것이다.

```
[2016-12-31 16:42:01,371] INFO Creating /brokers/ids/0 (is it secure? false) (kafka.utils.ZKCheckedEphemeral)
[2016-12-31 16:42:01,375] INFO Result of znode creation is: OK (kafka.utils.ZKCheckedEphemeral)
[2016-12-31 16:42:01,377] INFO Registered broker 0 at path /brokers/ids/0 with addresses: PLAINTEXT -> EndPoint(10.229.1
04.161,9092,PLAINTEXT) (kafka.utils.ZkUtils)
[2016-12-31 16:42:01,385] INFO Kafka version : 0.10.1.0 (org.apache.kafka.common.utils.AppInfoParser)
[2016-12-31 16:42:01,385] INFO Kafka commitId : 3402a74efb23d1d4 (org.apache.kafka.common.utils.AppInfoParser)
[2016-12-31 16:42:01,386] INFO [Kafka Server 0], started (kafka.server.KafkaServer)
```

토픽 만들기

그 다음으로 새로운 발표 세션 제안을 받기 위한 test-proposals-recvd 토픽을 만들어 보기로 하겠다. 토픽을 만들려면 (역시 새 터미널 세션에서) 다음과 같이 스크립트를 실행한다.

```
./create-topic.sh test-proposals-recvd
```

이 스크립트는 예제 10-3과 같이 kafka-topics 명령을 실행한다.

예제 10-3 scripts/create-topic.sh

```
...

kafka-topics --zookeeper localhost:2181 --create \
          --topic $1 --partitions 1 \
          --replication-factor 1
```

이 스크립트의 내용은 다음과 같다.

- $1은 토픽명(여기서는 test-proposals-recvd)을 값으로 가지게 될 명령행 변수이다.
- 편의를 위해 파티션은 하나만(레코드의 순서가 정해진 연속열) 두었으며 토픽 하나에 복본 하나만을 두도록 하였다. 파티션은 장애 대비 및 부하 밸런싱을 위해 여러 서버에 복본을 둘 수 있다. 서비스 환경에서 대규모 메시지를 처리하기 위해서는 복본을 두도록 설정하기 바란다.

위의 스크립트를 실행하면 다음과 같은 결과를 보게 될 것이다.

```
json-at-work => ./create-topic.sh test-proposals-recvd
Created topic "test-proposals-recvd".
```

토픽의 리스트 보기

토픽이 정상적으로 생성되었는지 다음 명령으로 확인해 보도록 한다.

```
./list-topics.sh
```

이 스크립트는 예제 10-4와 같이 kafka-topics 명령을 사용한다.

예제 10-4 scripts/list-topics.sh

```
kafka-topics --zookeeper localhost:2181 --list
```

아래와 같이 test-proposals-recvd Topic이 정상적으로 생성된 것을 확인할 수 있다.

```
json-at-work => ./list-topics.sh
__consumer_offsets
test-proposals-recvd
```

__consumer_offsets는 카프카가 내부적으로 사용하는 것이므로 무시해도 좋다. 여기서는 Topic이 정상적으로 생성되었는지만 확인하면 된다.

수신자 실행하기

이제 토픽도 만들어 두었으니 실제로 메시지를 송신하고 수신해 볼 차례이다. 먼저 다음 스크립트를 실행하여 송신자를 만들고 test-proposals-recvd Topic을 구독하도록 한다.

```
./start-consumer.sh test-proposals-recvd
```

이 스크립트는 예제 10-5에서 보듯 kafka-console-consumer 명령을 사용한다.

예제 10-5 scripts/start-consumer.sh

```
...

kafka-console-consumer --bootstrap-server localhost:9092 \
                --topic $1
```

이 스크립트에서 $1는 수신자가 메시지를 기다리게 될 토픽명(여기서는 test-proposals-recvd)을 값으로 갖는 명령행 변수이다.

수신자가 새로운 메시지를 정상적으로 기다리고 있다면 다음과 같이 아무 출력도 나오지 않는다.

```
json-at-work => ./start-consumer.sh test-proposals-recvd
```

JSON 메시지 송신하기

이제 아래 스크립트를 이용하여 JSON 메시지를 토픽에 실제로 송신해 보도록 한다. 역시 새로운 터미널 세션을 사용하겠다.

```
./publish-message.sh '{ "message": "This is a test proposal." }' \
test-proposals-recvd
```

이 스크립트의 내용은 예제 10-6과 같다.

예제 10-6 **scripts/publish-message-sh**

```
...

echo $MESSAGE_FROM_CLI | kafka-console-producer \
        --broker-list localhost:9092 \
        --topic $TOPIC_NAME_FROM_CLI

...
```

이 스크립트의 내용은 아래와 같다.

- echo 명령을 사용하여 JSON 메시지를 표준 출력으로 내보낸 뒤 이 내용을 kafka-console-producer 명령으로 파이프하여 전달한다.
- $MESSAGE_FROM_CLI는 송신할 JSON 메시지를 값으로 갖게 될 명령행 변수이다.
- $TOPIC_NAME_FROM_CLI는 Topic명(여기서는 test-proposals-recvd)을 값으로 갖게 될 명령행 변수이다.

메시지를 송신하고 나면 다음과 같은 출력을 보게 될 것이다.

```
json-at-work => ./publish-message.sh '{ "message": "This is a test proposal." }' test-proposals-recvd
```

이 메시지는 명령을 입력했던 터미널에서 출력되지 않는데 주의하기 바란다.

JSON 메시지 수신하기

수신자를 실행했던 터미널 창으로 돌아와 보면, 수신자가 test-proposals-recvd 토픽으로 전달된 메시지를 다음과 같이 수신하고 출력했음을 알 수 있다.

```
json-at-work => ./start-consumer.sh test-proposals-recvd
{ "message": "This is a test proposal." }
```

지금까지 간단한 명령행에서 간단하게 메시지를 송신하고 수신하는 예를 살펴 보았다. 이제 순서대로 정리를 해보겠다.

정리 작업 및 카프카 종료

다음과 같은 순서대로 카프카를 종료한다.

1. 수신자 종료
2. 토픽 삭제(필수는 아님)
3. 카프카 종료
4. 주키퍼 종료

수신자 종료하기

수신자를 실행했던 터미널 창에서 Ctrl+C를 누르면 다음과 같은 출력을 볼 수 있다.

```
json-at-work => ./start-consumer.sh test-proposals-recvd
{ "message": "This is a test proposal." }
^CProcessed a total of 1 messages
```

토픽 삭제하기

이번에는 스크립트를 실행해서 test-proposals-recvd 토픽을 삭제하겠다(반드 시 필요한 과정은 아님).

```
./delete-topic.sh test-proposals-recvd
```

이 스크립트의 내용은 예제 10-7과 같다.

예제 10-7 **scripts/delete-topic.sh**

```
...

kafka-topics --zookeeper localhost:2181 --delete --topic $1
```

이 스크립트의 **$1**는 토픽명(여기서는 test-proposals-recvd)을 값으로 갖는 명령행 변수이다.

스크립트를 실행하면 다음과 같은 결과를 볼 수 있다.

```
json-at-work => ./delete-topic.sh test-proposals-recvd
Topic test-proposals-recvd is marked for deletion.
Note: This will have no impact if delete.topic.enable is not set to true.
```

카프카 종료하기

카프카를 종료하려면 마찬가지로 카프카를 실행했던 터미널 창에서 Ctrl+C를 누르거나, 다음과 같이 스크립트를 실행시켜 안전 종료(graceful shutdown)하는 두 가지 방법이 있다.

```
./stop-kafka.sh
```

이 스크립트의 내용은 예제 10-8과 같다.

예제 10-8 **scripts/stop-kafka.sh**

```
kafka-server-stop
```

이 스크립트는 kafka-server-stop 명령을 사용하여 카프카를 종료한다. 이 명령을 사용한 안전 종료는 많은 양의 로그 메시지를 출력하며 일반적인 종료보다 시간이 좀 더 걸린다. 카프카를 실행했던 터미널 창에는 다음과 같은 메시지가 마지막으로 출력되어 있을 것이다.

```
[2016-12-31 18:40:06,981] INFO [GroupCoordinator 0]: Shutdown complete. (kafka.coordinator.GroupCoordinator)
[2016-12-31 18:40:06,988] INFO Terminate ZkClient event thread. (org.I0Itec.zkclient.ZkEventThread)
[2016-12-31 18:40:06,990] INFO Session: 0x159573c11390007 closed (org.apache.zookeeper.ZooKeeper)
[2016-12-31 18:40:06,990] INFO EventThread shut down for session: 0x159573c11390007 (org.apache.zookeeper.ClientCnxn)
[2016-12-31 18:40:06,992] INFO [Kafka Server 0], shut down completed (kafka.server.KafkaServer)
```

조금 전에 test-proposals-recvd 토픽을 삭제했다면 카프카를 재시작하여도 토픽이 존재하지 않으며, 삭제하지 않은 경우에는 그대로 남아있게 된다.

주키퍼 종료하기

마지막으로 주키퍼를 종료한다. 터미널에서 다음 스크립트를 실행하면 된다.

```
./stop-zookeeper.sh
```

이 스크립트의 내용은 예제 10-9와 같다.

예제 10-9 **scripts/stop-zookeeper.sh**

```
zkServer stop
```

여기까지 잘 진행됐다면, 카프카와 관계된 모든 것이 종료되며 다음과 같은 메시지를 보게 될 것이다.

```
json-at-work => ./stop-zookeeper.sh
ZooKeeper JMX enabled by default
Using config: /usr/local/etc/zookeeper/zoo.cfg
Stopping zookeeper ... STOPPED
```

10.6 카프카 라이브러리

카프카는 다양한 애플리케이션 개발 플랫폼을 지원한다. 이 중 주요한 것을 꼽으면 다음과 같다.

자바

카프카 통합 기능을 제공하는 스프링 카프카 라이브러리(*https://projects.spring.io/spring-kafka/*)를 사용할 수 있다.

루비

깃허브(*https://github.com/karafka/karafka*)에서 Karafka 젬을 다운 받을 수 있다.

JS

kafka-node를 사용하여 다음 절의 예제를 만들어 볼 것이다. 깃허브(*https://github.com/SOHU-Co/kafka-node*)와 npm(*https://www.npmjs.com/package/kafka-node*)에서 자세한 정보를 확인할 수 있다.

10.7 처음부터 만들어보는 예제: MyConference에 발표 제안 기능

지금까지 명령행에서 카프카를 사용하는 방법을 알아보았다. 메시지를 송신하고 수신하는 Node.js 기반 애플리케이션을 만드는 데 이를 적용해보려고 한다. 이 마지막 예제로서 가상의 콘퍼런스 MyConference에 발표 제안을 등록할 수 있도록 하는 애플리케이션을 만들어 볼 것이다. 각 연사가 발표 제안을 등록하면 콘퍼런스 진행 팀에서 등록 내용을 승인하도록 한다. 제안을 등록한 연사는 진행 팀에서 결정한 승인 여부를 이메일로 전달받게 된다.

테스트 데이터

이번에도 지금까지와 마찬가지로 연사 정보 데이터를 사용할 것이다. 하지만 발표 제안이라는 예제에 합당하도록 데이터에 몇 가지 정보를 추가해야 한다. 예제 10-10은 이렇게 정보가 추가된 발표 세션 제안이다.

예제 10-10 **data/speakerProposal.json**

```json
{
  "speaker":{
    "firstName":"Larson",
    "lastName":"Richard",
    "email":"larson.richard@ecratic.com",
    "bio":"Larson Richard is the CTO of ... and he founded a JavaScript meetup ..."
  },
  "session":{
    "title":"Enterprise Node",
    "abstract":"Many developers just see Node as a way to build web APIs or ...",
    "type":"How-To",
    "length":"3 hours"
  },
  "conference":{
    "name":"Ultimate JavaScript Conference by MyConference",
    "beginDate":"2017-11-06",
    "endDate":"2017-11-10"
  },
  "topic":{
    "primary":"Node.js",
    "secondary":[
      "REST",
      "Architecture",
      "JavaScript"
    ]
  },
  "audience":{
    "takeaway":"Audience members will learn how to ...",
    "jobTitles":[
      "Architects",
      "Developers"
    ],
    "level":"Intermediate"
  },
  "installation":[
    "Git",
    "Laptop",
    "Node.js"
  ]
}
```

이 예제의 데이터에는 다음과 같은 객체가 있다.

speaker

　연사의 연락처 정보이다.

session

발표 제목과 시간 등이 포함된 발표 내용에 대한 설명이다.

conference

연사가 발표를 제안하는 이벤트에 대한 정보를 담는다. MyConference에는 여러 이벤트가 함께 진행되기 때문에 이를 구분할 수 있어야 한다.

topic

발표에서 다룰 주제 및 부주제에 대한 정보이다.

audience

발표를 이해하는 데 필요한 청중의 배경지식 수준에 대한 정보이다(초보, 중급, 심화).

installation

(필요한 경우) 발표를 듣기 전에 사전 설치가 필요한 것에 대한 정보.

구성 요소 설계

MyConference 애플리케이션은 다음과 같은 구성요소를 갖는다.

발표 제안 송신자

publish-message.sh 스크립트를 사용하여 발표 제안자 대신 JSON 형식으로 된 메시지를 new-proposals-recvd 토픽으로 보낸다. 실제 상황이라면 잘 설계된 UX와 함께 RESTful API를 호출하는 AngularJS 애플리케이션이 될 터이나, 여기서는 간단하게 셸 스크립트로 된 인터페이스를 적용하기로 한다.

제안 리뷰어(수신자)

new-proposals-recvd 토픽에 새로운 메시지가 도착하면 이 제안을 승인할지 여부를 결정하여 결과에 따른 메시지를 proposals-reviewed 토픽에 보내어 후속 처리를 하게 한다. 엔터프라이즈 수준의 설계라면 앞단에 RESTful API 가 있어 발표 제안을 접수하고, 이를 다시 new-proposals-recvd 토픽에 전달할 것이다. 그러나 이번 예제에서도 편의상 API를 포함시키지 않는다.

제안자 통보 모듈 (수신자)

proposals-reviewed 토픽에 새로운 메시지가 도착하면 (리뷰어의 결정에 따

라) 승인 혹은 거부 이메일을 제안을 보낸 연사에게 보낸다.

이메일 서버 (에뮬레이트)

MyConference 애플리케이션의 통보 이메일을 보내는 메일 서버이다.

이메일 클라이언트 (에뮬레이트)

연사 쪽에서 통보 이메일을 받는 메일 클라이언트이다.

간단한 이메일 에뮬레이터인 메일캐처(MailCatcher)를 메일 클라이언트 겸 서버로 사용할 것이다.

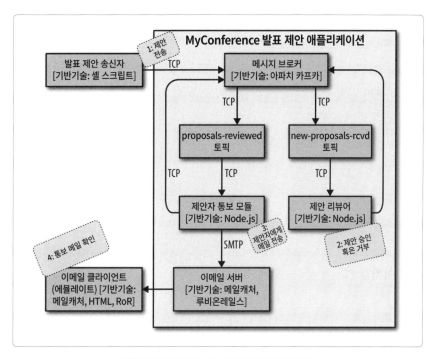

그림 10.1 각 구성요소 간 상호작용의 전체적인 흐름

이 다이어그램의 흐름은 다음과 같다.

1. 연사가 발표 제안 송신자를 사용하여 MyConference 애플리케이션의 new-proposals-recvd 토픽으로 발표 제안을 보낸다.

2. 제안 리뷰어는 제안이 담긴 메시지를 new-proposals-recvd 토픽으로부터 받고, 승인/거부 결정을 내린 다음 그 결과 메시지를 proposals-reviewed 토픽으로 보낸다.

3. 제안자 통보 모듈은 proposals-reviewed 토픽으로부터 승인/거부 메시지를 받아 결과 통보 이메일을 보낸다.

4. 연사가 결과 통보 이메일을 받는다.

이제 코드를 작성하여 예제를 실행해 볼 차례이다.

카프카 환경 구축하기

명령행 예제를 따라 해보았다면, 어렵지 않게 진행할 수 있을 것이다(이해가 가지 않는 부분이 있다면 이전 절을 참조하기 바란다). 이 예제를 실행하려면 터미널 세션 네 개가 필요하다. 다음 순서에 따라 시작해 보자.

1. 첫 번째 터미널 세션
   - 주키퍼 실행
   - 카프카 실행
2. 두 번째 터미널 세션
   - proposals-reviewed 토픽 생성
   - new-proposals-recvd 토픽 생성

카프카를 비롯한 핵심 구성요소가 준비되었으니 승인/거부 통보 메일을 보낼 메일 서버를 설치할 차례이다.

목업 이메일 서버와 클라이언트 설치: 메일캐처

간이 메일 서버(SMTP)는 실제로 메일을 보내지 않고도 이메일 기능을 테스트하기에 적합하다. 여기서는 메일캐처(MailCatcher)를 사용할 것이다. 메일캐처를 사용하는 이유는 다음과 같다.

- 표준 준수 - 메일캐처는 SMTP(Simple Mail Transfer Protocol)을 준수한다.
- 쉬운 설치
- 서버 시작/종료가 간단함
- 보안이 필수사항이 아님. 보안이 필요 없다면 큰일 날 소리이지만, 적어도 우리가 필요한 프로토타이핑 목적으로는 메일 서버에 사용자 아이디/비밀번호를 설정하지 않아도 된다. 물론 실제 서비스나 좀 더 큰 규모의 프로토타이핑이라면 메일 서버에도 보안 설정을 해야 한다. 이런 경우에도 사용자 보안설정을 추가해서 메일캐처를 사용할 수 있다.

- 서버로 전송된 메일을 보기 좋게 보여주는 웹 UI를 갖추고 있음

메일캐처에 대해 더 자세한 내용은 공식 사이트(*https://mailcatcher.me/*)를 참조하기 바란다.

　Ruby on Rails를 설치하지 않았다면 부록 A의 "Ruby on Rails 설치하기" 항목을 참조하여 설치해 두기 바란다. 명령행(두 번째 터미널 세션에서) 다음과 같은 명령 (부록 A의 "루비 젬 설치하기" 항목도 참조하라)으로 mailcatcher 젬을 설치하라.

```
gem install mailcatcher
```

그리고 아래의 명령으로 메일캐처 서버를 시작한다. 정상적으로 시작되었으면 다음과 같은 메시지를 볼 수 있을 것이다.

```
json-at-work => mailcatcher
Starting MailCatcher
==> smtp://127.0.0.1:1025
==> http://127.0.0.1:1080
*** MailCatcher runs as a daemon by default. Go to the web interface to quit.
```

메일캐처는 백그라운드로 작동하는 데몬이므로 메일캐처를 실행한 터미널 세션에서 다른 작업을 계속할 수 있다. 메일을 전송하고 나면 메일캐처 웹 UI를 확인해 볼 것이다("메일캐처를 이용하여 통보 이메일 리뷰하기" 항목 참조).

Node.js 프로젝트 환경 구축

제안 리뷰어와 제안자 통보 모듈은 Node.js로 작성되었다. 아직 Node.js를 설치하지 않았다면 부록 A("Node.js 설치" 항목과 "npm 모듈 설치" 항목)을 참조하여 설치하기 바란다. 예제 코드로 제공된 Node.js 프로젝트를 사용하려면 *chapter-10/myconference* 디렉터리로 이동하여 다음 명령을 실행하면 프로젝트에 필요한 의존성이 설치된다.

```
npm install
```

직접 생성한 Node.js 프로젝트를 사용하고 싶다면 이 책의 깃허브 저장소 (*https://github.com/tmarrs/json-at-work-examples/blob/master/chapter-10/Project-Setup.md*)의 설명을 따르기 바란다.

발표 제안 송신자

조금 전에 본 *publish-message.sh* 스크립트를 사용하여 *speakerProposal.json* 파일

의 내용을 new-proposals-recvd 토픽으로 보낼 것이다. 두 번째 터미널 세션에서 *scripts* 디렉터리로 이동하여 다음 명령을 실행한다.

```
./publish-message.sh -f ../data/speakerProposal.json new-proposals-recvd
```

제안 리뷰어는 전달받은 제안을 무작위로(자세한 내용은 다음 절 참조) 승인하거나 거부한다. 그러므로 제안 승인과 거부 메시지를 모두 보려면 이 스크립트를 서너 번 정도 실행해야 할 것이다.

제안 리뷰어(송신자 겸 수신자)

제안 리뷰어의 역할은 다음과 같다.

- new-proposals-recvd 토픽에 새로운 발표 제안이 들어오기를 기다린다.
- 전달된 발표 제안의 유효성 검사 및 승인 여부를 결정한다.
- 제안에 대한 승인 여부를 proposals-reviewed 토픽으로 보내 후속 처리를 하도록 한다.

myconference/proposalReviewer.js 파일에 제안 리뷰어 애플리케이션의 전체 코드가 들어있다. 예제 10-11은 이 중 new-proposals-recvd 토픽으로부터 새로운 발표 제안을 전달받는 부분이다.

예제 10-11 **myconference/proposalReviewer.js**

```
var kafka = require('kafka-node');

...

const NEW_PROPOSALS_RECEIVED_TOPIC = 'new-proposals-recvd';

...

var consumer = new kafka.ConsumerGroup({
  fromOffset: 'latest',
  autoCommit: true
}, NEW_PROPOSALS_RECEIVED_TOPIC);

// 수신된 JSON 메시지를 처리.
// JSON.parse()와 JSON.stringify() 사용.
consumer.on('message', function(message) {
  // console.log('received kafka message', message);
  processProposal(message);
});

consumer.on('error', function(err) {
  console.log(err);
```

```
});

process.on('SIGINT', function() {
  console.log(
    'SIGINT received - Proposal Reviewer closing. ' +
    'Committing current offset on Topic: ' +
    NEW_PROPOSALS_RECEIVED_TOPIC + ' ...'
  );

  consumer.close(true, function() {
    console.log(
      'Finished committing current offset. Exiting with graceful shutdown ...'
    );

    process.exit();
  });
});
```

이 예제의 흐름은 다음과 같다.

- 카프카로부터 메시지를 송수신하기 위해 npm 모듈 kafka-node를 사용한
  다. 이 모듈에 대한 자세한 내용은 npm 웹 사이트(*https://www.npmjs.com/
  package/kafka-node*)와 깃허브 저장소(*https://github.com/SOHU-Co/kafka-node*)
  를 참조하기 바란다.
- new-proposals-recvd 토픽으로 전달되는 새로운 메시지를 기다리다가 메시
  지가 도착하면 다음과 같이 처리한다.
  - ConsumerGroup 객체를 만들어 이 객체로 new-proposals-recvd 토픽으로부
    터 도착한 메시지를 수신한다. fromOffset: 'latest' 파라미터는 토픽에
    가장 최근에 전달된 메시지를 수신하고 싶다는 뜻이며, autoCommit: true
    는 메시지를 수신하면 자동으로 해당 메시지에 대한 수신 확인처리를 하
    라는 뜻이다.
  - consumer.on('message ...)는 메시지를 기다리다가 메시지가 전달되면
    processProposal() (자세한 내용은 뒤에 설명함)를 호출하여 수신된 발표
    제안 메시지를 처리한다.
  - consumer.on('error' ...)는 메시지를 처리하면서 발생한 에러에 대해 에
    러 메시지를 출력한다.
  - process.on('SIGINT' ...)는 유닉스 신호 SIGINT(프로세스 종료)를 기다리
    다가, 해당 신호가 전달되면 현재 오프셋 값을 커밋하고 정리 작업 후 종료
    한다.
    - consumer.close(...)는 현재 오프셋 값을 커밋한다. 이 과정을 통해 현

재 메시지에 대한 수신 확인이 전달되며, 수신자가 재시작 됐을 경우 그 다음 Topic에 수신된 그다음 메시지부터 수신하게 된다.

예제 10-12는 발표 제안 메시지에 대한 유효성 검사를 한 후 승인/거부 결정을 내리는 부분의 코드다.

예제 10-12 **myconference/proposalReviewer.js**

```
...

var fs = require('fs');
var Ajv = require('ajv');

...

const SPEAKER_PROPOSAL_SCHEMA_FILE_NAME =
  './schemas/speakerProposalSchema.json';

...

function processProposal(proposal) {
  var proposalAccepted = decideOnProposal();
  var proposalMessage = proposal.value;
  var proposalMessageObj = JSON.parse(proposalMessage);

  console.log('\n\n');
  console.log('proposalMessage = ' + proposalMessage);
  console.log('proposalMessageObj = ' + proposalMessageObj);
  console.log('Decision — proposal has been [' +
    (proposalAccepted ? 'Accepted' : 'Rejected') + ']');

  if (isSpeakerProposalValid(proposalMessageObj) && proposalAccepted) {
    acceptProposal(proposalMessageObj);
  } else {
    rejectProposal(proposalMessageObj);
  }
}

function isSpeakerProposalValid(proposalMessage) {
  var ajv = Ajv({
    allErrors: true
  });

  var speakerProposalSchemaContent = fs.readFileSync(
    SPEAKER_PROPOSAL_SCHEMA_FILE_NAME);

  var valid = ajv.validate(speakerProposalSchemaContent, proposalMessage);

  if (valid) {
    console.log('\n\nJSON Validation: Speaker proposal is valid');
  } else {
    console.log('\n\nJSON Validation: Error — Speaker proposal is invalid');
    console.log(ajv.errors + '\n');
  }
```

```
    return valid;
}

function decideOnProposal() {
  return Math.random() >= 0.5;
}

function acceptProposal(proposalMessage) {
  var acceptedProposal = {
    decision: {
      accepted: true,
      timeSlot: {
        date: "2017-11-06",
        time: "10:00"
      }
    },
    proposal: proposalMessage
  };

  var acceptedProposalMessage = JSON.stringify(acceptedProposal);
  console.log('Accepted Proposal = ' + acceptedProposalMessage);
  publishMessage(acceptedProposalMessage);
}

function rejectProposal(proposalMessage) {
  var rejectedProposal = {
    decision: {
      accepted: false
    },
    proposal: proposalMessage
  };

  var rejectedProposalMessage = JSON.stringify(rejectedProposal);
  console.log('Rejected Proposal = ' + rejectedProposalMessage);
  publishMessage(rejectedProposalMessage);
}

...
```

제안 리뷰어가 발표 제안 메시지를 수신하면, processProposal() 함수가 다음과 같은 과정을 수행한다.

- decideOnProposal() 함수가 무작위로 제안을 승인/거절할 것인지 결정한다. 실제 시스템이라면 제안 내용이 담당자의 수신함에 들어가고 그 담당자가 결정을 내리게 될 것이다.
- JSON.parse() 함수는 제안 메시지가 (문법적으로) 유효한 JSON 메시지인지를 검증한다.
- isSpeakerProposalValid() 함수는 npm 모듈 ajv를 사용하여 JSON 스키마(*schemas/speakerProposalSchema.json*)에 대해 유효성 검사를 한다.

- 5장에서 JSON 스키마를 다루고 있으므로 기억이 안 난다면 참고하라.
- JSON 스키마로 유효성 검사를 함으로써 메시지의 문법 오류가 없음(발표 제안에 누락된 필수 필드가 없음)이 보장된다.
- ajv 모듈에 대해서는 npm(*https://www.npmjs.com/package/ajv*)과 깃허브 저장소(*https://github.com/epoberezkin/ajv*)를 참조하라.

- 발표 제안에 대해 승인이 나면, acceptProposal() 함수가 아래의 내용을 수행한다.
  - 승인 여부와 발표 시간대에 대한 정보가 담긴 객체를 만든다.
  - JSON.stringify() 함수로 이 객체를 JSON으로 변환한다.
  - 그 다음 publishMessage() 함수를 호출하여 이 메시지를 proposals-reviewed 토픽으로 보낸다.

- 발표 제안이 거부되었다면(혹은 유효성 검사를 통과하지 못한 경우), rejectProposal() 함수가 아래의 내용을 수행한다.
  - 제안이 거부되었음을 나타내는 객체를 만든다.
  - JSON.stringify() 함수로 이 객체를 JSON으로 변환한다.
  - 그 다음 publishMessage() 함수를 호출하여 이 메시지를 proposals-reviewed 토픽으로 보낸다.

예제 10-13은 proposals-reviewed 토픽에 승인/거부 메시지를 보내는 부분의 코드다.

예제 10-13 **myconference/proposalReviewer.js**

```
...

const PROPOSALS_REVIEWED_TOPIC = 'proposals-reviewed';

...

var producerClient = new kafka.Client(),
  producer = new kafka.HighLevelProducer(producerClient);

...

function publishMessage(message) {
  var payloads = [{
    topic: PROPOSALS_REVIEWED_TOPIC,
    messages: message
  }];

  producer.send(payloads, function(err, data) {
```

```
      console.log(data);
  });
}

producer.on('error', function(err) {
  console.log(err);
});
```

이 코드는 proposals-reviewed 토픽으로 메시지를 보내기 위해 다음과 같은 과정을 거친다.

· HighLevelProducer 객체의 인스턴스를 만들고 이 객체를 사용하여 proposals-reviewed 토픽으로 메시지를 송신한다. HighLevelProducer 객체의 인스턴스를 만드는 부분은 위치적으로 훨씬 앞에 있지만, 편의상 함께 나타내었다.

· publishMessage() 함수에서 producer.send() 함수를 호출하여 메시지를 송신한다. producer.on('message' ...) 부분은 메시지를 기다리다가 process Proposal() 함수를 호출(뒤에 자세히 설명함)해 새로 수신된 발표 제안을 처리한다.

여기서는 송신자와 수신자 입장에서 kafka-node 모듈의 기본적인 기능만을 사용하였다. kafka-node의 참조문서(*https://www.npmjs.com/package/kafka-node*)를 통해 다음 사항에 대해 더 자세히 알아두기 바란다.

· HighLevelProducer
· ConsumerGroup
· Client

지금까지 제안 리뷰어 모듈의 코드를 살펴보았다. 새로운 터미널 세션(세 번째)을 열고 (myconference 디렉터리에서) 다음 명령을 입력하여 제안 리뷰어를 실행해 보도록 한다.

```
node proposalReviewer.js
```

새로운 발표 제안 메시지가 new-proposals-recvd 토픽에 도착하면, 도착한 메시지에 대한 내용과 이 제안에 대해 어떤 결정을 내렸는지를(proposals-reviewed 토픽을 통해) 로그 메시지로 확인할 수 있다.

```
json-at-work => node proposalReviewer.js

proposalMessage = { "speaker": { "firstName": "Larson", "lastName": "Richard", "email": "larson.richard@ecratic.com", "bi
o": "Larson Richard is the CTO of ... and he founded a JavaScript meetup in ..." }, "session": { "title": "Enterprise Nod
e", "abstract": "Many developers just see Node as a way to build web APIs or applications ...", "type": "How-To", "length
": "3 hours" }, "conference": { "name": "Ultimate JavaScript Conference by MyConference", "beginDate": "2017-11-06", "end
Date": "2017-11-10" }, "topic": { "primary": "Node.js", "secondary": [ "REST", "Architecture", "JavaScript" ] }, "audienc
e": { "takeaway": "Audience members will learn how to ...", "jobTitles": [ "Architects", "Developers" ], "level": "Interm
ediate" }, "installation": [ "Git", "Laptop", "Node.js" ] }
proposalMessageObj = [object Object]
Decision - proposal has been [Accepted]

JSON Validation: Speaker proposal is valid
Accepted Proposal = {"decision":{"accepted":true,"timeSlot":{"date":"2017-11-06","time":"10:00"}},"proposal":{"speaker":{
"firstName":"Larson","lastName":"Richard","email":"larson.richard@ecratic.com","bio":"Larson Richard is the CTO of ... an
d he founded a JavaScript meetup in ..."},"session":{"title":"Enterprise Node","abstract":"Many developers just see Node
as a way to build web APIs or applications ...","type":"How-To","length":"3 hours"},"conference":{"name":"Ultimate JavaSc
ript Conference by MyConference","beginDate":"2017-11-06","endDate":"2017-11-10"},"topic":{"primary":"Node.js","secondary
":["REST","Architecture","JavaScript"]},"audience":{"takeaway":"Audience members will learn how to ...","jobTitles":["Arc
hitects","Developers"],"level":"Intermediate"},"installation":["Git","Laptop","Node.js"]}}
{ 'proposals-reviewed': { '0': 12 } }
```

제안자 통보 모듈(수신자에 해당)

발표 제안에 대해 승인/거부 결정이 내려진 후, 제안자 통보 모듈이 다음 내용을
수행한다.

· proposals-reviewed 토픽에 새로운 메시지가 도착하는 것을 기다린다.

· 승인/거부 이메일을 생성한다.

· 승인/거부 이메일을 전송한다.

*myconference/speakerNotifier.js*에 제안자 통보 모듈의 전체 코드가 들어있다. 예
제 10-14는 이 중 proposals-reviewed 토픽으로부터 거부 혹은 승인 메시지를
담은 코드 일부를 담은 것이다.

예제 10-14 **myconference/speakerNotifier.js**

```
var kafka = require('kafka-node');

...

const PROPOSALS_REVIEWED_TOPIC = 'proposals-reviewed';

...

var consumer = new kafka.ConsumerGroup({
  fromOffset: 'latest',
  autoCommit: true
}, PROPOSALS_REVIEWED_TOPIC);

...

consumer.on('message', function(message) {
  // console.log('received message', message);
  notifySpeaker(message.value);
});
```

```
consumer.on('error', function(err) {
  console.log(err);
});

process.on('SIGINT', function() {
  console.log(
    'SIGINT received - Proposal Reviewer closing. ' +
    'Committing current offset on Topic: ' +
    PROPOSALS_REVIEWED_TOPIC + ' ...'
  );

  consumer.close(true, function() {
    console.log(
      'Finished committing current offset. Exiting with graceful shutdown ...'
    );

    process.exit();
  });
});

...
```

제안자 통보 모듈은 proposals-reviewed 토픽에 새로운 메시지가 도착하기를 기다리다가 새로운 메시지가 도착하면 다음과 같은 내용을 수행한다.

- ConsumerGroup 객체의 인스턴스를 만들어 proposals-reviewed 토픽에 도착한 카프카 메시지를 처리한다.
- consumer.on('message' ...) 부분에서는 새로운 메시지를 기다리다가 메시지가 도착하면 notifySpeaker()(뒤에 설명함) 수신된 승인/거부 메시지를 처리한다.
- consumer.on('error' ...)와 process.on('SIGINT' ...) 함수는 제안 리뷰어와 같은 방식으로 동작한다.

예제 10-15는 Handlebars(7장에서 다룸)를 이용하여 승인/거부 메시지에 따라 그에 맞는 이메일을 작성하는 부분에 해당하는 코드를 실었다.

예제 10-15 **myconference/speakerNotifier.js**

```
...

var handlebars = require('handlebars');
var fs = require('fs');

...

const EMAIL_FROM = 'proposals@myconference.com';
const ACCEPTED_PROPOSAL_HB_TEMPLATE_FILE_NAME =
  './templates/acceptedProposal.hbs';
```

```
const REJECTED_PROPOSAL_HB_TEMPLATE_FILE_NAME =
  './templates/rejectedProposal.hbs';

const UTF_8 = 'utf8';

...

function notifySpeaker(notification) {
  var notificationMessage = createNotificationMessage(notification);

  sendEmail(notificationMessage);
}

function createNotificationMessage(notification) {
  var notificationAsObj = JSON.parse(notification);
  var proposal = notificationAsObj.proposal;

  console.log('Notification Message = ' + notification);

  var mailOptions = {
    from: EMAIL_FROM, // 전송자 주소
    to: proposal.speaker.email, // list of receivers
    subject: proposal.conference.name + ' - ' + proposal.session.title, // 메일 제목
    html: createEmailBody(notificationAsObj)
  };

  return mailOptions;
}

function createEmailBody(notification) {
  // Handlebars 템플릿 파일을 읽음.
  var hbTemplateContent = fs.readFileSync(((notification.decision.accepted) ?
    ACCEPTED_PROPOSAL_HB_TEMPLATE_FILE_NAME :
    REJECTED_PROPOSAL_HB_TEMPLATE_FILE_NAME), UTF_8);

  // 템플릿을 컴파일해서 함수로 만듦.
  var template = handlebars.compile(hbTemplateContent);
  var body = template(notification); // 템플릿을 사용하여 메일 본문 생성.

  console.log('Email body = ' + body);
  return body;
}

...
```

제안자 통보 모듈이 승인 혹은 거부 메시지를 수신하면 notifySpeaker() 함수가
다음 내용을 처리한다.

- createNotificationMessage() 함수를 호출하여 제안자에 대한 통보 이메일을
  작성한다.
  - JSON.parse()를 사용하여 승인/거부 메시지를 객체로 파싱한다.
  - createEmailBody() 함수를 호출하여 다음 내용을 처리한다.

- handlebars npm 모듈을 사용하여, 파싱한 객체로부터 HTML로 된 이 메일 내용을 작성한다.
- 잘 기억이 나지 않는다면 handlebars를 다뤘던 7장을 참조하기 바란다.
- handlebars npm 모듈에 대한 자세한 내용은 npm 사이트(*https://www.npmjs.com/package/handlebars*)나 깃허브 저장소(*https://github.com/wycats/handlebars.js*)를 참조하기 바란다.

· sendMail() 함수를 호출하여 제안자에게 결과를 통보하는 이메일은 보낸다 (다음 예제 참조).

예제 10-16은 승인 및 거부 통보 이메일을 보내는 과정에 해당하는 코드다.

예제 10-16 **myconference/speakerNotifier.js**

```
...

var nodeMailer = require('nodemailer');

...

const MAILCATCHER_SMTP_HOST = 'localhost';
const MAILCATCHER_SMTP_PORT = 1025;

var transporter = nodeMailer.createTransport(mailCatcherSmtpConfig);

...

function sendEmail(mailOptions) {
  // 앞서 정의한 전송 객체를 사용해서 메일을 보낸다.
  transporter.sendMail(mailOptions, function(error, info) {
    if (error) {
      console.log(error);
    } else {
      console.log('Email Message sent: ' + info.response);
    }
  });
}
```

제안자 통보 모듈이 메일캐처를 통해 이메일을 전송하는 과정은 다음과 같다.

· 메일을 보내기 위해 nodemailer 전달 객체의 인스턴스를 만든다. MAILCATCHER _SMTP_... 부분은 메일캐처가 로컬 컴퓨터에서 메일을 보낼 때 사용하는 메 일서버의 호스트 주소 및 포트값을 갖는 상수다. nodemailer 객체의 인스턴스 를 만드는 코드는 훨씬 앞서 위치해 있지만 편의를 위해 같이 표시하였다.
· sendEmail()에서 transport.sendMail()을 호출하여 이메일을 보낸다.
· nodemailer는 SMTP를 사용하여 이메일을 보내는 일반 npm 모듈이다. 그리

고 nodemailer 모듈에 대한 더 자세한 정보는 npm 사이트(*https://www.npmjs.com/package/nodemailer*)와 커뮤니티 페이지(*https://community.nodemailer.com/*)에서 확인할 수 있다.

이제 네 번째 터미널 세션을 열고 (*myconference* 디렉터리에서) 다음 명령으로 제안자 통보 모듈을 실행한다.

```
npde speakerNotifier.js
```

승인 혹은 거부 메시지가 proposals-reviewed Topic에 도착하면, 제안자 통보 모듈이 제안 처리결과를 수신하고 그에 따른 메일을 보내는 과정에 대한 로그를 표시하는 것을 볼 수 있을 것이다.

```
json-at-work => node speakerNotifier.js
Notification Message = {"decision":{"accepted":true,"timeSlot":{"date":"2017-11-06","time":"10:00"}},"proposal":{"speaker":{"firstName":"Larson","lastName":"Richard","email":"larson.richard@ecratic.com","bio":"Larson Richard is the CTO of ... and he founded a JavaScript meetup in ..."},"session":{"title":"Enterprise Node","abstract":"Many developers just see Node as a way to build web APIs or applications ...","type":"How-To","length":"3 hours"},"conference":{"name":"Ultimate JavaScript Conference by MyConference","beginDate":"2017-11-06","endDate":"2017-11-10","topic":{"primary":"Node.js","secondary":["REST","Architecture","JavaScript"]},"audience":{"takeaway":"Audience members will learn how to ...","jobTitles":["Architects","Developers"],"level":"Intermediate","installation":["Git","Laptop","Node.js"]}}}
Email body = <!DOCTYPE html>
<html>
  <body>
    <p>
    Larson,
    </p>
    <p>
    We are pleased to inform you that your talk on <u>Enterprise Node</u>
    has been accepted for the <b>Ultimate JavaScript Conference by MyConference</b>.
    </p>
    <p>
    Your session scheduled for 2017-11-06 at 10:00.
    </p>
    <p>
    Sincerely,<br/>
    The Ultimate JavaScript Conference by MyConference Event Team.
    </p>
  </body>
</html>
Email Message sent: 250 Message accepted
```

메일캐처로 결과 통보 이메일 확인하기

이 예제의 마무리로, (제안자 통보 모듈이 작성한) 통보 메일을 살펴보도록 하자.

웹브라우저에서 *http://localhost:1080*에 접근해 보면 메일캐처의 사용자 인터페이스를 사용할 수 있다. 그림 10-2는 MyConference 애플리케이션에서 생성하여 보낸 이메일의 목록 화면이다.

제안이 승인되었다는 내용을 담은 통보 메일을 클릭해보면 그림 10-3과 같은 내용을 확인할 수 있다.

그림 10-4는 제안 거부를 통보하는 메일의 내용이다.

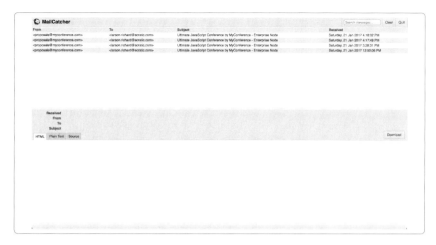

그림 10.2 메일캐처에서 본 제안자 통보 메일

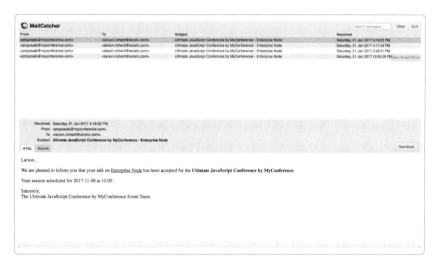

그림 10.3 메일캐처에서 본 제안 승인 통보 메일

그림 10.4 메일캐처에서 본 제안 거부 통보 메일

메일캐처 웹 UI의 동작은 다음과 같다.

- "Download" 버튼을 클릭하면 현재 이메일 메시지를 다운로드한다. 이메일은 확장자가 .eml인 파일로 저장되는데, 이 파일 포맷의 특징은 다음과 같다.
  - MIME 822 표준(*https://www.ietf.org/rfc/rfc0822.txt*)을 준수한다.
  - 마이크로소프트 아웃룩, 아웃룩 익스프레스, 애플 메일, 모질라 썬더버드 등의 이메일 클라이언트와 호환된다.
  - 원래의 HTML 문서 및 헤더가 보존된다.
- 화면 우상단의 "Quit" 버튼을 누르면 메일캐처의 백그라운드 프로세스가 종료된다.

10.8 이번 장에서 배운 내용

이번 장에서는 다음과 같은 내용을 배웠다.

- 카프카를 이용하여 명령행에서 JSON 메시지를 송신/수신 해보았다.
- 카프카의 토픽과 Node.js, 목업 이메일 서버를 활용하여 JSON에 기반을 둔 콘퍼런스 발표 제안 및 처리 프로세스를 수행하는 작은 애플리케이션 MyConference를 처음부터 끝까지 설계하고 구현해 보았다.

부록 A

설치 가이드

이 부록은 책의 예제 코드의 활용을 돕기 위한 각종 설치 및 환경 설정에 대한 안내를 모은 것이다.

웹브라우저에서 사용하는 JSON 도구 설치하기

이 절은 웹브라우저에서 사용하는 JSON 도구의 설치방법을 다룬다.

크롬 및 파이어폭스에서 JSONView 설치하기

JSONView는 크롬 및 파이어폭스에서 JSON을 깔끔히 정리하여 보여주는 기능을 제공한다. 공식 사이트(*https://jsonview.com/*)에서 주로 사용하는 브라우저에 대한 설치 방법을 따르기 바란다.

JSONLint

JSONLint(*https://jsonlint.com/*)는 온라인에서 JSON 문서의 유효성 검사를 해볼 수 있는 도구이다. 따로 설치가 필요하지 않다.

JSON Editor Online

JSON Editor Online은 JSON 문서를 모델링하는데 사용한다. 웹 애플리케이션 이므로 역시 따로 설치가 필요하지 않다.

Postman 설치하기

Postman을 사용하여 HTTP의 GET, POST, PUT, DELETE 요청을 모두 보낼 수 있어서 RESTful API의 모든 기능을 테스트해 볼 수 있다. Postman은 크롬 브라우저의 확장기능과 독립된 GUI 애플리케이션으로 사용할 수 있는데, 독립 애플리케이션은 맥OS, 리눅스, 윈도우를 지원한다. 설치 방법은 공식 사이트(*https://www. getpostman.com/*)를 참조하기 바란다.

Node.js 설치하기

이 책에서 사용한 Node.js의 버전은 v6.10.2로, 집필 시점 현재 가장 최신의 안정버전이다.

맥OS나 리눅스에서 NVM을 사용하여 Node.js 설치하기

Node.js 공식 사이트(*https://nodejs.org/en/*)에서 배포하는 패키지를 사용할 수도 있지만, 이 경우 버전을 변경하기가 어렵다. 이를 보완하기 위해 NVM(Node Version Manager, *https://github.com/creationix/nvm*)를 사용하기로 한다. NVM를 사용하면 Node.js의 설치, 제거 버전 업그레이드를 쉽게 할 수 있다.

NVM 설치 및 설정하기

먼저 다음 중 한 가지 방법을 이용하여 NVM을 설치한다.

· 설치 스크립트 (*https://github.com/creationix/nvm#install-script*)
· 수동 설치 (*https://github.com/creationix/nvm#manual-install*)

그리고 다음 명령을 사용하여 동작 설정을 해준다.

```
source ~/.nvm/nvm.sh
```

이제 나머지 설치 과정에 대한 설정이 끝났다.

배시(bash)를 사용하고 있다면, 다음과 같은 방법으로 NVM이 자동 설정되도록 할 수 있다.

· *$HOME/.bashrc* 파일에 아래 줄을 추가한다.

```
source ~/.nvm/nvm.sh export NVM_HOME=~/.nvm/v6.10.2
```

- *$HOME/.bash_profile* 파일에 아래 줄을 추가한다.

```
[[ -s $HOME/.nvm/nvm.sh ]] && . $HOME/.nvm/nvm.sh # This loads NVM
```

본(Bourne) 셸 및 콘(Korn) 셸에도 비슷한 방법으로 적용할 수 있다.

NVM을 이용하여 Node.js 설치하기

NVM이 설치되었으면 이제 Node.js를 설치한다.

1. `nvm ls-remote` 명령을 입력하여 원격으로 설치 가능한 Node.js의 버전이 무엇인지 확인한다.
2. 예를 들어 `v6.10.2`를 설치하려면 다음과 같이 하면 된다. `nvm install v6.10.2`

   - 버전에 상관없이 설치 위치는 `$HOME/.nvm`이다.

3. 새로운 셸 세션에서 사용할 Node.js의 기본 버전을 설정한다. `nvm alias default v6.10.2`

   - 이 과정을 거치지 않으면, 현재 셸 세션을 닫은 후에는 `node`, `npm`이 정상적으로 동작하지 않을 것이다.
   - 이제 현재 셸 세션을 닫는다.

새로운 셸 세션에서 npm을 최신 버전으로 업그레이드 한다.

```
npm update -g npm
```

그리고 다음과 같이 정상 여부를 확인한다.

- `nvm ls`를 입력하면 `... -> v6.10.2 system default -> v6.10.2`와 같이 출력되어야 한다.
- `node -v`를 입력하면 `v6.10.2`가 출력되어야 한다.
- `npm -v`를 입력하면 `4.6.1`이 출력되어야 한다.

NVM의 모든 기능의 복복은 `nvm --help`를 입력하면 확인할 수 있다.

Node.js REPL(Request-Eval-Print-Loop)을 종료하려면 다음과 같이 하면 된다.

```
json-at-work => node
-> .exit
```

sudo를 쓰지 않고 npm 사용하기

npm을 사용할 때, sudo를 사용하도록 요청받는 경우가 많아 귀찮은 부분이 있다. 그리고 스크립트를 포함하는 패키지를 사용하는 경우에는 관리자 권한으로 npm을 실행하는 것이 보안에 위험요소가 되기도 한다. 이를 피하려면 다음과 같이 하면 된다.

```
sudo chown -R $USER ~/.nvm
```

이 방법은 NVM을 이용하여 Node.js를 설치한 경우(Node.js의 모든 버전이 같은 디렉터리 안에 위치한다)에만 사용할 수 있다. 이 팁은 How to Node(*https://howtonode.org*)에서 아이작 Z. 슐레터(Isaac Z. Schlueter)가 공유해 주었다.

REPL 길들이기: mynode

설치가 막 끝난 상태의 REPL은 대부분의 JavaScript 명령에 undefined를 출력하도록 설정되어 있다. 이런 출력은 JavaScript 함수가 항상 무언가를 리턴하기 때문인데, 리턴값이 따로 지정되지 않으면 undefined를 기본값으로 리턴하게 된다. 매번 이런 식으로 undefined를 출력하는 것이 조금 귀찮은 점이 있다.

아래는 대화형 세션의 예제이다.

```
json-at-work => node
-> Hit Enter
-> undefined

-> var y = 5
-> undefined
-> .exit
```

이렇게 출력하는 것을 막으려면 *.bashrc*(혹은 본 셸이나 콘 셸의 설정 파일에) 다음과 같은 줄을 추가한다.

```
source ~/.nvm/nvm.sh

...

alias mynode="node -e \"require('repl').start({ignoreUndefined: true})\""
```

그러고 나서 현재 터미널 세션을 닫고 새 세션을 시작한다. node 명령을 재정의하는 것보다는 새로운 별명을 만들어(mynode) 두는 쪽이 만일을 위해 안전하다. 이 방법을 쓰면, node는 계속 명령행에서 JavaScript 파일을 실행할 수 있고

mynode는 REPL을 사용하기 위한 명령으로 쓰면 된다.

```
json-at-work => mynode
-> var x = 5
-> .exit
```

이제 REPL을 사용할 때 귀찮은 undefined를 보지 않아도 된다.

윈도우에서 Node.js 설치하기

코리 버틀러가 만든 nvm-windows 애플리케이션 덕분에 윈도우에서도 NVM을 잘 사용할 수 있다. nvm-windows는 윈도우 환경으로 NVM을 포팅한 것으로, 윈도우 7에서 문제없이 사용할 수 있었다.

nvm-windows를 사용하여 윈도우에 Node.js 설치하기

아래의 순서대로 진행한다.

1. nvm-windows 다운로드 페이지(*https://github.com/coreybutler/nvm-windows/ releases*)를 방문한다.
2. 로컬 컴퓨터의 다운로드 폴더로 최신 버전의 *nvm-setup.zip* 파일을 다운 받는다.
3. *nvm-setup.zip* 파일의 압축을 해제한다.
4. *nvm-setup.exe*를 실행하면 설치 마법사를 시작한다. 모든 설정은 기본값으로 하고, MIT 라이선스에 동의한다.
   a. C:\Users\{username}\AppData\Roaming\nvm에 다운 받는다.
   b. 설치가 끝나면 "Finish"를 클릭한다.
   c. 이 과정에서 Node.js 실행에 필요한 환경변수가 추가된다.
5. NVM이 있는 경로가 PATH에 포함되어 있는지 확인한다.
   a. 제어판 → 시스템 → 고급 시스템 설정
   b. 고급 시스템 설정 창에서 환경변수를 클릭한다.
   c. NVM_HOME라는 환경변수가 C:\Users\{username}\AppData\Roaming\nvm 으로 추가되어 있어야 한다.
   d. NVM_SYMLINK 환경변수도 C:\Program Files\nodejs로 추가되어 있어야 한다.
   e. 위의 두 환경변수 모두 PATH에 포함되어 있어야 한다.
6. nvm-windows를 이용하여 Node.js를 설치한다.
   a. nvm list available 명령을 입력하여 설치 가능한 버전 목록을 확인한다.

b. nvm install v6.10.2를 입력한다.

c. 사용할 Node.js의 버전을 설정한다. nvm use v6.10.2

d. 제대로 설치되었는지 확인한다. node -v

Node.js 제거하기

이전에 설치해 둔 Node.js가 정상적으로 동작하지 않는 경우, 로컬 컴퓨터에서 완전히 제거하고 싶을 수 있다. 이 방법은 node와 npm 실행파일을 모두 제거한다.

맥OS에서 Node.js 제거하기

이 제거 방법은 hungred.com(*https://hungred.com/how-to/completely-removing-nodejs-npm/*)의 클레이가 공유한 것이다. 만약 Homebrew를 사용하여 Node.js 를 설치했다면 brew uninstall node 명령으로 간단하게 제거할 수 있다.

Homebrew를 사용하지 않은 경우에는 다음과 같이 한다.

- */usr/local/lib*으로 이동하여 node 관련 실행파일과 node_modules를 삭제한다.
- */usr/local/include*로 이동하여 *node_modules* 디렉터리를 삭제한다.
- */usr/local/bin*로 이동하여 node 관련 실행파일을 삭제한다.

다음 명령을 사용해야 할 수도 있다.

```
rm -rf /usr/local/bin/npm
rm -rf /usr/local/share/man/man1/node.1
rm -rf /usr/local/lib/dtrace/node.d
rm -rf $USER/.npm
```

리눅스에서 Node.js 제거하기

이 방법은 스택 오버플로(*https://stackoverflow.com/questions/5650169/uninstall-node-js-using-linux-command-line*)와 깃허브(*https://github.com/nodejs/node-v0.x-archive/issues/4058*)에서 찾은 것이다.

아래의 순서대로 진행한다.

1. which node 명령으로 node가 설치된 위치를 찾는다. 여기서는 */usr/local/bin/node*에 설치되어 있다고 가정한다.

2. */usr/local*로 이동한다.

3. 아래의 명령을 실행한다.

```
sudo rm -rf bin/node
sudo rm -rf bin/npm
sudo rm -rf lib/node_modules/npm
sudo rm -rf lib/node
sudo rm -rf share/man/*/node.*
```

윈도우에서 Node.js 제거하기

이 방법은 Team Treehouse(*http://blog.teamtreehouse.com/install-node-js-npm-windows*)에서 공유한 것이다. 아래의 순서를 따른다.

1. 윈도우의 제어판을 연다.
2. "프로그램 및 기능"을 선택한다.
3. "프로그램 제거"를 클릭한다.
4. Node.js를 선택하고 제거 버튼을 누른다.

Yeoman 설치하기

Yeoman(*http://yeoman.io/*)은 다음과 같은 구성요소로 이루어져 있다.

· yo (스캐폴딩에 쓰임)
· npm(*https://www.npmjs.com/*) 혹은 bower(*https://bower.io/*) (패키지 관리에 쓰임)
· gulp(*https://gulpjs.com/*) 혹은 grunt(*https://gruntjs.com/*) (빌드에 쓰임)

이 책의 예제 코드를 사용하려면 gulp나 gulp-cli(*https://github.com/gruntjs/grunt-cli*)를 빌드 시스템으로 사용해야 한다. gulp를 우선적으로 사용하기는 하지만, 몇몇 gulp 태스크를 실행하기 위해 grunt-cli를 사용하는 경우도 있다.
  패키지 관리로는 bower를 사용한다.
  설치 순서는 다음과 같다.

· yo 설치
  – npm install –g yo
  – yp --version 명령으로 정상적으로 설치되었는지 확인
· bower 설치
  – npm install –g bower
  – bower --version 명령으로 정상적으로 설치되었는지 확인
· gulp 설치

- npm install -g gulp-cli
- gulp --version 명령으로 정상적으로 설치되었는지 확인
- grunt-cli 설치
  - npm install -g grunt-cli
  - grunt --version 명령으로 정상적으로 설치되었는지 확인

더 자세한 내용은 Yeoman 설치 페이지(*http://yeoman.io/codelab/setup.html*)를 참조하기 바란다.

Yeoman의 generator-webapp 제너레이터 설치하기

generator-webapp의 깃허브 페이지(*https://github.com/yeoman/generator-webapp*)를 참조하라. 다음 명령으로 제너레이터를 설치한다.

```
npm install -g generator-webapp
```

npm 모듈 설치하기

명령행에서 다음과 같은 모듈을 사용한다. 이들 모듈을 전역 모듈로 설치한다.

- jsonline
- json
- ujs-jsonvalidate
- http-server
- json-server
- jq-tutorial

jsonlint 설치하기

jsonlint는 우리가 JSON 문서의 유효성 검사를 위해 사용했던 JSONLint 사이트(*https://jsonlint.com/*)와 같은 기능을 한다. jsonlint는 깃허브 저장소(*https://github.com/zaach/jsonlint*)에서 다운 받을 수 있다.

설치 명령은 다음과 같다.

```
npm install -g jsonlint
```

JSON 문서의 유효성을 검사하는 방법은 다음과 같다.

```
jsonlint basic.json
```

json 설치하기

json 모듈은 명령행에서 JSON을 다루기 위한 기능(코드 정리 등)을 제공한다. jq와 비슷하지만, 기능은 그에 비해 떨어진다.

설치 명령은 다음과 같다.

```
npm install -g json
```

json 모듈의 깃허브 저장소(*https://github.com/trentm/json*)에서 사용방법을 확인할 수 있다.

ujs-jsonvalidate 설치하기

이 모듈은 JSON Validate 사이트(*http://jsonvalidate.com/*)처럼 JSON 문서를 JSON 스키마에 대해 유효성 검사를 해주는 모듈이다. ujs-jsonvalidate 모듈은 깃허브 저장소(*https://github.com/usingjsonschema/ujs-jsonvalidate-nodejs*)에서 다운 받을 수 있다.

설치 명령은 다음과 같다.

```
npm install -g ujs-jsonvalidate
```

JSON 문서의 유효성을 검사하는 방법은 다음과 같다.

```
validate basic.json basic-schema.json
```

http-server 설치하기

http-server 모듈은 현재 디렉터리 구조와 그 아래에 있는 파일을 서비스하는 간이 웹 서버이다. 필자가 이 모듈을 선호하는 이유는 문서화가 충실하고 명령행에서 사용하는 옵션과 종료 방법이 직관적이기 때문이다.

http-server의 npm 사이트 페이지 깃허브 저장소는 다음과 같다.

npm 사이트 페이지: *https://www.npmjs.com/package/http-server*

깃허브 저장소: *https://github.com/indexzero/http9server*

설치 명령은 다음과 같다.

```
npm install -g http-server
```

실행 명령은 다음과 같다.

```
http-server -p 8081
```

다음 주소에 접근하면 된다.

```
http://localhost:8081
```

서버를 종료하는 방법은 Ctrl+C를 누르면 된다.

json-server 설치하기

json-server 모듈은 JSON 파일을 RESTful API로 제공하는 스텁 REST 서버이다. 이 모듈의 깃허브 저장소는 *https://github.com/typicode/json-server*이다.

설치 명령은 다음과 같다.

```
npm install -g json-server
```

실행 명령은 다음과 같다.

```
json-server -p 5000 ./speakers.json
```

다음 주소에 접근하면 된다.

```
http://localhost:5000/speakers
```

Crest 설치하기

Crest는 MongoDB의 RESTful 래퍼(wrapper)를 제공하는 간이 REST 서버이다. Crest의 깃허브 저장소는 *https://github.com/cordazar/crest*이다. Crest를 가장 간단하게 사용하려면 전역 모듈로 설치하는 것이 좋지만, 이렇게 설치하는 경우 정상적으로 동작하지 않는다. 그 대신 다음과 같이 git 저장소를 복제한다.

1. 개발 프로젝트를 모아놓은 디렉터리로 이동한다. 여기서는 *projects*라고 가정한다.

```
cd projects
```

2. 아래의 저장소를 복제한다.

```
git clone git://github.com/Cordazar/crest.git
```

3. *crest* 디렉터리로 이동한다.

```
cd crest
```

4. *config.json* 파일을 수정하여 username과 password 필드를 제거한다. 물론 보안은 허술해지지만, 나중에 다른 값으로 다시 추가할 수도 있으며 지금은 MongoDB에 연결이 되는지만 확인하면 된다. 빠르게 진행하고 싶다면 이 파일을 다음과 같이 수정한다.

```
{
  "db": { "port": 27017, "host": "localhost" },
  "server": { "port": 3500, "address": "0.0.0.0" },
  "flavor": "normal",
  "debug": true
}
```

5. MongoDB가 정상적으로 설치되고 실행되어 있는지 확인한다.

6. 별도의 터미널 세션에서 node server 명령을 입력하여 Crest를 시작한다. 다음과 비슷한 내용이 출력되어야 한다.

```
node server

DEBUG: util.js is loaded
DEBUG: rest.js is loaded
crest listening at http://:::3500
```

jq-tutorial 설치하기

jq-tutorial은 명령행에서 jq에 대한 튜터리얼을 제공하는 모듈이다. 설치 방법은 다음과 같다.

```
npm install -g jq-tutorial
```

그 다음 명령행에서 다음과 같이 실행한다.

```
jq-tutorial
```

Ruby on Rails 설치하기

Ruby on Rails를 설치하는 방법에는 몇 가지 선택지가 있다.

- Rails Installer (*http://railsinstaller.org/en*)

- ruby-install (*https://github.com/postmodern/ruby-install*)
- RVM(Ruby Version Manager, *https://rvm.io/*)와 rails 젬을 사용
- rbenv와 rails 젬을 사용

맥OS와 리눅스에서 Ruby on Rails 설치

필자 개인적으로는 업그레이드와 버전 간 전환이 편리하다는 점에서 맥OS에서는 RVM을 선호한다. RVM은 공식 사이트에서 안내하는 설치 방법(*https://rvm.io/rvm/install*)을 따라 설치한다.

RVM을 이용하여 Ruby를 설치하는 방법은 다음과 같다.

1. 사용 가능한 Ruby의 버전을 확인한다.

```
rvm list known
```

2. 예를 들어 Ruby 2.4.0을 설치한다면 다음 명령을 입력한다.

```
rvm install 2.4.0
```

3. Ruby의 버전을 확인한다. 다음과 비슷한 내용이 출력되어야 한다.

```
ruby -v
ruby 2.4.0
```

4. Ruby의 설치가 끝나면 아래의 명령으로 Rails를 설치한다.

```
gem install rails
```

5. Rails의 버전을 확인한다. 다음과 비슷한 내용이 출력되어야 한다.

```
rails -v
Rails Rails 5.0.2
```

설치가 완료되었다.

다음과 같은 과정으로 Ruby 및 Rails를 새로운 버전으로 쉽게 업그레이드할 수 있다.

1. 새로운 버전의 Ruby를 설치한다. (여기서는 2.x를 가정)

```
rvm install 2.x
```

2. 새로운 버전을 사용하도록 설정한다.

```
rvm use 2.x
```

3. 앞서 본 방법대로 rails 젬을 설치한다.

윈도우에서 Rails 설치하기

윈도우 환경에서는 Rails Installer(*http://railsinstaller.org/en*)를 시용한다. 방법은 아래와 같다.

- 윈도우용 인스톨러를 다운 받는다.
- 인스톨러를 실행하여 기본 설정 및 지시에 따른다.

필자는 윈도우 7 환경에서 Rails Installer를 사용하여 정상 동작을 확인하였다. Rails Installer의 공식 사이트에서 다양한 RoR 관련 튜터리얼 및 설치 중에 겪을 수 있는 문제에 대한 도움을 받을 수 있다.

Ruby 젬 설치하기

이 책에서는 다음과 같은 Ruby 젬을 Rails와 상관없이 사용한다. 그러므로 이들 젬을 전역 모듈로 설치하여야 한다.

- multijson
- oj
- awesome_print
- activesupport
- minitest
- mailcatcher

multi_json 설치하기

multi_json은 사용자 대신 환경에 가장 적합한 JSON 젬을 선택하여 호출해주는 래퍼 기능을 제공한다. 설치 방법은 다음과 같다.

```
gem install multi_json
```

oj 설치하기

oj(Optimized JSON)은 Ruby 기반 JSON 처리 모듈 중 가장 속도가 빠르기로 정평이 나 있다. 설치 방법은 다음과 같다.

```
gem install oj
```

awesome_print 설치하기

awesome_print 모듈은 Ruby 객체의 내용을 깔끔하게 정리해서 출력해주며 디버깅 과정에 많이 사용한다. 설치 방법은 다음과 같다.

```
gem install awesome_print
```

activesupport 설치하기

activesupport는 Rails의 일부 기능을 Rails 외부에서 사용할 수 있도록 해준다. activesupport의 JSON 모듈은 JSON의 키를 카멜 케이스와 스네이크 케이스 간에 서로 변환해준다. 설치 방법은 다음과 같다.

```
gem install activesupport
```

mailcatcher 설치하기

mailcatcher는 간이 메일 전송(SMTP) 서버이다. 실제 이메일을 보내지 않고도 테스트를 할 수 있다. 설치 방법은 다음과 같다.

```
gem install mailcatcher
```

MongoDB 설치하기

MongoDB 설치 방법에 대한 문서(*https://docs.mongodb.com/manual/installation/*)를 참조하여 사용하는 플랫폼에 MongoDB를 설치하고 시작하기 바란다.

Java 개발환경 구축하기

이 책에서 사용하는 Java 개발환경은 다음 두 가지 도구를 사용한다.

- Java SE
- Gradle

Java SE 설치하기

이 책에서는 Java SE(Standard Edition) 8을 기준으로 한다. Java SE 8은 오라클의 다운로드 페이지(*http://www.oracle.com/technetwork/java/javase/downloads/jdk8-downloads-2133151.html*)에서 다운 받기 바란다.

이 다운로드 페이지에는 JDK(Java Developer Kit)라는 용어를 사용하고 있는데, JDK는 Java SE의 구 명칭이다. Java SE Development Kit을 다운 받고 라이선스에 동의한 다음, 운영체제에 맞는 파일을 다운로드 한다. 다운로드한 인스톨러를 실행하면 명령행 환경을 설정한다.

시스템에 맞는 지시를 따라 수행한 뒤, 아래 명령을 실행한다.

```
java -version
```

아래 내용과 비슷한 내용이 출력되면 정상이다.

```
java version "1.8.0_72"
Java(TM) SE Runtime Environment (build 1.8.0_72-b15)
Java HotSpot(TM) 64-Bit Server VM (build 25.72-b15, mixed mode)
```

맥OS에서 Java 설치하기

.bashrc 파일에 JAVA_HOME 환경변수를 추가하고 이를 PATH에 추가해 준다.

```
...

export
JAVA_HOME=/Library/Java/JavaVirtualMachines/jdk1.x.y.jdk/Contents/Home #
x, y는 각각 마이너 버전, 패치 버전을 의미한다.

...

export PATH=...:$\{JAVA_HOME}/bin:...
```

리눅스에서 Java 설치하기

.bashrc 파일에 JAVA_HOME 환경변수를 추가하고 이를 PATH에 추가해 준다.

```
...

export JAVA_HOME=/usr/java/jdk1.x.y/bin/java # x, y는 각각 마이너 버전, 패치 버전을
의미한다.

...

export PATH=...:$\{JAVA_HOME}/bin:...
```

그 다음 바뀐 환경 설정을 바로 적용한다.

```
source ~/.bashrc
```

리눅스에 Java를 설치하는 방법은 nixCraft(*https://www.cyberciti.biz/faq/linux-unix-set-java_home-path-variable/*)에서 공유한 것이다.

윈도우에서 Java 설치하기

윈도우용 Java 인스톨러는 대개의 경우 JDK를 다음 디렉터리 중 하나에 설치한다.

```
C:\Program Files\Java 혹은 C:\Program Files(x86)\Java
```

그리고 다음 절차를 따라 설치한다.

1. "내 컴퓨터" 아이콘을 우클릭하여 속성 메뉴를 선택한다.
2. "고급" 탭을 선택한다.
3. "환경 변수" 버튼을 클릭한다.
4. 시스템 변수 란에 "새로 만들기"를 클릭한다.
5. 환경 변수명에 JAVA_HOME를 입력한다.
6. 환경 변수값에 JDK가 설치된 디렉터리를 입력한다.
7. "Ok"를 클릭한다.
8. "적용"을 클릭하여 변경내용을 적용한다.

이 설치 방법은 로버트 신달(Robert Sindall, *http://www.robertsindall.co.uk/blog/setting-java-home-variable-in-windows/*)이 공유한 것이다.

Gradle 설치하기

Gradle(*https://gradle.org/*)은 테스트 코드 및 코드를 빌드하는데 사용하는 도구이다. Gradle 설치 가이드 문서(*https://gradle.org/install/*)에서 자신의 운영체제에 맞는 부분의 지시를 따르기 바란다. 설치가 끝났다면 명령행에서 gradle -v 명령을 실행하여 다음과 같은 내용이 출력되는지 확인한다.

```
gradle -v

------------------------------------------------------------
Gradle 3.4.1
------------------------------------------------------------
```

맥OS에서는 Homebrew를 이용하여 Gradle을 설치할 수 있음을 확인하였다.

jq 설치하기

jq을 사용하면 명령행에서 JSON을 다룰 수 있다. 설치 방법은 깃허브 저장소의 설치 방법 문서(*https://stedolan.github.io/jq/download/*)의 지시를 따르기 바란다.

　jq이 동작하기 위해서는 cURL을 필요로 한다.

cURL 설치하기

cURL(*https://curl.haxx.se/*)은 HTTP를 비롯, 다양한 프로토콜으로 통신을 수행하는 기능을 제공한다. 이 책에서는 명령행에서 HTTP 요청을 보내 RESTful API를 사용하는데 쓰인다.

맥OS에서 cURL 설치하기

리눅스와 마찬가지로 cURL은 맥에도 기본 탑재되어 있다. 다음 명령을 통해 확인할 수 있다.

```
curl --version
```

이미 설치된 상태라면 그대로 사용이 가능하다. 아니라면, 따로 설치를 해야 한다. 맥OS에서 필자는 Homebrew를 사용하였다. Homebrew를 사용한다면 다음 명령으로 cURL을 설치할 수 있다.

```
brew install curl
```

리눅스에서 cURL 설치하기

다음 명령을 입력하여 cURL이 설치되어 있는지 확인한다.

```
curl --version
```

설치되어 있지 않다면, 명령행에서 다음 명령을 입력하여 설치할 수 있다.

```
sudo apt-get install curl
```

위 명령은 우분투 혹은 데비안 리눅스에서 사용 가능하다.

윈도우에서 cURL 설치하기

윈도우에서 cURL을 설치하는 방법은 다음과 같다.

1. cURL Download Wizard(*https://curl.haxx.se/dlwiz/*) 페이지에 접근한다.
2. 패키지 유형을 `curl executable`로 선택한다.
3. 운영체제를 `Windows/Win32` 혹은 `Win64`를 선택한다.
4. 유형(Flavor)을 `cygwin`(Cygwin을 사용하는 경우) 혹은 `Generic`(Cygwin을 사용하지 않는 경우)을 선택한다.
5. Win32 버전을 선택한다(앞서 Windows/Win32를 선택한 경우에만 해당)

이 설치 방법은 스택 오버플로(*https://stackoverflow.com/questions/9507353/how-do-i-install-set-up-and-use-curl-on-windows*)에 공유된 것이다.

아파치 카프카 설치하기

이 책에서는 아파치 카프카를 JSON 메시지 전송을 위해 10장에서 사용하였다. 카프카를 사용하려면 아파치 주키퍼가 필요하므로, 주키퍼 역시 설치해야 한다. 이 항목의 내용을 진행하기 전에 Java 개발환경이 설치되어 있는지 확인하기 바란다(카프카는 Java 기반이다).

맥OS에서 카프카 설치하기

Homebrew를 사용하면 맥 OS에서 카프카를 쉽게 설치할 수 있다. 명령행에서 다음 명령을 입력하면 된다.

```
brew install kafka
```

이 명령을 사용하면 주키퍼가 함께 설치되므로 모든 준비가 끝난다.

유닉스에서 카프카 설치하기

먼저 다음과 같이 주키퍼를 설치한다.

- 주키퍼 다운로드 페이지(*http://zookeeper.apache.org/releases.html#download*)에서 다운 받는다.
- 다운 받은 파일을 tar 및 gzip으로 압축 해제한다.

```
tar -zxf ZooKeeper-3.4.9.tar.gz
```

- *./bashrc* 파일에 시스템 환경변수를 추가한다.

```
export ZooKeeper_HOME = <Zookeeper-Install-Path>/zookeeper-3.4.9
export PATH=$PATH:$ZOOKEEPER_HOME/bin
```

그 다음 아래와 같이 카프카를 설치한다.

1. 카프카 다운로드 페이지(*http://kafka.apache.org/downloads.html*)에서 카프카를 다운 받는다.
2. 다운 받은 파일을 tar 및 gzip으로 압축 해제한다.

```
tar -zfx kafka_2.11-0.10.1.1.tgz
```

3. *./bashrc* 파일에 시스템 환경변수를 추가한다.

```
export KAFKA_HOME = <Kafka-Install-Path>/zookeeper-3.4.9
export PATH=$PATH:$KAFKA_HOME/bin
```

이 설치 방법은 TutorialsPoint(*https://www.tutorialspoint.com/apache_kafka/apache_kafka_installation_steps.htm*)에 공유된 것이다.

윈도우에서 카프카 설치하기

먼저 다음과 같이 주키퍼를 설치한다.

1. 주키퍼 다운로드 페이지(*http://zookeeper.apache.org/releases.html#download*)에서 다운 받는다.
2. 다운 받은 파일을 C 드라이브에 압축 해제한다.
3. 다음과 같이 시스템 환경변수를 추가한다.
   a. 제어판 → 시스템 → 고급 시스템 설정 → 환경 변수
   b. 다음과 같이 새로운 시스템 환경변수를 추가한다.

```
ZOOKEEPER_HOME = C:\zookeeper-3.4.9
```

   c. PATH 환경변수의 끝에 앞서 만든 환경변수를 추가해 준다.

```
;%ZOOKEEPER_HOME%\bin;
```

그 다음 카프카를 설치한다.

1. 카프카 다운로드 페이지(*http://kafka.apache.org/downloads.html*)에서 카프카를 다운 받는다.
2. 다운 받은 파일을 C 드라이브에 압축 해제한다.
3. 다음과 같이 시스템 환경변수를 추가한다.

    a. 제어판 → 시스템 → 고급 시스템 설정 → 환경 변수

    b. 다음과 같이 새로운 시스템 환경변수를 추가한다.

    ```
    KAFKA_HOME = C:\kafka_2.11-0.10.1.1
    ```

    c. PATH 환경변수의 끝에 앞서 만든 환경변수를 추가해 준다.

    ```
    ;%KAFKA_HOME%\bin;
    ```

이 설치방법은 DZone에 기고된 고팔 티와리(Gopal Tiwari)의 기고문(*https://dzone.com/articles/running-apache-kafka-on-windows-os*)을 발췌한 것이다.

참고 자료

이 책의 부록 A는 예제 코드 깃허브 저장소(*https://github.com/tmarrs/json-at-work-examples/blob/master/appendix-a/README.md*) 마크다운으로 작성된 원본을 Pandoc(*http://pandoc.org/*)을 이용하여 AsciiDoc(*http://asciidoc.org/*) 형식으로 변환한 것이다.

부록 B

JSON 관련 커뮤니티

JSON 커뮤니티는 매우 활발한 활동을 보이고 있다. 아래에 나열한 그룹이나 리스트에 참여하여 유익한 정보를 얻을 수 있다.

JSON.org (*http://www.json.org/*)

더글라스 크락포드가 운영하는 JSON 웹 사이트로 JSON의 총본산이라 할 수 있다.

JSON 야후 그룹 (*https://groups.yahoo.com/neo/groups/json/info*)

JSON 야후 그룹은 JSON.org와 제휴하고 있다.

json-ietf *메일링 리스트* (*https://www.ietf.org/mailman/listinfo/json*)

JSON IETF(Internet Engineering Task Force) 워킹 그룹으로, JSON의 IETF 규격을 관리하고 있다.

JSONauts (*http://jsonauts.github.io/*)

JSON과 관련된 튜터리얼, 도구, 기사를 볼 수 있다.

JSON Schema Specification Working Group (*https://github.com/json-schema-org/json-schema-spec*)

JSON 스키마 규격이 관리되고 있는 깃허브 저장소이다.

JSON Schema 구글 그룹 (*https://groups.google.com/forum/#!forum/json-schema*)

JSON Schema Specification Working Group과 협력관계에 있는 곳이다.

api-craft 구글 그룹 (*https://groups.google.com/forum/#!forum/api-craft*)

이 그룹은 API 설계 및 개발을 주제로 활동한다.

찾아보기